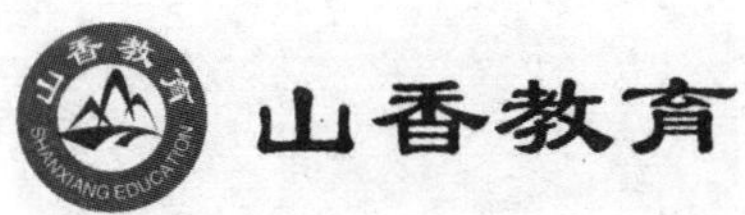

国家教师资格考试

历年真题详解及预测试卷

教育知识与能力·中学(真题题本)

重要提示:

为维护您的个人权益,确保考试的公平公正,请您帮助我们监督考试实施工作。

本场考试规定:监考人员要向本考场全体考生展示题本密封情况,并邀请2名考生代表验封签字后,方能开启试卷袋。

目　录

机密★启封前　　　　　　　　　　　　　　姓名________　准考证号________

2023年下半年中小学教师资格考试
真题试卷(一)

教育知识与能力(中学)

注意事项:

1. 考试时间为120分钟,满分为150分。

2. 请按规定在答题卡上填涂、作答,在试卷上作答无效,不予评分。

一、单项选择题(本大题共21小题,每小题2分,共42分)

在每小题列出的四个备选项中只有一个是符合题目要求的,请用2B铅笔把答题卡上对应题目的答案字母按要求涂黑。错选、多选或未选均无分。

1. 新民主主义革命时期,我国出版的第一部运用马克思主义观点论述教育问题的著作是(　　)

A. 舒新城《教育通论》　　B. 庄泽宣《教育概论》

C. 孟宪承《教育概论》　　D. 杨贤江《新教育大纲》

2. 运用现代系统论的方法研究教学问题,提出教学过程最优化理论的教育家是(　　)

A. 凯洛夫　　B. 维果斯基　　C. 赞可夫　　D. 巴班斯基

3. 李老师在初二选择了人数、性别比例、学习成绩、教材等方面情况相同的两个班进行教学,对其中一个班采用讲授法,对另一个班采用自学辅导法。经过一个阶段的教学后进行测验,以比较两种方法的教学效果。李老师采用的研究方法属于(　　)(易错)

A. 个案研究　　B. 实验研究

C. 行动研究　　D. 调查研究

4. 作为有目的地培养人的社会实践活动,教育有许多不同形态,其中组织最严密、内容最系统的是(　　)

A. 学校教育　　B. 家庭教育

C. 社会教育　　D. 终身教育

5. 采用“一刀切”“一锅煮”的办法来对待学生的教学，主要违背了人身心发展的哪一特征（　　）（常考）

A. 顺序性　　B. 个别差异性

C. 稳定性　　D. 阶段性

6. 马克思主义教育学认为，造就全面发展的人的唯一方法和根本途径是（　　）

A. 教育与社会生活相结合　　B. 学校教育与社会教育相结合

C. 教育与生产劳动相结合　　D. 学校教育与家庭教育相结合

7. 由政府提出并反映社会发展的根本需求，规定着学校教育培养人的根本质量规格，对各级各类学校教育的实施，具有定向作用、调控作用和评价作用的是（　　）（易混）

A. 培养目标　　B. 国家课程

C. 教育目的　　D. 课程标准

8. 泰勒1949年出版的《课程与教学的基本原理》，被视为现代课程理论的基石，该书阐明的课程设计原理被称为（　　）

A. 过程模式　　B. 经验模式

C. 情景模式　　D. 目标模式

9. 在教学中，刘老师经常引导学生通过观察所学事物的图像，或用语言形象地描述所学对象，帮助学生形成有关事物具体而清晰的表象，理解所学知识。刘老师遵循的教学原则是（　　）

A. 直观性原则　　B. 巩固性原则

C. 量力性原则　　D. 启发性原则

10. 生物课上，陈老师用买回来的几条鱼做解剖，边解剖边讲解，学生兴趣盎然，很快掌握了鲫鱼和鲤鱼的理论区别。陈老师采用的教学方法主要是（　　）

A. 演示法　　B. 谈话法　　C. 讲授法　　D. 实验法

11. 班主任张老师鼓励晓刚通过立志、学习、反思和慎独等方式，不断提高自身品质。这种德育方法是（　　）

A. 说服教育法　　B. 榜样示范法

C. 个人修养法　　D. 情感陶冶法

12. 根据皮亚杰的认知发展阶段理论，当学生不仅能用“经验—归纳”的方式进行逻辑推理，而且能用“假设—演绎”的方式解决问题，表示其认知发展处于（　　）

A. 前运算阶段　　B. 后运算阶段

C. 具体运算阶段　　D. 形式运算阶段

13. 当中学生刘敏读到“天苍苍，野茫茫，风吹草低见牛羊”的诗句时，他头脑中会浮现出草原美景。这种心理现象是(　　)

A. 无意想象　　B. 再造想象

C. 创造想象　　D. 不随意想象

14. 小军不善于与同学交往，孤僻离群，整天忧心忡忡，即使遇到别人毫不在意的小事情，也会多愁善感。小军的气质类型是(　　)(常考)

A. 多血质　　B. 胆汁质

C. 抑郁质　　D. 黏液质

15. 刘文经常思考“自己是谁，将来要成为怎样的人”这一类问题，在兴趣爱好、职业选择等方面常出现冲突，令他倍感困惑。根据埃里克森的发展理论，他处于(　　)

A. 同一性对角色混乱阶段　　B. 勤奋感对自卑感阶段

C. 信任感对怀疑感阶段　　D. 亲密感对孤独感阶段

16. 韩老师能够很好地把握课堂教学目标，设计教学方案，选择恰当的教学方法和教学手段来组织教学。韩老师的这种能力属于(　　)

A. 教学认知能力　　B. 教学操作能力

C. 教学监控能力　　D. 教学反思能力

17. 杨莉做任何事情都以目标为导向，并力求成功。根据成就动机理论，她最有可能选择的任务成功概率大约为(　　)

A. 25%　　B. 50%

C. 75%　　D. 100%

18. 张华在思想、情感、态度和行为上主动接受他人的影响，试图使自己的态度和行为与他人保持一致。张华的态度与品德形成过程处于(　　)

A. 依从阶段　　B. 接受阶段

C. 认同阶段　　D. 内化阶段

19. 方义的各门功课学习成绩优异，他认为主要取决于自己的能力。根据韦纳的成败归因理论，能力属于(　　)(易混)

A. 内部的、不稳定的、可控的因素　　B. 内部的、不稳定的、不可控的因素

C. 内部的、稳定的、可控的因素　　D. 内部的、稳定的、不可控的因素

20. 根据福勒等人的教师成长阶段论，教师成长为成熟阶段的标志是(　　)

A. 关注生存　　B. 关注情境

C. 关注教材　　D. 关注学生

21. 学校的心理辅导老师应该对学生的未来持有乐观积极的态度，不应给学生贴标签。这说明心理辅导应遵循(　　)

A. 理解性原则　　　　B. 整体性原则

C. 主体性原则　　　　D. 发展性原则

二、辨析题(本大题共4小题，每小题8分，共32分)判断正误，并说明理由。

22. 普通中学的任务是为高一级学校输送合格的新生。

23. 德育过程具有多开端性。

24. 定势对知识迁移起促进作用。

25. 教师职业倦怠即教师的工作热情丧失。

三、简答题(本大题共4小题,每小题10分,共40分)

26. 简述综合实践活动的特点。

27. 简述运用读书指导法的基本要求。

28. 简述布鲁纳认知结构学习理论的主要观点。

29. 简述学习策略中资源管理策略的主要构成。

四、材料分析题（本大题共2小题，每小题18分，共36分）阅读材料，并回答问题。

30. 材料：

一次偶然的机会，我在网上打开了学校的贴吧。让我惊讶的是，竟然看到了我们班上学生的帖子，语言粗俗、张扬，很不文明。这还是我那些平时在教室乖巧懂事的孩子们吗？

我气急了，恨不得马上把他们叫到办公室狠狠地批一顿，但是冷静一想，这样能解决问题吗？说不定还会徒增其厌恶之感呢。于是，我平复了一下心情，仔细阅读帖子，发现他们谈论的主要是班上的一些情况。沉思片刻，我便有了主意。

班会课上，我严肃地说："同学们，上周我到学校的贴吧去'逛'了一圈，看到不少表达对班级不满的帖子居然出自我们班同学之手，这和我们这个优秀班级的形象极不相称！"几个孩子的头低了下去，脸和脖子都红红的。

我看时机已到，于是话锋一转："不过你们也提出了很多挺有价值的意见，这说明你们是关心、热爱班集体的。"听到这里，那几个孩子一下子抬起了头，一脸的惊讶。"所以我决定好好地'惩罚'你们一下，"我板起脸说，"你们建立一个班级'说吧'，专门负责收集同学们对班级的意见和建议，让大家都加入到这个'说吧'里来。"

"说吧"里的内容很丰富，有对任课教师的意见，有"抨击"不合理班规的，还有热心调解同学矛盾的，语言也不再粗俗了，我和班委们一起研究、解决班级中出现的问题。从此，学生们感觉我们班就像一个温馨的家。

问题：

该老师的做法主要贯彻了哪一德育原则？（5分）请结合案例加以分析。（13分）

31. 材料：

初中生林强的父母望子成龙心切，从小对他寄予厚望。在他们看来，只有严加管教，孩子才能有出息。于是，他们对林强从学习到生活作出了一系列严格的规定，任何情况下都不得有丝毫的通融或改变，也不允许他出现任何细碎的差错。久而久之，林强养成了谨小慎微，凡事都怕出错的行为习惯。他做事总是小心翼翼，反复权衡，慎之又慎，生怕做不好留下遗憾，迟迟下不了决心。哪怕是在课上老师讲的知识没有听懂，需要问老师，他也要权衡再三。林强在学习和生活中无论做什么事情，都是犹豫不决，缺乏随机应变的灵活性。

问题：

(1)结合案例分析学生性格形成的影响因素。(9分)

(2)如果你是老师，对林强的性格培养有何建议?(9分)

机密★启封前　　　　　　　　　　　　　　　　姓名________　准考证号________

2023年上半年中小学教师资格考试
真题试卷(二)

教育知识与能力(中学)

注意事项:

1. 考试时间为120分钟,满分为150分。

2. 请按规定在答题卡上填涂、作答,在试卷上作答无效,不予评分。

一、单项选择题(本大题共21小题,每小题2分,共42分)

在每小题列出的四个备选项中只有一个是符合题目要求的,请用2B铅笔把答题卡上对应题目的答案字母按要求涂黑。错选、多选或未选均无分。

1. 在我国教育理论发展过程中,明确提出"生活教育论",主张"生活即教育""社会即学校",强调"教学做合一"的教育家是(　　)

A. 蔡元培　　　　B. 黄炎培

C. 杨贤江　　　　D. 陶行知

2. 教育是新生一代成长和社会延续与发展不可或缺的手段,是一切人和社会所必需的。这说明教育具有(　　)(易混)

A. 历史性　　　　B. 阶级性

C. 永恒性　　　　D. 独立性

3. 教育的生物起源论和心理起源论的共同点是(　　)(易错)

A. 将教育视为本能模仿　　　　B. 忽视教育的社会属性

C. 否认动物界存在教育　　　　D. 强调教育的目的性

4. 一个国家教育事业发展的规模和速度归根结底是由下列哪一因素决定的(　　)

A. 生产力水平　　　　B. 政府重视

C. 人口数量　　　　D. 文化传统

5. "蓬生麻中,不扶自直;白沙在涅,与之俱黑。……故君子居必择乡,游必就士,所以防邪僻而近中正也。"在影响人的身心发展的因素中,荀况这段话强调的

是(　　)

A. 遗传的先天制约　　B. 教育的主导作用

C. 个体主观能动性　　D. 环境的潜移默化

6. 任何时代、任何形态的教育活动,不可缺少的基本构成要素是(　　)

A. 教育者、受教育者、教育中介　　B. 教育者、受教育者、教育技术

C. 教师、学生、教学内容　　D. 教师、学生、教学计划

7. 2001年以来,我国基础教育课程改革要求对九年制义务教育课程设置实行(　　)

A. 六三分段　　B. 五四分段

C. 四二三分段　　D. 九年一贯

8. 强调教学重视学科基本结构和学生能力培养,提倡“发现学习”的教育家是(　　)

A. 凯洛夫　　B. 赞可夫

C. 布鲁纳　　D. 罗杰斯

9. 备课是上课的先决条件。备课应该做好的三方面工作是(　　)

A. 钻研教材、了解学生和考虑教法

B. 钻研教材、了解学生和准备教具

C. 钻研教材、阅读教参和考虑教法

D. 钻研教材、阅读教参和了解学生

10. 美国学者20世纪50年代提出的一种把大班上课、小班研究和个别教学三种教学方式结合起来的教学组织形式是(　　)

A. 分组教学　　B. 复式教学

C. 特朗普制　　D. 道尔顿制

11. 新学期开始的第一周,班主任李老师每天早上都把教室打扫得干干净净。一周后,李老师安排学生值日,同学们都非常认真负责,出色地完成了值日任务。李老师采用的德育方法是(　　)

A. 品德评价法　　B. 自我修养法

C. 榜样示范法　　D. 说服教育法

12. 苏菲想给王老师打电话,却没有电话号码,询问同学后随即拨通电话。通话结束后,她便忘了电话号码。苏菲对电话号码的记忆属于(　　)

A. 内隐记忆　　B. 瞬时记忆

C. 短时记忆　　D. 长时记忆

13. 丁老师正在上课，突然有人敲门，这时学生都不由自主将目光转向门口。学生的这种注意属于(　　)(常考)

A. 有意注意　　B. 无意注意

C. 有意后注意　　D. 无意后注意

14. 曹虹确信自己能出色地完成老师布置的各科作业。这反映了她的哪一心理品质(　　)

A. 自我效能　　B. 自我促进

C. 自我监控　　D. 自我强化

15. 杨亮常制定学习计划，但执行计划时总是半途而废。这主要反映了他意志品质的哪一特性(　　)

A. 果断性　　B. 坚韧性　　C. 理智性　　D. 独立性

16. 青春期的学生在心理上成人感及幼稚感并存。这主要体现了学生心理发展的哪种特点(　　)

A. 动荡性　　B. 自主性

C. 前瞻性　　D. 失衡性

17. 白雪自小受到母亲细心照料，从未离家独立生活。她初中入学刚住校就出现了不明原因的哭泣、无力、心疼与食欲不振。为此，母亲到学校陪她住了几天，白雪的症状消失，恢复正常。但母亲返家，其症状再现。白雪的这种心理问题属于(　　)

A. 学习问题　　B. 适应问题

C. 气质问题　　D. 认知问题

18. 初中生海博考试不及格，便到老师面前哭哭啼啼，苦苦哀求，表现得像一个小孩儿。他的这种心理防御机制是(　　)

A. 否认　　B. 压抑

C. 退行　　D. 补偿

19. 张铭非常喜欢王老师，愿意接受王老师的教导，并在观点、行动方面与王老师的要求保持一致。这说明张铭的品德发展处于哪一个阶段(　　)

A. 认同阶段　　B. 服从阶段

C. 依恋阶段　　D. 内化阶段

20. 张老师在工作中对学生非常严厉，且要求学生必须服从。他的班级管理风格属于(　　)

A. 仁慈型　　B. 民主型

C. 专断型　　D. 放任型

21. 在课堂上，学生能准确识别班级行为准则和个人行为准则，并以这些行为准则约束自己的行为。这种课堂纪律类型属于(　　)

A. 教师促成纪律　　B. 群体促成纪律

C. 任务促成纪律　　D. 自我促成纪律

二、辨析题(本大题共4小题，每小题8分，共32分)判断正误，并说明理由。

22. 教育发展具有历史继承性。

23. 德育过程就是学生品德发展过程。

24. 动物与人的学习存在本质区别。

25. 学校心理辅导只面向有心理问题的学生。

三、简答题(本大题共4小题,每小题10分,共40分)

26. 教育促进社会生产力发展表现在哪些方面?

27. 简述校本课程开发的基本特点。

28. 简述中学生发散思维的基本特征。(常考)

29. 简述良好性格的培养途径。

四、材料分析题（本大题共2小题，每小题18分，共36分）阅读材料，并回答问题。

30. 材料：

初中地理课上，为了使学生理解有关经纬线的概念和意义，刘老师提问道："在浩瀚的太平洋上，一艘远洋轮船出现了严重的故障，在自救无果的情况下，船长拿起电话，向总部求救，如果你是船长，你怎么说呢？"

一学生作打电话状："喂，总部，我们出事了，快来救我们。"

"我是总部，请报告你们的位置。"刘老师追问。

该生迟疑了一下，小声回答："我们在太平洋上。"他的话引起了哄堂大笑。

刘老师问："同学们为什么笑呢？"

"太平洋那么大，到哪里找呢？"学生回答道。

"是呀，救援人员怎样才能找到在太平洋上出事的船呢？"

学生回答："应该报告船的准确位置！"

于是，刘老师把"如何在地球上确定某一位置"的问题抛给学生来讨论。

在讨论中，学生们从探讨如何描述自己的座位，到街道门牌号；从电影票上的座位号，到平面直角坐标系……

就这样，关于经纬线、经纬网的概念和意义被学生们理解了。

问题：

(1)结合材料分析刘老师的教学主要体现了哪种教学原则？(8分)

(2)阐述贯彻该教学原则的基本要求。(10分)

31. 材料：

情境1：林强上课捣乱，受到同学责怪和老师批评，可他的行为不仅没有减少，反而频繁出现。后来，为了消除他的捣乱行为，当他捣乱时，老师和同学都不理他，久而久之，他的捣乱行为逐渐减少了。

情境2：杰明上课时总是不遵守纪律，干扰同学的学习。老师找他谈话，他多次承诺予以改正，但很快又重犯。今天上课时，他趁陈军站起来回答问题时，抽掉陈军的椅子使其重重地摔了一跤。于是，老师宣布取消杰明去春游的活动资格。

情境3：兴华平时课上喜欢讲闲话，老师为了改变他的这种不良习惯，不像以前那样一味地批评，而是采用新的策略，只要兴华不在课上讲闲话，老师就及时给予表扬。

问题：

(1)试从行为主义心理学视角，分析三种情境中教师做法的依据。(12分)

(2)该材料对教师培养学生良好行为有何启示？(6分)

机密★启封前　　　　　　　　　　　　　　　　　　　　　　姓名________　准考证号________

2022年下半年中小学教师资格考试
真题试卷(三)

教育知识与能力(中学)

注意事项:

1. 考试时间为120分钟,满分为150分。

2. 请按规定在答题卡上填涂、作答,在试卷上作答无效,不予评分。

一、单项选择题(本大题共21小题,每小题2分,共42分)

在每小题列出的四个备选项中只有一个是符合题目要求的,请用2B铅笔把答题卡上对应题目的答案字母按要求涂黑。错选、多选或未选均无分。

1. 记录了我国古代伟大教育家孔子关于哲学、政治、伦理和教育等方面的言论的著作是(　　)

A.《论语》　　B.《学记》　　C.《大学》　　D.《中庸》

2. 在教育学多样化发展阶段,美国教育家杜威创立的是(　　)(易混)

A. 实验教育学　　B. 批判教育学

C. 文化教育学　　D. 实用主义教育学

3. 教育作为一种社会现象,在不同的社会发展阶段或同一社会发展阶段的不同时期,其目的、内容、方法、手段等都会相应地发生变化。这表明教育具有(　　)

A. 独立性　　B. 历史性　　C. 阶段性　　D. 永恒性

4. 人们常说的“三翻、六坐、八爬,十个月会喊爸爸”反映了哪一因素对人的身心发展的制约(　　)(常考)

A. 遗传　　B. 环境

C. 教育　　D. 个体能动性

5. 在儿童身心发展的某一关键期,着力施以相应的教育则能取得事半功倍的效果。这反映了教育应该适应儿童身心发展的哪一特征(　　)(常考)

A. 顺序性　　B. 稳定性

C. 不均衡性　　D. 个别差异性

6. 教育制度虽然反映着人们的主观愿望和价值需求,但是教育制度的制定不是随心所欲的,每种教育制度都有它的现实基础和发展规律。这表明教育制度具有(   )

A. 客观性　　　　B. 规范性

C. 历史性　　　　D. 强制性

7."教育的主要任务在于使学生的官能得到发展,至于学科内容的实用意义则是无关紧要的"。这种观点属于(   )

A. 实质教育论　　　　B. 形式教育论

C. 传统教育论　　　　D. 现代教育论

8. 某中学地处"杂技之乡",在专家指导下开设了初级杂技课程,这种课程属于(   )

A. 国家课程　　　　B. 地方课程

C. 校本课程　　　　D. 潜在课程

9. 赵老师在新学期开始,对所教班级学生的化学学习情况进行了摸底测验,弄清了学生化学学科核心素养发展的基本情况,据此对已有的学期教学设计进行了调整。赵老师的这种摸底测验属于(   )(易混)

A. 形成性评价　　　　B. 诊断性评价

C. 总结性评价　　　　D. 相对性评价

10. 在现代教学理论中,教学方法指的是(   )

A. 教师为完成教学任务使用的工作方法

B. 学生为完成学习任务使用的学习方法

C. 教师教学方式和教学方法的总和

D. 教师教的方法和学生学的方法的总和

11."其身正,不令而行;其身不正,虽令不从。"这体现的德育方法是(   )

A. 实际锻炼法　　　　B. 个人修养法

C. 榜样示范法　　　　D. 品德评价法

12. 根据埃里克森的人格发展阶段理论，自我同一性对角色混乱这一冲突和矛盾主要出现在哪个年龄阶段(　　)(易混)

A. 3～6岁　　B. 7～12岁

C. 13～18岁　　D. 19～25岁

13. 根据奥尔波特的人格理论，中国人所具有的勤劳、善良、朴实等特征属于(　　)

A. 共同特质　　B. 首要特质

C. 中心特质　　D. 次要特质

14. 吴北即将高中毕业，他既想读国外大学，又想读国内高校，迟迟不能做出选择。他的这种动机冲突属于(　　)(常考)

A. 双避型　　B. 趋避型

C. 双趋型　　D. 多重趋避型

15. 张老师让学生在规定的时间内写出带有"口"的字。李强不仅写出了与口的活动有关的字，如"吃、喊、吐、叫"，还写出其他类别的字，如"邑、困、照、赢"等。这主要反映的是李强的哪一种思维能力(　　)

A. 发散思维　　B. 聚合思维

C. 抽象思维　　D. 动作思维

16. 王琳不知不觉就会唱许多流行歌曲。她的这种学习属于(　　)

A. 发现学习　　B. 替代学习

C. 内隐学习　　D. 外显学习

17. 张明近期变得不敢出门、不敢见人，尤其是一见到老师和同学就冒冷汗、手脚冰凉，甚至有些呼吸困难。他的这些表现属于哪种心理问题(　　)

A. 抑郁　　B. 癔症

C. 焦虑　　D. 社交恐惧

18. 王老师对自己的教学能力非常自信，认为自己能够取得突出的教学成果。这主要反映了王老师的哪种职业心理素质(　　)

A. 角色自主感　　B. 角色期待感

C. 教学效能感　　D. 教学责任感

19. 鉴于何雷这学期各方面都有明显进步，学校撤销了对他原有的警告处分。学校采用的行为矫正方法属于(　　)(易错)

A. 正强化　　B. 负强化

C. 正惩罚　　D. 负惩罚

20. 孙琳认为自己应该热爱集体、团结同学、帮助同学、尊师爱幼。这反映了品德心理结构的哪一方面(　　)

A. 道德情感　　B. 道德认识

C. 道德意志　　D. 道德行为

21. 王老师讲课时发现有些同学注意力不集中,于是提问:“我刚才讲的问题大家是怎么理解的?”以引起全班同学的注意。王老师采用的这种课堂管理方法属于(　　)

A. 个人问责　　B. 团体警觉

C. 转换管理　　D. 全体责任

二、辨析题(本大题共4小题,每小题8分,共32分)判断正误,并说明理由。

22. 全面发展就是学生德智体美劳五方面平均发展。

23. 教学是学校教育的唯一途径。

24. 气质无好坏之分。(常考)

25. 所有的行为变化都是由学习引起的。

三、简答题(本大题共4小题,每小题10分,共40分)

26. 简述学科课程的特点。

27. 简述中学教师布置作业的基本要求。

28. 简述中学生情绪情感的特点。(常考)

29. 简述人格的特征。

四、材料分析题(本大题共2小题,每小题18分,共36分)阅读材料,并回答问题。

30. 材料:

初中生王力擅长绘画,也是个积极上进的学生,但他行为散漫,目无纪律,常画些小动物,写上同学的名字来取笑。当班主任李老师批评他时,他低着头,声音颤颤地说:“老师,我错了,以后再也不画了。”李老师温和地说:“喜欢画画没错啊,可画家是用画笔来表现思想情感的,应歌颂美的事物。”说到这儿,王力的头又低了下去。李老师接着说:“咱班想请你负责黑板报,你要把特长充分发挥出来。”他一听,高兴地说:“老师,我保证把板报办好!”此后,王力发生了不小的变化,办板报也很认真负责。

有一天,宣传委员找到李老师,气呼呼地说:“李老师,王力把板报全擦了,还说我们是笨蛋,我们的字配不上他的画,他画得再好,我们也得不了奖。”李老师一进教室,便看见王力也在生气,他说他担心班级的板报取不上名次。李老师肯定了他热爱集体、精心设计的工作态度,接着又帮他分析个人与集体的关系,教育他要尊重别人的劳动,树立正确的荣誉观。他频频点头,虚心承认了错误,并保证重新设计,完善板报,结果板报在全校评比中获得了二等奖。

王力的进步是可喜的,但有时还比较散漫,以为只要笔下有功夫,其他无关紧要。在学校举办的“新风画展”评比中,他以为夺魁稳操胜券,结果只得了第四,便非常失望。李老师问他对评选结果有何感想,他振振有词:“李老师,我认为被评为第四的原因有两条,一是我画的位置摆得不好;二是同学们不会欣赏水墨画。”李老师严肃地说:“你的画立意不够深,境界不够高,从你画上的题诗来看,语言比较贫乏,文法也不很通顺。如果你想当画家,应严格要求自己,树立正确的人生观,努力学习好各门功课,打好文化基础。”听完李老师的话,王力脸红了,额头渗出了汗珠。后来,王力像变了一个人,各方面都取得了长足的进步。

问题:

材料中班主任李老师的做法主要贯彻了哪些德育原则?(6分)请结合案例加以分析。(12分)

31. 材料：

某中学班主任张老师收到家长的一封来信，信中说："我的孩子晓奇在小学阶段喜欢学习，各科学习成绩优异。进入初中后，第一次数学考试考了80分，属于班级中下水平，他感到很失望、很沮丧，开始对自己的学习能力产生了怀疑。与此同时，晓奇小学时特别感兴趣的，也是他强项的科目——英语，现在考试成绩也很不理想。晓奇对自己的学习能力更不自信了，认为自己不是学习的材料。近期他的学习劲头明显下降，作业拖拉，只要家长一离开，就放下作业。我很着急，也很纳闷，为什么他变得这么不爱学习了？想教育他、改变他，又不知如何下手，只好写信向您请教了。"

问题：

(1)请用动机归因理论分析案例中晓奇出现的问题及其原因。(12分)

(2)张老师应该向家长提出哪些教育建议。(6分)

机密★启封前　　　　　　　　　　　　　　　　姓名________　准考证号________

2022年上半年中小学教师资格考试 真题试卷(四)

教育知识与能力(中学)

注意事项:

1. 考试时间为120分钟,满分为150分。

2. 请按规定在答题卡上填涂、作答,在试卷上作答无效,不予评分。

一、单项选择题(本大题共21小题,每小题2分,共42分)

在每小题列出的四个备选项中只有一个是符合题目要求的,请用2B铅笔把答题卡上对应题目的答案字母按要求涂黑。错选、多选或未选均无分。

1. 我国第一位系统传播马克思主义教育理论,并出版《新教育大纲》的教育理论家是(　　)

A. 杨贤江　　　　B. 陶行知

C. 黄炎培　　　　D. 李大钊

2. 1762年,法国启蒙思想家卢梭发表的系统阐述其自然主义教育思想的著作是(　　)

A.《理想国》　　　　B.《巨人传》

C.《太阳城》　　　　D.《爱弥儿》

3. 有的人在逆境中奋起,有的人在逆境中消沉;有的人在顺境中如鱼得水,有的人在顺境中却虚度光阴。这种现象说明(　　)

A. 顺境有利于人的发展　　　　B. 环境好坏决定人的发展

C. 逆境有利于人的发展　　　　D. 人对环境影响有能动性

4. 教师以自身教育实践中存在的问题为研究对象,旨在改进教育实践,而不在于理论构建的研究属于(　　)

A. 实验研究　　　　B. 行动研究

C. 调查研究　　　　D. 个案研究

5. “今天的教育就是明天的经济,教育已经成为经济发展的杠杆”。这说明教育

具有(　　)

A. 科学性　　B. 阶段性

C. 生产性　　D. 独立性

6. “教育要掌握和利用人的发展成熟机制，抓住发展的关键期，不失时机地采取有效措施，卓有成效地促进学生健康地发展。”这反映了人的身心发展具有(　　)(常考)

A. 顺序性　　B. 稳定性

C. 不平衡性　　D. 个别差异性

7.《中华人民共和国义务教育法》规定“国家实施九年义务教育”，要求“国家、社会、学校和家庭依法保障适龄儿童、少年接受义务教育的权利”。义务教育的基本特征有(　　)(易错)

A. 强制性、普及性、免费性　　B. 强制性、基础性、普及性

C. 基础性、普及性、免费性　　D. 基础性、强制性、免费性

8. 目前，我国中学实行的课程管理体制是(　　)(常考)

A. 国家统一管理　　B. 地方与学校共同管理

C. 学校自主管理　　D. 国家、地方与学校三级共同管理

9. 由教育家洛扎诺夫创立，注重强化联想，坚持理智与情感、有意识与无意识的结合，使学生在愉快的气氛中有效地接收更多信息的教学方法是(　　)

A. 范例教学　　B. 发现学习

C. 暗示教学　　D. 非指导教学

10. 把两个或两个以上年级的学生编在一个班级，在一节课内由一位教师对学生进行直接教学与布置、完成作业轮流交替的教学组织形式是(　　)

A. 合作学习　　B. 复式教学

C. 小班教学　　D. 分层教学

11. 在学校文化建设中，让学校里的每一面墙壁都开口说话，这体现的德育方法是(　　)(常考)

A. 说服教育法　　B. 实际锻炼法

C. 情感陶冶法　　D. 自我修养法

12. 李红看到王强经常帮助同学而受到老师的表扬，因此她也愿意帮助同学。这种现象主要体现了哪种强化方式(　　)

A. 负向强化　　B. 间隔强化

C. 自我强化　　D. 替代强化

13. 刘杰学过的物理平衡的概念，促进了他对化学平衡概念的理解。这种迁移属于(　　)(易错)

A. 负向迁移　　B. 顺向迁移

C. 垂直迁移　　D. 逆向迁移

14. 郭老师上课时，边讲课、边板书、边观察学生的课堂表现，并取得了良好的教学效果。这反映了哪种注意品质(　　)

A. 注意的稳定　　B. 注意的分配

C. 注意的范围　　D. 注意的转移

15. 进入初中后，赵东难以控制自己的情绪，时常无故地兴奋不已，转而又哀伤忧愁。这反映了青少年的情绪发展具有(　　)

A. 弥散性　　B. 闭锁性

C. 波动性　　D. 感染性

16. 李玲遇事常拿不定主意，错失良机。这主要反映了她意志品质的哪一特点(　　)(易混)

A. 果断性　　B. 独立性

C. 坚韧性　　D. 自制性

17. 廖老师在心理辅导课上经常使用文具、卡片等物品作为奖励替代物以改变学生的行为，这种做法属于(　　)

A. 认知法　　B. 代币法

C. 脱敏法　　D. 消退法

18. 陈亮一想到明天要在课堂上宣读作文就坐立不安，感到心跳加快、脸红、出冷汗。陈亮的这种表现属于(　　)

A. 抑郁　　B. 妄想

C. 强迫　　D. 焦虑

19. 郑老师通过让全班同学观看“某中学生为了减轻妈妈的辛劳，时常为加班晚归的妈妈做好饭”的视频，让学生学会孝敬长辈。这种品德修养方法属于(　　)(常考)

A. 树立榜样　　B. 有效说服

C. 群体约定　　D. 价值辨析

20. 语文课上，张老师非常注重营造宽松的课堂氛围，鼓励每个学生自由表达，并建设性地吸收学生的观点以帮助和指导学生。这种课堂管理方式属于(　　)

A. 民主式　　B. 权威式

C. 放任式　　D. 专制式

21. 决定一位教师能否成功地扮演教师角色的首要条件是(　　)

A. 角色意志　　　　B. 角色体验

C. 角色认知　　　　D. 角色期待

二、辨析题(本大题共4小题,每小题8分,共32分)判断正误,并说明理由。

22. 教育必然促进社会的发展。

23. 学生在学校学习的主要是间接经验。(常考)

24. 动机强度与学习效果成正比。(常考)

25. 情绪与认知是互不影响的心理过程。

三、简答题(本大题共4小题,每小题10分,共40分)

26. 简述制约课程内容选择的因素。

27. 简述贯彻启发性教学原则的基本要求。

28. 简述皮亚杰的认知发展阶段理论。(常考)

29. 简述教师自我促进心理健康的有效方法。

四、材料分析题（本大题共2小题，每小题18分，共36分）阅读材料，并回答问题。

30. 材料：

在我担任初二(5)班班主任的时候，有次家校联系日，一位家长带着孩子到我的办公室找我谈话。期间，家长不停地数落孩子，把孩子说得一无是处，孩子一直低着头。由于我在班上对这个学生也比较关注，尽管他成绩靠后，但是有一些长处，所以待家长说完后，我马上说道："这孩子最近在学校表现还不错，学习的劲头也有，也能认真听课，我想以后成绩肯定是会有进步的。"说完，那孩子抬起头来，看了看我，他的眼睛里含着泪水……

在那以前，我很少正面表扬他。这个孩子平时挺踏实，乐于帮助同学，也有一定的上进心。经过这次当着家长的面表扬他，他的学习积极性更高了，学习成绩提高到了班级的中上游。所以，无论是怎样的学生，都还是个孩子，都需要鼓励和帮助，必要的时候夸一夸学生，能给他们打不少气，为学习增加动力。

问题：

(1)结合材料，分析这位老师的做法贯彻了哪一德育原则？(8分)

(2)阐述贯彻该德育原则的基本要求。(10分)

31. 材料：

王老师是一名新入职的高中数学教师，刚刚上了一周的课，就发现班上学生对她的课不感兴趣，有些学生上课“开小差”，有些学生一脸困意。她原以为是这些学生对学习不积极，经过深入了解，发现她讲的知识很多学生都已经在课下的学习中掌握了，所以对自己目前讲的教学内容感到太容易，觉得无聊。于是王老师大幅度提升了课堂教学内容和家庭作业的难度，以为这可以引起学生的兴趣，结果这回学生们却反映上课听不懂，作业不会做。王老师冥思苦想，为什么自己的教学效果不好？随后她向教学经验丰富的张老师请教，如何才能把握教学内容的难度，张老师对王老师说：“你要让学生跳一跳能摘到桃子。”

问题：

(1)请用维果斯基的理论，分析王老师的教学存在什么问题？(10分)

(2)结合案例，指出如何让学生“跳一跳能摘到桃子”？(8分)

机密★启封前　　　　　　　　　　　　　　　　　　姓名________　准考证号________

2021年下半年中小学教师资格考试
真题试卷(五)

教育知识与能力(中学)

注意事项:

1. 考试时间为120分钟,满分为150分。

2. 请按规定在答题卡上填涂、作答,在试卷上作答无效,不予评分。

一、单项选择题(本大题共21小题,每小题2分,共42分)

在每小题列出的四个备选项中只有一个是符合题目要求的,请用2B铅笔把答题卡上对应题目的答案字母按要求涂黑。错选、多选或未选均无分。

1. 有教无类是我国优秀教育传统,指对各类人平等看待,不分愚贤贵贱都进行教育。该词语出自(　　)(常考)

A.《道德经》　B.《论语》　C.《孟子》　D.《劝学》

2. 在当代教育学理论发展过程中,心理学家布卢姆提出了(　　)

A. 教学目标分类理论　B. 教学过程最优化理论

C. 教学与发展理论　D. 教学特殊认识理论

3. 古代学校教育不仅脱离生产劳动,而且鄙视生产劳动。这主要反映了哪一因素对教育的制约(　　)

A. 生产力发展水平　B. 社会政治经济制度

C. 社会人口构成　D. 民族文化传统

4. 关于影响人的发展因素的问题,曾出现过“生而知之”的“天才论”。这种理论属于(　　)

A. 教育万能论　B. 环境决定论

C. 遗传决定论　D. 主观决定论

5. 反映各级各类学校人才培养具体质量规格要求的是(　　)

A. 教育方针　B. 教育目的

C. 培养目标　D. 课程目标

6. 标志着课程论作为独立学科出现，也是教育史上第一部课程论的专著是(　　)

A. 斯宾塞《教育论》　　B. 杜威《儿童与课程》

C. 博比特《课程》　　D. 泰勒《课程与教学的基本原理》

7. 在课程和教学理论的发展过程中，曾出现形式教育论和实质教育论之争。这是对哪一关系的争论(　　)(常考)

A. 直接经验与间接经验　　B. 知识与能力

C. 分科与综合　　D. 知识与思想

8. 学完“压强”概念，学生理解了“在同等压力下，受力面积越大压强越小”的道理，田老师要求学生举例说明这个原理在生活中的运用。田老师贯彻的主要教学原则是(　　)

A. 理论联系实际　　B. 循序渐进

C. 直观性　　D. 启发性

9. 于老师在讲台上把一张纸揉成团，把另一张纸烧成灰，由此让学生理解物质的物理变化和化学变化的区别。于老师采用的教学方法是(　　)(易错)

A. 练习法　　B. 演示法

C. 实验法　　D. 参观法

10. 在一次志愿者活动结束后，马老师要求同学们对自己这一天的表现进行反思，并写出心得体会。马老师运用的德育方法是(　　)

A. 说服教育法　　B. 榜样示范法

C. 实际锻炼法　　D. 个人修养法

11. 学校实施德育的基本途径是(　　)

A. 班主任工作　　B. 课外、校外活动

C. 团队活动　　D. 品德课与其他学科教学

12. 一件白衬衫在灯光昏暗的室内和阳光明媚的户外，其亮度差别很大，但是人们都能将其知觉为白色衬衫。这反映了知觉的(　　)

A. 整体性　　B. 选择性

C. 理解性　　D. 恒常性

13. 教师：“面粉可以做什么？”

学生甲：“可以做面包、蛋糕、馒头、花卷、油条、面条。”

学生乙：“可以做馒头、调芡汁水、捏面人。”

上述对话说明乙比甲的思维更具有(　　)

A. 精细性　　B. 流畅性

C. 变通性　　D. 反思性

14. 学生对遗传与变异之间关系的学习属于(　　)

A. 组合学习　　B. 上位学习

C. 下位学习　　D. 归属学习

15. 晓杰在阅读课文时常常自我提问:“我对课文表达的内容清楚了吗？我抓住了课文的重点了吗?”这种学习策略属于(　　)(易混)

A. 复述策略　　B. 组织策略

C. 计划策略　　D. 监控策略

16. 民辉在解答难题时产生的疑惑、惊讶、焦躁等情感体验属于(　　)

A. 道德感　　B. 理智感

C. 美感　　D. 荣誉感

17. 当志君看到他喜欢的中国乒乓球队在2020年东京奥运会夺冠获胜时,欣喜若狂。这种情绪状态属于(　　)

A. 心境　　B. 激情

C. 应激　　D. 热情

18. 晓颖是个诚实、勤奋好学的好学生,这些特征属于(　　)

A. 性格　　B. 能力

C. 气质　　D. 认知

19. 雨晴通过写诗作画让自己走出困扰,摆脱失去亲人的痛苦,这种情绪调节方法是(　　)

A. 脱敏法　　B. 强化法

C. 幽默法　　D. 升华法

20. 国强认为欺负弱小是不可取的,不道德的,因此他在生活中总是能自觉杜绝这样的行为。这说明其品德发展处于(　　)(常考)

A. 依从阶段　　B. 内化阶段

C. 自主阶段　　D. 外化阶段

21. “学生过度兴奋,各行其是,随便插嘴,故意捣乱”等词语描述的是哪一类课堂气氛的表现(　　)

A. 积极型　　B. 消极型

C. 对抗型　　D. 顺从型

二、辨析题(本大题共4小题,每小题8分,共32分)判断正误,并说明理由。

22. 美育就是艺术教育。

23. 学校教学应以间接经验为主。

24. 阿特金森认为,力求成功者旨在获取成就感,他们倾向于选择稳操胜券的任务。

25. 场独立型的学生比场依存型的学生更优秀。

三、简答题(本大题共4小题,每小题10分,共40分)

26. 为什么说教育在人的身心发展中起主导作用?(常考)

27. 简述学校教学工作的意义。

28. 注意的品质有哪些?

29. 简述福勒的教师成长三阶段论。

四、材料分析题(本大题共2小题,每小题18分,共36分)阅读材料,并回答问题。

30. 材料:

新学期,班主任李老师接了一个新班。李老师第一天走进教室,发现卫生状况非常差,桌仰椅翻,污物满地。看到这种情景,李老师一声不吭地拿起扫帚把地面打扫干净,然后又把桌椅重新摆好,一切都收拾好了,才请同学们进教室上课。坐在老师打扫过的教室里,全班同学一个个出奇地规矩。

第二天,李老师依旧如此,有一些同学说:“李老师,让我们打扫吧”。李老师微笑着说:“不,这一周我做值日。”一个星期后,李老师安排了值日表,每天值日的学生都非常认真负责,就连卫生死角也打扫得干干净净。

教室卫生向来由学生轮流打扫,很少见过老师也做值日的。李老师不仅这样做了,而且做在学生之前,做得一丝不苟。学生由起初的费解,到惭愧,以至最后肃然起敬。在李老师的带动下,这个卫生差的班级周周都能得到卫生流动红旗,这不时得到了学校的表扬。

问题:

(1)结合材料,分析李老师运用了何种德育方法?(4分)

(2)结合材料,分析这个方法的含义和要求。(14分)

31. 材料：

王老师是初中语文老师，根据教学进度安排，最近他开始讲授古代诗歌单元。在教学时，他先是引导学生探索五言绝句的平仄规律，刚开始学生总结得不准确，经过多次讲解和引导，学生掌握了五言绝句的平仄规律。随后，王老师发现，当学生又学习五言律诗时，他们很快就能总结出五言律诗的平仄规律。再后来，当学生学习七言律诗时，也很快总结出了其平仄规律。

本单元结束后，王老师进行教学反思：学生之所以能很容易地总结出七言律诗的平仄规律，是因为学生已经掌握了五言绝句、五言律诗的平仄规律，他们利用已掌握的方法进行分析，很快就能总结出七言律诗的平仄规律。

问题：

(1)请用迁移相关理论分析上述学习现象。(10分)

(2)该迁移理论对教学有何启示？(8分)

机密★启封前　　　　姓名________　准考证号________

2021年上半年中小学教师资格考试真题试卷(六)

教育知识与能力(中学)

注意事项:

1. 考试时间为120分钟,满分为150分。

2. 请按规定在答题卡上填涂、作答,在试卷上作答无效,不予评分。

一、单项选择题(本大题共21小题,每小题2分,共42分)

在每小题列出的四个备选项中只有一个是符合题目要求的,请用2B铅笔把答题卡上对应题目的答案字母按要求涂黑。错选、多选或未选均无分。

1. 新中国成立初期,我国师范院校教育学课程普遍采用的教材是(　　)

A. 夸美纽斯的《大教学论》　　B. 赫尔巴特的《普通教育学》

C. 凯洛夫的《教育学》　　D. 马卡连柯的《论共产主义教育》

2. 学校教育具有促进个体发展和社会发展的功能,其中个体发展主要体现为(　　)(易混)

A. 个性化与道德化　　B. 社会化与个性化

C. 社会化与标准化　　D. 个性化与趋同化

3. "跳一跳,摘到桃"主要强调教师在教学过程中尽可能挖掘每个学生的潜力,使其得到更好的发展。其理论依据是(　　)

A. 最近发展区理论　　B. 范例教学理论

C. 合作教育学理论　　D. 教学过程最优化理论

4. 马克思主义认为,实现人的全面发展的唯一途径是(　　)

A. 学校教育与社会教育相结合　　B. 脑力劳动与体力劳动相结合

C. 教育与生产劳动相结合　　D. 知识分子与工人农民相结合

5. 学校教育制度一般是指一个国家(　　)

A. 各级各类学校内部的各种制度　　B. 各级各类学校的领导管理制度

C. 各级各类学校的办学体制　　D. 各级各类学校的总体系

6. 学生在教师指导下通过实地测算、地形测绘、植物栽培和动物饲养等以获得相关学科知识的方法属于(　　)

A. 实验法　　B. 参观法　　C. 演示法　　D. 实习作业法

7. 美国实用主义教育家杜威所倡导的课程理论是(　　)(易混)

A. 学科课程论　　B. 活动课程论

C. 要素主义课程论　　D. 永恒主义课程论

8. 学校教育中的教学过程对学生来说是一个特殊的认识过程,具有不同于人类总体认识的特点。它主要表现为(　　)

A. 以学习个体经验为主　　B. 以学习间接经验为主

C. 以学习直接经验为主　　D. 以学习群体经验为主

9. 王老师在讲授“磷及其化合物的性质”时,以磷化氢的“自燃”现象,说明民间俗称“鬼火”现象产生的原因,对学生进行了“无神论”教育。王老师在教学中主要贯彻的是(　　)(常考)

A. 循序渐进原则　　B. 直观性原则

C. 科学性和思想性相结合原则　　D. 启发性原则

10. 学校体育的根本任务是(　　)

A. 增强学生体质

B. 传授体育运动的基础知识、培养基本技能

C. 使学生养成锻炼身体的习惯

D. 为国家输送优秀体育人才

11. 孟子说:“天将降大任于是人也,必先苦其心志,劳其筋骨,饿其体肤,空乏其身,行拂乱其所为,所以动心忍性,曾益其所不能。”这段话体现的德育方法是(　　)

A. 实际锻炼法　　B. 品德评价法

C. 情感陶冶法　　D. 榜样示范法

12. 教师向学生依次呈现一组单词,要求他们记住,随后进行自由回忆。结果发现,最后呈现的单词更容易被回忆起来。这种现象称为(　　)

A. 首因效应　　B. 近因效应

C. 前摄抑制　　D. 倒摄抑制

13. 阳慧在解决问题的过程中,常以老师、同学的建议为参照作出决策。她的这种认知风格属于(　　)

A. 场依存型　　B. 场独立型

C. 继时型　　D. 同时型

14. 赵敏在课堂上不敢主动发言,有疑难问题也没有勇气向老师请教。为了改变她的这一弱点,老师给她更多的鼓励和机会,当她主动提问时,就及时给予表扬。这种促进行为改变的方法属于(　　)

A. 行为强化法　　B. 精神分析法

C. 榜样示范法　　D. 系统脱敏法

15. 同学们正在教室里聚精会神地听老师讲课,突然从教室外飞进来一只小鸟,于是大家不约而同地把视线朝向小鸟。这种现象属于(　　)

A. 随意前注意　　B. 随意后注意

C. 无意注意　　D. 有意注意

16. 欣怡能用规则来约束自己的行为,认为规则是绝对的、不可变更的,并表现出对规则的服从。根据皮亚杰的道德认知发展理论,欣怡的道德发展水平处于(　　)

A. 自我中心阶段　　B. 权威阶段

C. 可逆阶段　　D. 公正阶段

17. 李伟同学在上课前会对本节课的内容进行判断,如果认为自己能听懂老师讲述的知识,他就会认真听课。根据班杜拉的理论,这种现象是(　　)(易错)

A. 结果期待　　B. 过程期待

C. 社会期待　　D. 效能期待

18. 在课堂教学中,张老师能考虑学生的不同需要,关注他们的个体差异。按福勒等人所划分的教师成长阶段,张老师处于(　　)

A. 关注生存阶段　　B. 关注学生阶段

C. 关注情境阶段　　D. 关注结果阶段

19. 晓东期中考试成绩不理想,其父母承诺如果期末考试成绩优异,就奖励一部华为手机,于是他学习更加努力。晓东的这种学习动机属于(　　)

A. 近景、外部动机　　B. 近景、内部动机

C. 远景、外部动机　　D. 远景、内部动机

20. 伟华看见天上的浮云,脑中出现“骏马”“恐龙”等动物形象。这种现象属于(　　)

A. 有意想象　　B. 无意想象　　C. 再造想象　　D. 创造想象

21. 李利今天新学习了20个英文单词,放学后,他就一遍一遍地背诵,直至背会全部单词。这种学习策略属于(　　)

A. 监控策略　　B. 组织策略

C. 计划策略　　D. 复述策略

二、辨析题(本大题共4小题,每小题8分,共32分)判断正误,并说明理由。

22. 教学评价就是某一学段结束后,对学生学业成绩的总评价。

23. 教育具有自身的发展规律,不受社会发展的制约。(常考)

24. 后继学习对先前学习产生负迁移作用。

25. 气质由遗传决定。

三、简答题(本大题共4小题,每小题10分,共40分)

26. 简述教学工作的基本环节。

27. 班主任培养班集体的主要方法有哪些?(常考)

28. 简述建构主义学习理论的主要观点。

29. 培养学生创造性的主要途径有哪些?

四、材料分析题(本大题共2小题,每小题18分,共36分)阅读材料,并回答问题。

30. 材料:

上学期初,我们班转来个学生叫王伟,他沉迷于网络游戏,导致学习不认真,对班级活动漠不关心,还常常旷课。

我对王伟定期家访。在家访时了解到,早在王伟读小学的时候,父母为了不让他到处乱跑,便常给他零花钱去玩电子游戏,以致形成了网瘾。鉴于此,我建议王伟的父母多抽些时间来与他交流、沟通,并控制好他的零花钱,尽可能地限制他玩网络游戏。

同时,我发动了全班同学利用各种报刊、网络收集资料,并召开了一次题为"网络游戏给我们带来什么"的主题班会。通过激烈辩论,最终同学们得出的结论是:中学生玩网络游戏的弊远远大于利,我们不能沉迷于网络游戏。王伟在班会课后感中写道:"通过主题班会,我才真正意识到经常旷课上网是多么愚蠢。过去我对学习一直不感兴趣,上课听不懂,整天无所事事,为了消磨时间,我就常常逃课去上网了……"

针对王伟的情况,我语重心长地与他谈心,并为他采取了一项措施:他每坚持一天不上网,就会有一位同学给他写上一句祝福或鼓励的话。我们班共有50个同学,有四十九颗火热的心愿意帮助他。我希望他不要辜负同学们的期望,王伟爽快地说:"没问题。"

此外,为了培养王伟对班集体的责任心,我与班委协商,让他担任学校清洁区卫生评分员,他也非常乐意地接受了。同时,同学们充分发掘王伟的特长,在每次出黑板报时,就把画报头和插图的任务交给他。班干部们也非常热心,主动担任王伟各科学习的辅导员,常常辅导他做作业。

一学期过去了,他不再沉迷于网络游戏,学习成绩比以前明显提高,思想也有了很大进步。

问题:

材料中的"我"贯彻了哪些德育原则(8分)?请结合材料加以分析。(10分)

31. 材料：

初中开学第一天，七年级(1)班班主任李老师到班级开班会，她在点名的过程中，看到了一个比较熟悉的名字。

“上官文俐？”

“到！”

“你是不是有个姐姐叫上官文伶？”

“是的。”

“我记得上官文伶，她是我前几年带过的学生。她学习很努力，成绩优秀，平时很有礼貌，大家都很喜欢她。我看你和她长得非常像，在各个方面你也应该像她一样优秀。”

两个月后，班主任推荐她参加学校的中学生创新竞赛，结果她取得了好成绩。得到这个好消息后，李老师对她说：“正如我想的那样，你不但爱学习，还很有创新意识。”

在随后的日子里，上官文俐努力学习，团结同学，积极为班级服务，努力使自己成为李老师所期望的那样，像她姐姐一样优秀的学生。

问题：

结合案例阐述教师期望的作用(10分)及其对教育的启示。(8分)

机密★启封前　　　　　　　　　　　　　　　　　　　　姓名________　准考证号________

2020年下半年中小学教师资格考试
真题试卷(七)

教育知识与能力(中学)

注意事项:

1. 考试时间为120分钟,满分为150分。

2. 请按规定在答题卡上填涂、作答,在试卷上作答无效,不予评分。

一、单项选择题(本大题共21小题,每小题2分,共42分)

在每小题列出的四个备选项中只有一个是符合题目要求的,请用2B铅笔把答题卡上对应题目的答案字母按要求涂黑。错选、多选或未选均无分。

1. 世界上最早专门论述教育的文献是(　　)(常考)

A.《学记》　　　　B.《论语》

C.《论演说家的教育》　　　　D.《理想国》

2. 对儿童青少年的成长发展起主导作用的因素是(　　)

A. 遗传素质　　　　B. 环境

C. 教育　　　　D. 个体的主观能动性

3. 我国当前大力发展高等职业教育的举措反映了哪一因素对教育的影响(　　)

A. 生产力　　　　B. 政治

C. 文化　　　　D. 人口

4. 学制发展进程中,有些国家规定学生在小学和初中阶段接受统一的基础教育,初中以后可以接受普通教育或职业教育。这些国家的学制类型属于(　　)

A. 单轨学制　　　　B. 双轨学制

C. 多轨学制　　　　D. 分支型学制

5. 卢梭从自然教育观出发,提出培养自然人的教育目的。这种教育目的观属于(　　)(常考)

A. 社会本位论　　　　B. 个人本位论

C. 宗教本位论　　　　D. 自然本位论

6. 设置综合实践活动课程是我国基础教育课程结构方面的重大改革，作为一门必修课，其开设的范围是(　　)

A. 从幼儿园到初中　　B. 从小学到初中

C. 从初中到高中　　D. 从小学到高中

7. 要充分发挥课程在学校教育中的作用，就必须编制好三个文本。这三个文本是(　　)(易混)

A. 课程计划、课程标准、课程内容　　B. 课程计划、课程标准、教科书

C. 课程方案、课程标准、课程内容　　D. 课程方案、课程实施、课程评价

8. 20世纪后半叶美国出现了一种教学组织形式，在世界各国产生较大影响，其特点是把大班上课、小组讨论和个人自学按一定比例结合起来。这种教学组织形式是(　　)

A. 特朗普制　　B. 道尔顿制

C. 文纳特卡制　　D. 贝尔—兰喀斯特制

9. 新课程改革以来，不少中学把“档案袋评价”作为评价学生的方式之一。这种评价属于(　　)(易混)

A. 诊断性评价　　B. 形成性评价

C. 终结性评价　　D. 标准性评价

10. 班主任王老师在“每月一星”活动中，将表现好、进步大的学生照片贴在“明星墙”上以示奖励。王老师运用的德育方法是(　　)

A. 说服教育法　　B. 实际锻炼法

C. 品德评价法　　D. 情感陶冶法

11. 子路对教育的作用不以为然，说：南山有竹，人不去管它照样长得直；砍来当箭，照样能穿透犀牛皮。孔子对他说：若是将砍来的竹子刮光装上箭头，磨得很利，岂不射得更深吗？子路接受了孔子的教诲，成为孔子的学生。孔子的做法体现了哪一德育原则(　　)

A. 教育影响的一致性和连贯性原则

B. 理论联系实际原则

C. 长善救失原则

D. 疏导原则

12. 建华在听课过程中会不由自主地玩手机或做小动作。这种现象属于(　　)

A. 注意集中　　B. 注意分散

C. 注意分配　　D. 注意转移

13. 张老师在教学中经常用奖励来激发学生的学习动机，培养学生良好的学习习惯，张老师的这种做法符合（　　）

A. 人本主义学习观　　B. 行为主义学习观

C. 认知主义学习观　　D. 建构主义学习观

14. 晓磊为了获得老师或家长的表扬而努力学习。根据奥苏伯尔的理论，晓磊的学习动机属于（　　）（常考）

A. 认知内驱力　　B. 自我提高内驱力

C. 附属内驱力　　D. 生理内驱力

15. 梦佳理解了“物质决定意识，意识反作用于物质”的含义。按照皮亚杰的认知发展阶段理论，梦佳的思维发展水平处于（　　）

A. 感知运动阶段　　B. 前运算阶段

C. 具体运算阶段　　D. 形式运算阶段

16. 晓军上中学后，自尊心越来越强，自我评价越来越客观全面，自我控制能力明显提高。这反映的是晓军自我意识哪一方面的发展（　　）

A. 生理自我　　B. 心理自我

C. 社会自我　　D. 物质自我

17. 高三学生志强认为，做事应达到尽善尽美，因此他对自己要求很高，常常因偶尔的考试成绩不理想而情绪低落，心理辅导教师通过纠正其不合理信念来调整他的情绪。该教师采用的心理辅导方法是（　　）

A. 理性—情绪疗法　　B. 系统脱敏法

C. 阳性强化法　　D. 来访者中心疗法

18. 如果一个家长想用玩游戏来强化孩子认真完成作业的行为，最合理的安排应该是让孩子（　　）（易错）

A. 玩完游戏后做作业　　B. 自己规定游戏时间

C. 边玩游戏边做作业　　D. 完成作业后玩游戏

19. 晓旭认为，服从听话的孩子就是好孩子，于是他对老师和家长绝对遵从，并希望得到他们的赞许。根据柯尔伯格的道德发展理论，他的道德发展处于（　　）

A. 社会契约阶段　　B. 相对功利阶段

C. 寻求认可阶段　　D. 遵守法规阶段

20. 数学课上，学生由于惧怕教师而出现紧张拘谨、反应被动、心不在焉等现象，这种课堂气氛属于（　　）

A. 积极型　　B. 对抗型　　C. 消极型　　D. 失控型

21. 王老师在教学工作中善于采用各种教学策略，取得了很好的教学效果，这反映了王老师的哪一方面能力突出(　　)(常考)

A. 教学操作　　　　B. 教学归因

C. 教学迁移　　　　D. 教学反思

二、辨析题(本大题共4小题，每小题8分，共32分)判断正误，并说明理由。

22. 母猴带着小猴爬树也是教育。(易混)

23. 对学生进行思想品德教育只是思想品德课老师的工作。

24. 顺向迁移就是正迁移。

25. 思维定势对问题解决的影响可能是积极的，也可能是消极的。

三、简答题(本大题共4小题,每小题10分,共40分)

26. 简述教育的文化功能。

27. 简述班主任工作的基本内容。(常考)

28. 简述能力发展的个体差异。

29. 教师职业倦怠的主要特征有哪些?

四、材料分析题(本大题共2小题,每小题18分,共36分)阅读材料,并回答问题。

30. 材料:

周老师教高一(5)班数学时,发现学生的知识基础差别较大,于是他决定对不同程度的学生提出不同任务和要求。对于学习基础较好的六位学生,周老师特别要求他们到图书馆查找和阅读相关书籍。经过自学,他们不但完成了规定的作业,还选做了一些难度更大的习题。对于其他学生,周老师分别给他们布置了难易程度不同的习题。在课堂教学中,周老师通过创设情境、多媒体教学、小组讨论等多种方式,调动学生学习的积极性和主动性,激发他们对所学内容的兴趣。同时提出问题,让学生深入思考,当学生遇到困惑时,周老师耐心地加以辅导,让学生自己动脑动手,找到解决问题的办法。学生通过解决问题获取了知识,很好地完成了学习任务。

问题:

(1)周老师贯彻了哪些教学原则?(8分)

(2)请结合材料对这些教学原则加以分析。(10分)

31. 材料：

下面是一位学生给老师的求助信：

许老师您好！

我在初中的学习成绩一直很好，可上高中以来学习成绩却不是很理想，尤其是近几次考试都没考好，这让我很沮丧，越来越不自信。现在一提到考试我就浑身不自在，怀疑自己到底能不能把成绩提高。在平时学习中我都能很好地理解知识，完成作业，老师和同学们也认为我的能力较强，常常推荐我参加一些学习竞赛，但我都推辞了，觉得自己能力不够，不能胜任。有时候我会不由自主地想：我能行吗？我还能考好吗？我是不是再也考不出好成绩了？

老师，我特别希望改变我目前的状态，在以后的考试中取得好成绩，不辜负老师和同学对我的信任，因此希望得到您的帮助，谢谢！

学生：海波

3月31日

问题：

(1)请根据自我效能感理论，分析这位学生存在的问题及产生的原因。(10分)

(2)如果你是许老师，应该如何帮助这位学生？(8分)

机密★启封前　　　　　　　　　　姓名________　准考证号________

2019年下半年中小学教师资格考试 真题试卷(八)

教育知识与能力(中学)

注意事项:

1. 考试时间为120分钟,满分为150分。

2. 请按规定在答题卡上填涂、作答,在试卷上作答无效,不予评分。

一、单项选择题(本大题共21小题,每小题2分,共42分)

在每小题列出的四个备选项中只有一个是符合题目要求的,请用2B铅笔把答题卡上对应题目的答案字母按要求涂黑。错选、多选或未选均无分。

1. 撰写于我国战国末期,被认为是世界上最早专门论述教育问题的文献是(　　)(易混)

A.《学记》　　　　B.《论语》

C.《大学》　　　　D.《中庸》

2. "近朱者赤,近墨者黑"反映了下列哪一因素对人的发展的影响(　　)(常考)

A. 遗传　　　　B. 环境

C. 教育　　　　D. 个体活动

3. 近年来我国对农村中小学的布局结构进行了调整。这主要反映了下列哪一因素对教育的影响(　　)

A. 政治制度　　　　B. 经济制度

C. 人口变化　　　　D. 文化传统

4. 2015年修订的《中华人民共和国教育法》中明确规定,我国教育的性质和方向是(　　)

A. 教育必须为社会主义现代化建设服务,为社会生活服务

B. 教育必须为社会主义现代化建设服务,为人民服务

C. 教育必须为社会主义物质文明建设服务,为精神文明建设服务

D. 教育必须为社会主义建设服务,为人的发展服务

5. 我国唐代中央官学设有“六学二馆”,其入学条件中明文规定不同级别官员的子孙进入不同的学校。这主要体现了我国封建社会教育制度的哪一特征(　　)(易错)

A. 继承性　　B. 等级性　　C. 历史性　　D. 民族性

6. 我国古代教育内容中的“六艺”、欧洲古代教育内容中的“七艺”和工业革命以后出现的物理、化学等课程属于(　　)

A. 学科课程　　B. 活动课程

C. 综合课程　　D. 融合课程

7. 2001年我国颁布的《基础教育课程改革纲要(试行)》明确规定,我国基础教育课程实行(　　)(常考)

A. 国家一级管理　　B. 国家、地方二级管理

C. 国家、地方、学校三级管理　　D. 国家、地方、学校、教研室四级管理

8. 近代教育史上曾出现过形式教育论和实质教育论的论争,其根本分歧是(　　)

A. 以学习直接经验为主还是以学习间接经验为主

B. 以理论教学为主还是以实践教学为主

C. 以学科教学为主还是以活动教学为主

D. 以传授知识为主还是以培养能力为主

9. 班主任王老师在对学生评价的过程中,详细记录了学生学习、品德、体育锻炼等各方面的日常表现,较客观地反映了学生的进步与成长。王老师的这种评价方式属于(　　)

A. 形成性评价　　B. 终结性评价

C. 诊断性评价　　D. 标准性评价

10. 某中学在“每月一星”的活动中,将表现好、进步快的学生的照片贴在“明星墙”上以示奖励,并号召大家向他们学习。这种做法体现出的德育方法是(　　)

A. 说服教育　　B. 情感陶冶

C. 实际锻炼　　D. 榜样示范

11. “动之以情,晓之以理,导之以行,持之以恒”的做法主要反映了哪一德育过程规律(　　)

A. 德育过程是具有多种开端的对学生知、情、意、行的培养提高过程

B. 德育过程是促进学生思想内部矛盾斗争的过程

C. 德育过程是组织学生活动与交往,统一多方面教育影响的过程

D. 德育过程是长期的、反复的、逐步提高的过程

12. 课堂上，同学们的注意被突然飞进教室的一只小鸟所吸引。这种注意属于(　　)

A. 无意注意　　B. 无意后注意

C. 有意注意　　D. 有意后注意

13. 晓斌认为自己学习成绩好全是刻苦努力的结果。根据韦纳的归因理论，晓斌的归因属于(　　)(易错)

A. 稳定的内部归因　　B. 稳定的外部归因

C. 可控的内部归因　　D. 可控的外部归因

14. 根据耶克斯—多德森定律，学生解决困难和复杂的任务时，哪种动机水平最有利(　　)

A. 中等偏下水平　　B. 中等水平

C. 中等偏上水平　　D. 高水平

15. 林菁擅长记忆物理定律、数学公式和化学方程式，这表明他的哪种记忆好(　　)

A. 形象记忆　　B. 情绪记忆

C. 逻辑记忆　　D. 动作记忆

16. 张丽在进行道德判断时，能够超越某种规章制度，更多考虑道德的本质，而非具体的原则。根据柯尔伯格的道德发展阶段论，其道德发展处于哪一阶段(　　)(易错)

A. 社会契约　　B. 相对功利

C. 遵守法规　　D. 普遍伦理

17. 韩老师常常说方琼勤奋努力，孙彤细致严谨，李冰诚实可信。韩老师描述的这些心理特征属于(　　)

A. 能力　　B. 性格

C. 气质　　D. 情绪

18. 刚进入高一，赵峰就总想"我考不上大学该怎么办"。他明知离高考还远着呢，这么早想这个事根本没必要，但就是控制不住，以致影响了正常学习。他的主要心理问题是(　　)(易混)

A. 强迫观念　　B. 强迫行为

C. 恐惧观念　　D. 恐惧行为

19. 谢晶在全校大会上受到表扬，兴奋不已；会议结束后，当听到几个同学议论"她有什么了不起，你看她长得那个样"时，她又很快陷入极度苦恼之中。谢晶的表现

典型地反映了中学生情绪的哪种特点(　　)

A. 两极性　　B. 不平衡性

C. 阶段性　　D. 爆发性

20. 根据福勒等人的教师发展阶段论,衡量教师发展成熟的重要标志是能否自觉关注(　　)

A. 生存　　B. 情境

C. 未来　　D. 学生

21. 王建在课堂上玩手机,老师没有直接提出批评,而是表扬了认真听讲的冯军,王建看了看冯军,也开始认真听讲了。该老师使用的课堂管理方法是(　　)

A. 直接干预　　B. 替代强化

C. 团体警觉　　D. 处理转换

二、辨析题(本大题共4小题,每小题8分,共32分)判断正误,并说明理由。

22. 教材编写的直接依据是课程计划。

23. 遗传在人的发展中起决定作用。(常考)

24. 问题解决不受情绪影响。

25. 心理健康的标准是相对的。

三、简答题(本大题共4小题,每小题10分,共40分)

26. 一堂好课的基本标准有哪些?

27. 简述学校美育的基本任务。

28. 简述元认知策略的种类。(常考)

29. 简述品德的心理结构。

四、材料分析题(本大题共2小题,每小题18分,共36分)阅读材料,并回答问题。

30. 材料:

王晓是我班一名对学习缺乏兴趣的学生,当其他同学在课堂上求知若渴地学习时,他却经常开小差,时而做出古怪的动作,发出干扰的声音,时而在教材上临摹插图,毫不在乎老师的批评。在多次苦口婆心劝说无效后,我决定换个思路。

经过细心观察,我发现他在班上没有一个朋友。谁也不爱理他。课间,他四处溜达无所事事,偶尔乘人不备拍打一个同学的背后迅速逃离。透过这一幕,我看到了他自暴自弃的背后对友情的渴望。

为了转变他在同学心中的不良形象,我创造时机对他表扬。这种积极的评价果然有效。他的书写从“狂草”变“潦草”,作文从数行到一页,学习有了较明显的进步。过了一段时间,我发现他的一篇作文有些新意,就帮他输入电脑并加以润色,在班级网页上展示,结果被同学们热烈“点赞”;他绘画有基础,我请美术老师私下指点,他的画也上了学校的展板。同学们开始对他另眼相看,他也找回了一些自信。

在此基础上,我策划开展“伸出手、不抛弃”的班级活动,先在班干部中讨论了与王晓交友的行动计划。班干部动起来了,更多的同学参与进来,关注他、帮助他、跟他交流、找他玩的同学渐渐多起来了,被他欺负而打小报告的同学逐渐少了,他为引发他人关注的恶作剧也逐渐没有了,他终于融入了这个班集体,成为班上积极的一员,我们班也因此获得了“包容友善先进班集体”的称号。

问题:

材料中这位老师贯彻了哪些德育原则?(8分)请结合材料加以分析。(10分)

31. 材料：

晓宁平时没有复习的习惯，还有一周就要期末考试了，他开始着急起来，并暗自发誓要考出好成绩。他觉得只要自己努力，反复背诵就一定能取得好成绩。所以，只要有时间他就去背——背外语单词，背课文，背语法，背数学、物理公式和化学方程式等，不会合理安排时间，连课间休息也不放过，从晚上背到深夜，早晨四、五点钟就起床接着背，以致到了头昏脑涨的地步。因他从没有哪次考试像这次考试一样下这么大的功夫，便自以为一定能考出好成绩。然而，完全出乎他的意料，各门功课成绩都很不理想。他很失望，百思不得其解，到底什么地方出了问题？

问题：

（1）简述学生应该如何有效进行复习。（10分）

（2）请指出晓宁复习中存在的主要问题。（8分）

机密★启封前　　　　　　　　　　　　　　　　　　姓名________　准考证号________

2019年上半年中小学教师资格考试
真题试卷(九)

教育知识与能力(中学)

注意事项:

1. 考试时间为120分钟,满分为150分。

2. 请按规定在答题卡上填涂、作答,在试卷上作答无效,不予评分。

一、单项选择题(本大题共21小题,每小题2分,共42分)

在每小题列出的四个备选项中只有一个是符合题目要求的,请用2B铅笔把答题卡上对应题目的答案字母按要求涂黑。错选、多选或未选均无分。

1. 传统教育派代表人物赫尔巴特主张的"三中心"是指(　　)(易混)

A. 教师中心、教材中心和课堂中心

B. 儿童中心、经验中心和活动中心

C. 管理中心、活动中心和教学中心

D. 管理中心、服务中心和教学中心

2. 苏联教育家赞可夫倡导的是(　　)

A. 发现学习理论　　B. 教学过程最优化理论

C. 教学与发展理论　　D. 范例教学理论

3. 18世纪法国思想家卢梭认为,"儿童的自然"决定教育目的。这种教育目的的价值取向属于(　　)

A. 个人本位论　　B. 社会本位论

C. 国家本位论　　D. 生活本位论

4. 教育具有自身发展的规律,在有些方面不一定会随着社会的改变而改变。这反映了教育的哪一特征(　　)

A. 阶级性　　B. 生产性

C. 目的性　　D. 相对独立性

5. 人的发展既体现出量的积累，又表现出质的飞跃。当某些代表新质要素的量积累到一定程度时，就会导致质的飞跃，出现新的年龄特征，这表明人的发展具有(　　)(易错)

A. 顺序性　　B. 不平衡性

C. 阶段性　　D. 个别差异性

6. 在现代学制发展过程中，西欧19世纪形成了“双轨”学制。这里的“双轨”(　　)

A. 衔接并且对应　　B. 衔接但不对应

C. 不衔接也不对应　　D. 不衔接但对应

7. 有人认为，教育投资是有效的生产性投资。这种观点主要反映了教育的哪种功能(　　)

A. 政治功能　　B. 经济功能

C. 文化功能　　D. 生态功能

8. 当前我国中学开设的数学、语文、英语等课程属于(　　)(常考)

A. 学科课程　　B. 活动课程

C. 经验课程　　D. 社会课程

9. 我国《基础教育课程改革纲要(试行)》规定，在课程设置上，高中阶段(　　)

A. 以综合课程为主　　B. 以分科课程为主

C. 以实践活动课程为主　　D. 设置分科与综合相结合的课程

10. “一把钥匙开一把锁”体现的德育原则是(　　)

A. 理论联系实际　　B. 长善救失

C. 教育影响的一致性　　D. 因材施教

11. 学校德育工作中经常采用的表扬与批评、奖励与处分的德育方法属于(　　)

A. 说服教育法　　B. 品德评价法

C. 榜样示范法　　D. 品德陶冶法

12. 学生课前预习，带着不懂的问题去上课，以便更有针对性地注意听讲。这种注意方式属于(　　)

A. 有意注意　　B. 无意注意

C. 无意后注意　　D. 有意后注意

13. 艾宾浩斯遗忘曲线表明，遗忘的速度是不均衡的，呈现的趋势是(　　)(易错)

A. 先慢后快　　B. 匀速加快

C. 先快后慢　　D. 匀速减慢

14. 晓春上课时把老师的讲解内容用自己的语言写在课本上，以促进对知识的理解。他采取的学习策略是(　　)(常考)

A. 复述策略　　B. 组织策略

C. 计划策略　　D. 精细加工策略

15. 钱老师上课时经常先提出问题让大家思考一会儿，然后再叫学生回答，以使学生的心理活动更好地维持在教学活动中。钱老师所采用的课堂管理方式是(　　)(易错)

A. 团体警觉　　B. 替代强化

C. 最小干预　　D. 处理转换

16. 方华情绪兴奋快而强，容易冲动，常常是爆发式的，并伴随有明显外部表现。她的气质类型属于(　　)

A. 胆汁质　　B. 多血质

C. 黏液质　　D. 抑郁质

17. 张老师在设置教学目标时，既考虑学生的现有知识水平，也考虑他们在老师指导下可以达到的水平。维果斯基将这两种水平之间的差距称为(　　)

A. 教学支架　　B. 最近发展区

C. 先行组织者　　D. 自我差异性

18. 郭阳同学近来总是不由自主地重复洗手，即便是洗了几遍仍然认为没洗干净。他明知这样做没有必要，却不能控制自己，说明他可能患了(　　)

A. 抑郁症　　B. 焦虑症

C. 强迫症　　D. 恐怖症

19. 皮格马利翁效应的主要启示是，教师对学生应该(　　)

A. 鼓励合作学习　　B. 给予积极期望

C. 提出纪律要求　　D. 引导发现学习

20. “学习过程就是尝试错误的过程”，这一观点属于哪种学习理论(　　)

A. 行为主义　　B. 认知主义

C. 人本主义　　D. 建构主义

21. 李老师对自己的教学能力十分自信，认为自己能教好学生。这主要反映了他的哪种心理特征(　　)

A. 教学责任感　　B. 教学幸福感

C. 教学理智感　　D. 教学效能感

二、辨析题（本大题共4小题，每小题8分，共32分）判断正误，并说明理由。

22. 教育在人的身心发展中起决定作用。

23. 教学的任务就是向学生传授知识。（常考）

24. 学习动机与学习效果成正比。（易错）

25. 品德形成受情感的影响。

三、简答题(本大题共4小题,每小题10分,共40分)

26. 简述我国当前教育方针的基本内容。

27. 教学过程有哪些基本规律?(常考)

28. 简述知觉的基本特征。

29. 简述发散思维的基本特征。

四、材料分析题(本大题共2小题,每小题18分,共36分)阅读材料,并回答问题。

30. 材料:

我是初二(3)班的班主任。有一天,我收到班上学习较差同学的一封信,信上说:“……您知道吗?我一直想拿到一个奖状回家,让爸妈高兴,那样,他们就会带我出去旅游了。”看了信,我内心久久不能平静。我扪心自问:我深入学生心灵深处了吗?我关心他们的渴望了吗?……反思中我萌生了一个念头……午间,我请来了班上几位学习后进的学生。我手里拿着一本书,一支钢笔,一个足球,一张奖状。我问他们,如果要你们选择一样的话,你们想要哪样?想不到大家都选择奖状。于是,我说:“那好,如果你们想要奖状,你们可以根据自己的特长,想想自己在哪方面努努力就可以得到它,请你们写下来。”开始他们有些茫然,在我的一再鼓励和启发下,他们各自写了自己的长处。

接下来的日子里,这些同学发挥自己的长处,努力表现自己。果然,“每月一评”发奖那天,他们各自得到了“讲故事能手”“环保卫士”“劳动标兵”“体育健将”“电脑高手”等奖状。他们终于在同学中抬起头来了。

为了提高奖状的“含金量”,使他们下个月能取得“月明星”的称号,我对他们提出进一步的要求:“讲故事能手”要写一篇班上同学故事一则,“环保卫士”要在班会上做一次“减少雾霾从我做起”的发言,“劳动标兵”要为班上将开展的义务劳动策划一个活动计划,“体育健将”要给大家讲解一项体育运动的规则,“电脑高手”要给全班同学培训一次“电脑常用英语单词”。于是,这些原来不肯读书、不爱写作、不喜欢学英语、不愿思考的学生动起来了……各科老师发现,他们学习比以前认真多了,成绩也有了较大的提高。

问题:

(1)该班主任老师贯彻了哪些主要的德育原则?结合材料加以分析。(10分)

(2)该班主任老师采用了哪些主要的德育方法?结合材料加以分析。(8分)

31. 材料：

初三学生晓辉近期很苦恼，感觉常常不能很好地控制自己的情绪，他觉得自己的情绪来得快，变得也快。在学校，取得好成绩时就非常高兴，遇到一点挫折又极度苦恼；与同学交往经常为一点儿小事发脾气，导致同学关系紧张。回到家里，只要父母过问他的学习，他就很抵触："我都这么大了，还要你们管？"因此，与父母的关系也不融洽，他想改变这一切，可是每次出现状况时，老毛病就再次发作。他非常恨自己，每次发了脾气都后悔莫及，他不知该怎么办。

问题：

(1)材料中晓辉的表现反映了他情绪发展的哪些特点？(10分)

(2)作为教师，请你针对晓辉的问题提出指导建议。(8分)

机密★启封前　　　　　　　　　　　　　　　　　　　　　姓名________　准考证号________

2018年下半年中小学教师资格考试
真题试卷(十)

教育知识与能力(中学)

注意事项:

1. 考试时间为120分钟,满分为150分。

2. 请按规定在答题卡上填涂、作答,在试卷上作答无效,不予评分。

一、单项选择题(本大题共21小题,每小题2分,共42分)

在每小题列出的四个备选项中只有一个是符合题目要求的,请用2B铅笔把答题卡上对应题目的答案字母按要求涂黑。错选、多选或未选均无分。

1. 我国古代思想家墨子认为,人的发展犹如白布放进染缸,“染于苍则苍,染于黄则黄,所入者变,其色亦变”。墨子的这种观点属于(　　)

A. 遗传决定论　　B. 环境决定论

C. 教育主导论　　D. 主体能动论

2. 旧的社会制度下,可能出现新教育的萌芽,新的社会制度下,也可能存在旧教育的延续。这种现象表明教育发展具有(　　)

A. 相对独立性　　B. 历史局限性

C. 社会制约性　　D. 社会能动性

3. 提出了普及初等教育思想,论述了班级授课制,被认为是近代最早的教育学著作的是(　　)(易混)

A.《普通教育学》　　B.《大教学论》

C.《教育论》　　D.《教育漫话》

4. 我国近代教育史上,对封建教育制度所进行的废科举、兴学堂等改革始于(　　)

A. 明朝末期　　B. 清朝初期

C. 清朝末期　　D. 民国初期

5. 为了大面积提高教学质量,苏联教育家巴班斯基将系统论的方法引入教育改

革,提出的教育理论是( )

A. 教学过程最优化理论　　B. 最近发展区理论

C. 建构主义教学理论　　D. 范例教学理论

6. 班主任王老师经常通过立志、学习、反思、箴言、慎独等方式来培养学生的良好思想品德,这种德育方法是( )

A. 说服教育法　　B. 榜样示范法

C. 情感陶冶法　　D. 自我修养法

7. 与群众体育、竞技体育相比,学校体育的突出特点是( )

A. 娱乐性与竞技性　　B. 普及性与文化性

C. 教育性与基础性　　D. 全体性与全面性

8. 在专家指导下,地处贵州东南的侗寨中学组织有关教师对面临传承危机的侗族织锦工艺进行课程开发,开设了具有民族特色的“侗族织锦课程”,该课程属于( )(常考)

A. 国家课程　　B. 地方课程

C. 校本课程　　D. 社会课程

9. 为了更好地因材施教,新学期伊始,在高一化学课上,李老师对所教班级学生的学习情况进行了摸底考试,初步了解学生已有的知识基础和有关能力。这种考试属于( )

A. 形成性评价　　B. 诊断性评价

C. 总结性评价　　D. 相对性评价

10. 在教学过程中,教师主导作用发挥的主要标志是( )

A. 确保学生的独立地位　　B. 维持正常的课堂秩序

C. 维护教师的中心地位　　D. 调动学生的积极性

11. 学校德育可以通过多种途径实施,但其中最基本的途径是( )

A. 思想政治课和其他学科教学

B. 课外和校外活动

C. 班主任工作

D. 共青团、少先队活动

12. 陈冬看到自己最好的朋友因学习成绩优异受到校长的嘉奖后,也开始加倍努力学习,力争取得优异成绩。这种强化属于( )

A. 直接强化　　B. 替代强化

C. 自我强化　　D. 内部强化

13. 李哲爱好广泛，恰逢本周六晚上既有足球赛，又有演唱会，他都想去看。由于二者时间冲突，他很矛盾。他面临的冲突是(　　)(易混)

A. 双趋式冲突　　B. 双避式冲突

C. 趋避式冲突　　D. 多重趋避式冲突

14. 杨老师在教学中对所讲的例题尽可能给出多种解法，同时鼓励学生“一题多解”。杨老师的教学方式主要能促进学生哪种思维的发展(　　)

A. 动作思维　　B. 直觉思维

C. 辐合思维　　D. 发散思维

15. 韩波进入中学后，经常独立思考“我是谁?”“未来从事何种职业?”“在社会上处于什么样的地位?”等问题。根据埃里克森的人格发展阶段理论，韩波的人格发展处于(　　)(易错)

A. 主动对内疚阶段　　B. 同一性对角色混乱阶段

C. 自我整合对绝望阶段　　D. 自主对羞耻和疑虑阶段

16. 中学生晓涛时而温和，时而暴躁；时而欢乐，时而忧郁。这说明晓涛的情绪具有(　　)

A. 两极性　　B. 适应性　　C. 复合性　　D. 社会性

17. 张博近期经常失眠，食欲不振；不愿与同学和老师交往，对什么事情都不感兴趣，常感到消极悲观；认为自己一无是处，未来没有希望。他存在的心理问题是(　　)

A. 强迫症　　B. 焦虑症

C. 抑郁症　　D. 恐怖症

18. 高中生曲鸣喜欢写诗，前几天他的诗首次在报纸上发表，并得到了平生第一笔稿费，因此近期他做什么事都很愉快。曲鸣表现出的情绪状态属于(　　)(易混)

A. 心境　　B. 激情　　C. 应激　　D. 热情

19. 上学路上，徐燕看到一个同学正艰难地推着一位坐轮椅的老人上斜坡路，她非常激动。这种道德情感属于(　　)(易错)

A. 动作性道德情感体验　　B. 形象性道德情感体验

C. 想象性道德情感体验　　D. 伦理性道德情感体验

20. 刘老师在教学过程中善于引导学生掌握知识、积极思考、运用多种策略解决问题。这说明他的哪种教学能力比较突出(　　)

A. 教学认知能力　　B. 教学反思能力

C. 教学监控能力　　D. 教学操作能力

21. 朱老师很关心学生，但对学生很严格，常对学生提出各种要求。大部分学生都喜欢朱老师，也能按他的要求去做。朱老师对班级的领导类型属于(　　)

A. 强硬专断型　　　　B. 放任自流型

C. 仁慈专断型　　　　D. 民主平等型

二、辨析题(本大题共4小题，每小题8分，共32分)判断正误，并说明理由。

22. 教育对人发展的作用总是积极的。

23. 总体而言，学校课程内容主要由间接经验构成。

24. 根据皮亚杰的理论，在良好的外界环境作用下，学生的认知发展可以从前运算阶段直接跨越至形式运算阶段。

25. 学习材料的难度越大，越难以产生迁移。

三、简答题（本大题共4小题，每小题10分，共40分）

26. 简述教育的政治功能。（常考）

27. 简述贯彻科学性和思想性相统一教学原则的基本要求。

28. 简述弗洛伊德的人格发展阶段理论。

29. 简述促进知识获得和保持的方法。

四、材料分析题(本大题共2小题,每小题18分,共36分)阅读材料,并回答问题。

30. 材料:

我刚接初二(3)班班主任时,该班班级风气较差,我接手后的第一件事就是组织培养班集体。我是这么做的:

第一,和全班同学讨论确定班集体的发展方向:最终确定了近期(两个月),中期(一学年)和远期(毕业前)班集体的目标。近期,主要搞好课堂纪律、抓好班级建设;中期,争取成为学校优秀班集体;远期,力求全面提高学生成绩和素质。我没有在第一次班会课上训话,而是对同学们表达了希望和信任,相信经过同学们的努力,一定能把班级建设成优秀班级。同时我深入学生中间,争取大多数同学的支持并制定了《班级管理常规》,严格实行德育考核,奖罚结合,并定期向家长汇报,两个月下来,班级风气明显好转,近期目标基本实现了……

第二,在重新组建班委会过程中,学生反映,生活委员翁丽常常自习课带头讲话,课间吵闹造成不良影响,我和班委会讨论后决定撤换她。当宣布这一决定时,看到她情绪低落,我没有简单批评她,而是关心她,告诉她我这样做,是为班级包括她在内的全体同学着想。经过几次推心置腹的谈话,她在各方面有了较大的提高,同时,在原班委会基础上,根据各班委的特长进行了适当调整。

第三,组织了"学雷锋日""环保日""篮球赛""社会调查"等一系列活动,在活动组织和实施中,逐渐形成了正确的舆论和良好的班风,激发了学生的集体荣誉感,培养了他们明辨是非、善恶、美丑的能力。

第四,针对后进生,我分别采取了个别谈心、道德谈话、个别辅导方式,在促进学生转变中起了较好的作用,同时也壮大了班集体。比如,我班赖明同学脾气暴躁,常仗着大块头与同学打架,与老师顶撞,但他特别擅长体育运动,尤其是篮球打得好,当时恰逢学校组织班级间篮球赛,我意识到转化的机会来了。我找到他研究如何排兵布阵,并请他做班级篮球队队长,他很感动。赛场上,赖明奋力拼搏,表现出色,我班取得了第一的成绩。我趁热打铁,又推荐他做体育委员,得到全体同学同意。在此基础上,我又找赖明谈话,希望他珍惜大家对他的信任。从此,他从班级"反叛者"变成了"主人翁",直到初三以良好成绩毕业。

问题:

结合材料说明该班主任老师培养班集体的主要方法。(18分)

31. 材料：

高一女生马英前几天向班主任廖老师倾诉了自己的烦恼。她感觉自己喜欢上了班里的男生周勇，上课时，总是走神，不由自主地看周勇在干什么；下课后，她的目光总是跟随周勇的身影，如果看不到周勇，她就心神不定，看不进去书。她对自己目前的状况非常忧虑，担心被父母发现，担心自己的学习成绩会因此下降。她十分困扰，问廖老师自己该怎么办？

问题：

(1)请根据青少年学生异性交往特点分析材料中马英的问题。(10分)

(2)如果你是马英的班主任，你会给马英提出什么建议？(8分)

国家教师资格考试

历年真题详解及预测试卷

教育知识与能力·中学(预测题本)

重要提示:

为维护您的个人权益,确保考试的公平公正,请您帮助我们监督考试实施工作。

本场考试规定:监考人员要向本考场全体考生展示题本密封情况,并邀请2名考生代表验封签字后,方能开启试卷袋。

目 录

机密★启封前　　　　　　　　　　　　　　　　　姓名________　准考证号________

国家教师资格考试预测试卷(十一)

教育知识与能力(中学)

注意事项:

1. 考试时间为120分钟,满分为150分。

2. 请按规定在答题卡上填涂、作答,在试卷上作答无效,不予评分。

一、单项选择题(本大题共21小题,每小题2分,共42分)

在每小题列出的四个备选项中只有一个是符合题目要求的,请用2B铅笔把答题卡上对应题目的答案字母按要求涂黑。错选、多选或未选均无分。

1. 樊迟请学稼。子曰:“吾不如老农。”请学为圃。曰:“吾不如老圃。”樊迟出。子曰:“小人哉,樊须也！上好礼,则民莫敢不敬;上好义,则民莫敢不服;上好信,则民莫敢不用情。夫如是,则四方之民襁负其子而至矣,焉用稼?”樊迟问稼的故事说明(　　)

A. 我国古代教育与生产劳动相脱离

B. 我国古代教育具有鲜明的阶级性

C. 我国古代不重视农业

D. 孔子不懂农业知识

2. 有一种观点认为,教育不仅是一种消费,更是一种重要的投资。对于个人而言,它可以显著提高个人收入;对于社会而言,它可以培育相关人才,促进社会经济发展。这种观点体现了(　　)理论。

A. 人力资本　　　　B. 劳动力市场

C. 教育万能　　　　D. 教育独立

3. 吴伟士认为个人的发展依赖于遗传和环境,就像矩形的面积依赖于长也依赖于宽一样。这是(　　)的观点。

A. “白板说”　　　　B. “性三品说”

C. “合并原则”　　　　D. “相乘说”

4. 教育作为培养人的社会活动,虽然具有多方面的教育功能,但这些功能的实现却不是自发的,而是一种在理性引导下的有目的的追求。现阶段,确立我国教育目的

的理论依据是(　　)

A. 马克思主义关于人的全面发展理论

B. 素质教育理论

C. 创新教育理论

D. 生活教育理论

5. 我国学制改革和发展的基本方向是重建和完善(　　)

A. 分支型学制　　B. 单轨学制

C. 双轨学制　　D. 混合学制

6. 某语文教师通过播放“荷塘月色”的视频引导学生体会月夜的美。这体现的教学原则是(　　)

A. 科学性原则　　B. 直观性原则

C. 系统性原则　　D. 量力性原则

7. 教师不再向学生系统讲授教材,只为学生指定自学材料,由学生自学和独立作业,教师解答学生疑问,学生阶段性向教师汇报学习情况并接受考查。这种教学组织形式是(　　)

A. 个别教学制　　B. 泰勒制

C. 班级授课制　　D. 道尔顿制

8. 以目标为中心而展开,针对20世纪初形成并流行的常模参照测验的不足而提出的评价模式是(　　)

A. 目标评价模式　　B. 目的游离评价模式

C. CIPP评价模式　　D. 以上都不对

9. 小明期末考试数学没考好,妈妈批评了他,他对妈妈说:“我比上次考得好,上次我都没及格,这一次我及格了。”小明对自己这次数学考试的评价属于(　　)

A. 绝对评价　　B. 综合评价

C. 诊断性评价　　D. 个体内差异评价

10. 最先提出“班级”一词的著名教育家是(　　)

A. 夸美纽斯　　B. 布鲁纳

C. 罗杰斯　　D. 埃拉斯莫斯

11. 苏联教育家马卡连柯说:“要尽量多地要求一个人,也要尽可能地尊重一个人。”这句话体现的德育原则是(　　)

A. 理论与实际相结合的原则

B. 说服教育与纪律约束相结合的原则

C. 集体教育与个别教育相结合的原则

D. 严格要求与尊重信任相结合的原则

12. 肖强在阅读学习过程中，当遇到有难度或不熟悉的材料时，能放慢阅读速度。他运用的学习策略是(　　)

A. 认知策略　　B. 元认知策略

C. 资源管理策略　　D. 计划策略

13. 当我们从暗处来到光亮处，刚开始会觉得目眩，看不清周围的东西，几秒钟以后才逐渐看清周围的物体。这种现象是(　　)

A. 视觉的暗适应　　B. 视觉的对比

C. 视觉的感受性　　D. 视觉的明适应

14. 一个女孩正在清扫房间，她决定把自己书架上一大堆的动物玩具从最高到最矮重新摆放。先放高的，然后是中等的，最后是矮的。这个女孩的认知发展水平最低处于(　　)

A. 感知运动阶段　　B. 前运算阶段

C. 具体运算阶段　　D. 形式运算阶段

15. 小张今年是初二的学生，他经常自问"我的未来是什么样的?""我该怎样努力成为理想中的那个人?"根据埃里克森的人格发展阶段理论，小张的主要发展任务是(　　)

A. 获得勤奋感　　B. 克服羞怯与怀疑

C. 克服自卑感　　D. 建立同一性

16. 下列选项中，属于由学习引起的行为变化的是(　　)

A. 嗅觉适应　　B. 谈虎色变

C. 青春期男孩变声　　D. 服用兴奋剂提高比赛成绩

17. "先天下之忧而忧，后天下之乐而乐"体现的情感是(　　)

A. 道德感　　B. 愉悦感　　C. 理智感　　D. 热爱感

18. 学习到一定层次后，想要再进一步提高学习成绩变得非常困难，仿佛学习停滞不前了，这是因为学习过程中存在(　　)

A. 刻板印象　　B. 近因效应

C. 高原现象　　D. 晕轮效应

19. 学生小曼近段时间总是反复检查自己的试卷、作业、书包等，总认为试题有遗漏、作业没做完、书包里的东西没收好……这些行为表明她可能患有(　　)

A. 焦虑症　　B. 恐怖症　　C. 强迫症　　D. 抑郁症

20. 老师说服学生时，对理解能力较强的高年级学生，教师最好(　　)

A. 不要提供证据　　B. 提供正反证据

C. 提供正面证据　　D. 提供反面证据

21. 马老师最近感觉自己没有活力，没有工作热情，感到自己的情感处于极度疲劳的状态。根据职业倦怠的特征，马老师的这些表现属于(　　)

A. 情绪耗竭　　B. 去人性化

C. 个人成就感低　　D. 心理扭曲

二、辨析题(本大题共4小题，每小题8分，共32分)判断正误，并说明理由。

22. 安排教师上课是学校教育的中心工作。

23. 教师和家长应尽量为学生提供各种各样的活动和交往，来促进学生品德发展。

24. 根据成就动机理论，力求成功者一般会选择成功概率约为90%的任务。

25. 品德的核心是道德认知。

三、简答题(本大题共4小题,每小题10分,共40分)

26. 简述20世纪后期教育改革和发展的特点。

27. 简述确定课程目标的依据。

28. 简述课堂纪律的类型。

29. 简述影响态度与品德学习的一般条件。

四、材料分析题(本大题共2小题,每小题18分,共36分)阅读材料,并回答问题。

30. 材料:

一名家长在星期一发现儿子上学时磨磨蹭蹭,于是追问是怎么回事,孩子犹豫了半天才道出实情。

原来在上个星期二早上,班主任老师召开了一次全班同学会议,用无记名的方式评选了3名坏学生,其中有两名同学在最近违反了学校纪律,无可争议地成了坏学生,而第三顶坏学生的帽子,在经过一番评选后,落在了儿子头上。这个9岁的小男孩,居然被同学列出了18条罪状。当天下午班主任老师便召集评选出来的坏学生开会,对这三个孩子进行批评和警告,要求他们写一份检查,将自己干过的坏事都写出来,让家长签字,星期一交上来。

该家长当着孩子的面没有表示什么,签了字便打发孩子去上学了。随后,她打通班主任的电话,询问到底是怎么回事。班主任说:"你的孩子是班上最坏的孩子,这是同学们用无记名投票的方式选出来的。"当她质疑这种方法会挫伤孩子的自尊心时,班主任却说自尊心是自己树立的,不是别人给的,并说他不认为这么做有什么不对,其目的也是为了孩子好。

自从这个9岁的孩子被评选为坏学生后,情绪一直非常低落,总是想方设法找借口逃学。

问题:

请用相关的德育原则对该班主任的做法进行评判。(18分)

31. 材料：

李某上初中后，把大部分精力都放在学习上，平时成绩不错，但每当到快考试时，他就会一直紧张，担心考不好，压力大、注意力难集中，伴随出现睡眠不好、心慌、出汗，甚至恶心、呕吐的症状，为此他十分苦恼，成绩也开始下降。

问题：

(1)李某的情况属于什么心理问题？请结合材料分析论述。(9分)

(2)针对李某的问题老师应提供什么帮助?(9分)

机密★启封前　　　　　　　　　　　　姓名________　准考证号________

国家教师资格考试预测试卷(十二)

教育知识与能力(中学)

注意事项:

1. 考试时间为120分钟,满分为150分。

2. 请按规定在答题卡上填涂、作答,在试卷上作答无效,不予评分。

一、单项选择题(本大题共21小题,每小题2分,共42分)

在每小题列出的四个备选项中只有一个是符合题目要求的,请用2B铅笔把答题卡上对应题目的答案字母按要求涂黑。错选、多选或未选均无分。

1. 下列选项中属于《学记》中的教育主张的是(　　)

A. 人之性恶,其善者伪也　　B. 教学相长

C. 习与性成者,习成而性与成也　　D. 学而不思则罔,思而不学则殆

2. 班级授课制是近现代教学的基本组织形式。首先对班级授课制进行研究并确定了班级授课制的基本轮廓的是(　　)

A. 泰勒　　B. 夸美纽斯

C. 洛克　　D. 赫尔巴特

3. “我们探索教育目的时,并不是要到教育过程以外去寻找一个目的,使教育服从这个目的。”这句话反映的观点是(　　)

A. 教育无目的论　　B. 个体本位论

C. 社会本位论　　D. 自然主义论

4. 霍尔认为“一两的遗传胜过一吨的教育”,这是(　　)的观点。

A. 经验论　　B. 能动论

C. 内发论　　D. 外铄论

5. 永恒主义课程理论的主要代表人物是(　　)

A. 杜威　　B. 赫钦斯

C. 巴格莱　　D. 布鲁纳

6. A市为满足本市人才培养和学生发展的具体实际需要和体现本土特色,安排市教研室组织人员编写了《我在A市》《我爱A市》《我与A市》三套充分体现了A市的经

济和社会发展的具体实际的教材，并面向全市学生开设了一门以这三套教材为主的课程。这门课程在类型上属于（　　）

A. 国家课程　　B. 地方课程

C. 校本课程　　D. 生本课程

7. 实质教育论以英国教育家（　　）为代表。

A. 裴斯泰洛齐　　B. 杜威

C. 洛克　　D. 斯宾塞

8. 李老师作为一名刚毕业踏上工作岗位的新人，接手了一个初中低年级班主任的工作。李老师成为班主任后，为了有效开展工作，他应该首先（　　）

A. 选好班级干部　　B. 组织培养班集体

C. 了解和研究学生　　D. 做好思想品德教育工作

9. 为使学生了解有关电荷的知识，老师在课堂上做了有关摩擦生电的实验。该老师所采用的教学方法是（　　）

A. 实验法　　B. 演示法

C. 观察法　　D. 讨论法

10. 德育过程中经常出现"屡教不改"的现象，这说明（　　）

A. 德育过程是对学生知、情、意、行的培养提高过程

B. 德育过程是促进学生思想内部矛盾斗争的过程

C. 德育过程是组织学生的活动与交往，统一多方面影响的过程

D. 德育过程是长期的、反复的、逐步提高的过程

11. 为了培养学生养成守时的习惯，张老师不仅专门开了一节班会课，强调守时的重要性，还组织学生建立了相应的班规——如果下次再有学生上课迟到，就表演一个节目。这体现了德育的（　　）

A. 导向性原则

B. 知行统一原则

C. 集体教育与个别教育相结合原则

D. 正面教育与纪律约束相结合原则

12. 在实验中，让你戴上耳机，然后开始由小到大地调节音量，你会从一开始听不见，到逐渐能够听得见。在你刚刚能够听得见时的音量，在心理学中被称为（　　）

A. 绝对感受性　　B. 绝对感觉阈限

C. 差别感受性　　D. 差别感觉阈限

13. 小贝在学习中比较注重学习环境的社会性，对于包含社会内容的材料更感兴

趣,并且非常容易接受周边同学以及老师的暗示。小贝的认知风格最可能属于(　　)

A. 场独立型　　B. 场依存型　　C. 冲动型　　D. 反思型

14. 学生小琳在本学期语文期末考试中得了全班第一,获得老师的表扬,心里很高兴。她认为自己这次考试成功是因为自己学习能力强,其归因是(　　)

A. 内部、不稳定、可控的　　B. 外部、稳定、不可控的

C. 内部、稳定、不可控的　　D. 外部、不稳定、不可控的

15. 正如一粒石子掉进一池湖水中必定会溅起涟漪,经历过的事物也会在大脑中形成记忆。根据信息保持时间的长短进行分类,记忆的第一个过程是(　　)

A. 工作记忆　　B. 短时记忆

C. 感觉记忆　　D. 长时记忆

16. 学生听完一节精彩的语文课,自觉投入到下一节数学课的学习。这体现的注意品质是(　　)

A. 注意的分配　　B. 注意的转移

C. 注意的起伏　　D. 注意的广度

17. 某学生在冬天因为怕冷不想起床,但又害怕上学迟到。这种心理冲突属于(　　)

A. 双趋冲突　　B. 趋避冲突

C. 双避冲突　　D. 多重趋避冲突

18. 刚开始学习汉字的学生不能很好地区分"在"和"再"、"末"和"未"。按照条件反射有关理论,这属于(　　)

A. 效果扩散　　B. 分化　　C. 泛化　　D. 习得

19. 小霞能根据他人的具体情况,以平等为标准,在同情、关心的基础上对学习和生活中的道德事件进行判断。根据皮亚杰的道德发展阶段理论,小霞的道德发展处于(　　)

A. 自我中心阶段　　B. 权威阶段

C. 可逆阶段　　D. 公正阶段

20. 美国学者艾里斯创立的合理情绪疗法认为,人的情绪是由其观念决定的,合理的观念导致健康、积极的情绪,不合理的观念导致负向、消极的情绪。他提出了ABC理论来解释人的行为,其中B指的是(　　)

A. 诱发性事件　　B. 事件造成的情绪结果

C. 修正后的新观念　　D. 对事件的观念

21. 班主任不干预班级管理工作，对学生不闻不问。这种领导方式是(　　)

A. 权威型　　B. 民主型

C. 放任型　　D. 专制型

二、辨析题(本大题共4小题，每小题8分，共32分)判断正误，并说明理由。

22. 动物界和人类社会一样，也存在教育活动。

23. 加强知识的学习就能获得优秀的思想道德品质。

24. 负强化和惩罚在本质上是相同的。

25. 长期过度学习容易造成疲劳，所以应该注意过度学习的程度。

三、简答题(本大题共4小题,每小题10分,共40分)

26. 简述文化对教育发展的影响和制约。

27. 简述课外活动的意义。

28. 简述引起和保持有意注意的条件。

29. 简述影响问题解决的主要因素。

四、材料分析题(本大题共2小题,每小题18分,共36分)阅读材料,并回答问题。

30. 材料:

谢老师在科学课上讲解食物链和食物网的知识时,首先播放一个两分钟的短视频,导入新课后,用PPT展示一些动植物的图片,并提出一系列问题:"这些动植物之间存在怎样的关联?它们能形成一个完整的食物链吗?为什么?"让学生自己去发现、分析问题。

在讲解完食物链和食物网的概念之后,谢老师又提供4组动植物名称,要求全班学生分成4个小组讨论并绘制食物网,提高学生分析问题、解决问题的能力。

问题:

谢老师采用了哪些教学方法?请结合材料进行分析。(18分)

31. 材料：

辛老师了解到学生小丁学习基础较差，且因家境贫寒，其存在自卑心理，于是他为小丁制定并实施了“智志双扶”的措施。辛老师利用课余时间与小丁谈心，以励志的榜样故事鼓舞他树立理想，实现人生价值；为他组建“学习帮帮团”，帮助他学习；让他当班级宣传委员，发挥画画的特长；对他取得的进步给予赞赏。在“我们是一个友爱和谐的家”班会课上，同学们友善地接纳了小丁。针对小丁在课堂上做小动作的行为，辛老师没有当众训斥他，而是委婉地提示。一段时间后，小丁爱上了学习，成绩也随之提高。他在日记中写道：“我要靠自己去奋斗，努力学习吧，我能越来越……”

问题：

结合材料，分析辛老师是如何依据需要层次理论制定教育措施的。(18分)

机密★启封前　　　　　　　　　　　　　　　　姓名________　准考证号________

国家教师资格考试预测试卷(十三)

教育知识与能力(中学)

注意事项:

1. 考试时间为120分钟,满分为150分。

2. 请按规定在答题卡上填涂、作答,在试卷上作答无效,不予评分。

一、单项选择题(本大题共21小题,每小题2分,共42分)

在每小题列出的四个备选项中只有一个是符合题目要求的,请用2B铅笔把答题卡上对应题目的答案字母按要求涂黑。错选、多选或未选均无分。

1. 世界上最早普及义务教育的国家是(　　)

A. 法国　　　　B. 英国

C. 德国　　　　D. 美国

2. 被毛泽东称为“伟大的人民教育家”的是(　　)

A. 蔡元培　　　　B. 陶行知

C. 杨贤江　　　　D. 陈鹤琴

3. 在资本主义社会中,劳动人民的子女可以接受教育,但他们接受大学教育的机会远少于资本家的子女。这体现了(　　)对受教育权利的制约。

A. 生产力发展水平　　　　B. 民族文化传统

C. 政治经济制度　　　　D. 人口状况

4. 学校体育是以学生为对象,通过学校教育进行的有组织的体育活动。学校体育的基本组织形式是(　　)

A. 体育课　　　　B. 课外体育锻炼

C. 体育竞赛　　　　D. 运动训练

5. 荀况认为“人之性恶”,因此,教育要从“礼”这一需要出发,须以“礼义”加以教化。这体现的教育目的的价值取向是(　　)

A. 社会本位论　　　　B. 个人本位论

C. 教育无目的论　　　　D. 生活本位论

6. 某职业高中进行教育改革时,结合学生的实际情况编制了一系列具有鲜明职

业教育特点的课程。该课程属于(　　)

A. 国家课程　　B. 地方课程

C. 校本课程　　D. 学科课程

7. 依据学生个人的学习成绩在该班学生成绩序列或常模中所处的位置来评价和决定他的成绩的优劣,而不考虑是否达到教学目标的要求的教学评价是(　　)

A. 常模参照性评价　　B. 目标参照性评价

C. 个体内差异评价　　D. 过程性评价

8. 冯老师在给学生讲述改革开放成就的同时,还组织学生通过“我和爸爸比童年”的活动,使学生直观地了解改革开放以来社会的发展变化。冯老师的做法体现的德育原则是(　　)

A. 知行统一原则　　B. 长善救失原则

C. 正面教育与纪律约束相结合原则　D. 教育影响的一致性与连贯性原则

9. 张老师在课堂上讲完知识点之后,利用iPad给每个学生发了几道练习题,学生做完后提交。张老师在教师端上查看学生的答题情况,再对错误率高的题目进行讲解。张老师的这种教学评价属于(　　)

A. 诊断性评价　　B. 形成性评价

C. 总结性评价　　D. 比较性评价

10. 班上的小芳同学从来不参与学校或者班集体组织的课外活动,作为她的班主任,在和小芳谈心时,首先应该(　　)

A. 向小芳详细说明学校或班集体组织课外活动的重要意义

B. 询问和了解小芳不参加或者不愿意参加集体活动的原因

C. 让小芳知道参加课外活动也是课程学习的重要组成部分

D. 使小芳明白自己在班集体中所处的位置和应发挥的作用

11. 小明不仅学习成绩优秀,而且做事认真负责,还乐于帮助同学。班主任林老师召开主题班会,以小明为例希望同学们都能够向小明学习,成为品学兼优的学生。这属于德育方法中的(　　)

A. 说服教育法　　B. 榜样示范法

C. 实际锻炼法　　D. 情感陶冶法

12. 学校某些可能发生危险的区域,通常都会用红色或者黄色的警示线进行区分和隔离。从感觉的角度来看,这符合(　　)的规律。

A. 感觉适应　　B. 联觉

C. 感觉对比　　D. 感觉后像

13. 学生在学习《黄鹤楼》这首古诗时，头脑中呈现出诗句中描绘的相关景象。这种心理活动属于(　　)

A. 无意想象　　B. 幻想　　C. 再造想象　　D. 创造想象

14. 随着身心的迅速发展，中学生开始积极尝试脱离父母的保护和管理，渴望自己的行为像成人一样，不愿意被当作孩子看待。这说明中学生的心理发展具有(　　)

A. 不平衡性　　B. 独立性

C. 闭锁性　　D. 动荡性

15. 为了让学生掌握“体积”的概念，教师以正方体、长方体和圆柱体的体积为例证，引导学生得出“体积”的定义。这属于(　　)

A. 下位学习　　B. 并列学习

C. 上位学习　　D. 组合学习

16. 人们欣赏名画《蒙娜丽莎》时，陶醉在“永恒”的微笑中，感到非常愉悦。这种情感属于(　　)

A. 道德感　　B. 理智感　　C. 美感　　D. 自豪感

17. 如果两种学习活动中含有共同成分，就会有迁移现象的发生，这种观点属于(　　)

A. 形式训练说　　B. 共同要素说

C. 经验类化说　　D. 关系转换说

18. 最近三个月小东情绪低落，总是闷在宿舍里，原来喜欢打篮球，现在也提不起兴趣，甚至还产生了轻生的念头。小东最可能患有(　　)

A. 躁狂症　　B. 焦虑症

C. 抑郁症　　D. 强迫症

19. 林浩每次做完好事，父母都会夸他是个好孩子。为了得到表扬，林浩总是积极主动地帮助他人。按照柯尔伯格对道德发展阶段的划分，林浩此时处于(　　)

A. 前习俗水平　　B. 习俗水平

C. 可逆性阶段　　D. 公正阶段

20. 张老师平时上课喜欢扫视班上的学生，喜欢与学生保持目光接触，这样学生都感觉自己被他盯着而不敢开小差。张老师的行为属于课堂上预防不良行为措施中的(　　)

A. 明察秋毫　　B. 一心多用

C. 关注局部　　D. 转换管理

21. 罗森塔尔效应又称皮格马利翁效应，它强调(　　)对学生的发展具有重要影响。

A. 教师的知识　　B. 教师的能力

C. 教师的人格　　D. 教师的期望

二、辨析题(本大题共4小题，每小题8分，共32分)判断正误，并说明理由。

22. 人的身心发展在整个生命过程中是均衡和匀速的。

23. 学生是学习的主体，任何教学手段都必须通过学生起作用。

24. 刺激泛化和刺激分化是互补的过程。

25. 按照皮亚杰的认知发展阶段理论，儿童只有发展到形式运算阶段才能解决数学应用题。

三、简答题(本大题共4小题,每小题10分,共40分)

26. 简述观察研究法的实施步骤。

27. 简述学业成绩评定的基本要求。

28. 简述自我效能感的作用。

29. 培养学生良好态度与品德的方法有哪些?

四、材料分析题(本大题共2小题,每小题18分,共36分)阅读材料,并回答问题。

30. 材料:

七年级(2)班全体同学首次参加实践基地活动。第一天晚上,有同学向班主任徐老师报告,男生刘同学在宿舍不停地哭,同学们劝不了,也问不出原因。徐老师一番劝导后得知,刘同学在家没有自己洗过衣服,同寝室的同学都洗完回来了,他还在望着满满一箱子衣物和洗涤用品不知所措,经徐老师提议,一位班干部自告奋勇答应帮助他学会一些生活自理技能。

第二天上午组织学生到地里拔草,基地辅导员发现,刘同学居然把菜苗和杂草一起拔光了,原来他根本就分不清楚哪些是菜苗、哪些是杂草。于是,部分同学在一旁悄悄议论着,刘同学又羞又愧。这时徐老师向同学们提出问题:"哪位同学能准确说出菜园里所有蔬菜的名称?"同学们互相望着,嘀咕着,没有一位同学举手回答。徐老师建议基地辅导员给同学们开一堂现场讲座——《认识家乡农作物》,刘同学听得特别认真。

午休时,徐老师巡查中发现赵同学躲在被窝里玩手机,本次活动明确规定禁止学生带手机,徐老师本想立即批评制止,又担心会影响同学们休息,便放慢脚步继续往前走,转眼发现赵同学已藏好手机装睡。下午劳动结束后,徐老师将赵同学叫到一旁,严肃批评了她,要求她交出手机并承认错误。赵同学万分不舍地交出手机,低声地解释道:"徐老师,我没有玩游戏,也没有打电话,我想着这次基地活动一定很有趣,我平时又很喜欢拍照,就忍不住把手机偷带进来,我错了。"徐老师略有所思,说:"那你'偷拍'到照片了吗?能和我分享一下吗?"赵同学同意了。徐老师发现,虽然手机里的照片效果明显受到了拍摄角度等因素影响,但有几张特写非常有价值。当晚的班会上,徐老师肯定了赵同学的初衷,并宣布一个决定:基地活动由赵同学负责拍照。

后来,班级在学校宣传栏成功举办了全校唯一的活动成果展,大多数照片都是赵同学负责拍摄的。从那以后,徐老师还感受到,赵同学纪律性更强了,学习的积极性也明显提高了。

问题:

(1)结合材料,分析徐老师贯彻了哪些德育原则。(12分)

(2)结合材料,分析徐老师对赵同学的教育运用了哪些德育方法。(6分)

31. 材料：

材料一 我工作10年了，感到一年比一年累，耐心一年比一年少，对学生比较容易烦躁、上火，对自己的孩子也是一样。有时候也感到愧疚，孩子们是无辜的，可是自己的情绪常常不稳定。对家人也是这样。我想我不会一辈子待在学校里工作，因为随着年纪越来越大，情绪会越来越不稳定，我可不想变成神经质的女人。

材料二 在学校待久了，社会上的一些新事物接受得也少了，能换什么工作呢？我只能指望丈夫在事业上成功一些，凭关系帮我换个轻松点的工作。我最大的愿望就是能有安静的工作环境，而在学校工作这么多年，安静是最大的奢望，听到孩子们的吵闹，我的头都要涨死了！

问题：

(1)材料中的两位老师出现了什么问题？导致这一问题产生的原因有哪些？(10分)

(2)如何缓解这一问题？请给出建议。(8分)

机密★启封前　　　　　　　　　　　　　　姓名________　准考证号________

国家教师资格考试预测试卷(十四)

教育知识与能力(中学)

注意事项:

1. 考试时间为120分钟,满分为150分。

2. 请按规定在答题卡上填涂、作答,在试卷上作答无效,不予评分。

一、单项选择题(本大题共21小题,每小题2分,共42分)

在每小题列出的四个备选项中只有一个是符合题目要求的,请用2B铅笔把答题卡上对应题目的答案字母按要求涂黑。错选、多选或未选均无分。

1. 最早提出"什么知识最有价值"这一经典课程论命题的学者是(　　)

A. 夸美纽斯　　B. 斯宾塞

C. 杜威　　D. 博比特

2. 李老师发现班里学生各有所长。例如,小刚身体素质好,担任校篮球队的队长;小军数学分析能力非常好,曾在省级数学竞赛中获得第一名。李老师发现的这种现象体现了个体身心发展的(　　)

A. 顺序性　　B. 整体性

C. 个别差异性　　D. 不平衡性

3. 美国斯坦福大学的一项研究表明,儿童期的智力测验并不能正确地预测成年以后的工作成就,一个人的成就同智力的高低并无极大的相关。这说明(　　)

A. 遗传素质仅仅为人的身心发展提供了可能性

B. 遗传素质的成熟机制制约着人的身心发展

C. 遗传素质具有可塑性

D. 遗传素质的差异对人的身心发展具有决定性影响

4. "环境决定论"认为环境对人的身心发展起决定作用。"环境决定论"的代表人物有(　　)

A. 柏拉图　　B. 弗洛伊德

C. 孟子　　D. 华生

5. 我国春秋时期的私学,汉代以后的书院采用的教学组织形式均是(　　)

A. 分组教学制　　B. 道尔顿制

C. 班级授课制　　D. 个别教学制

6. 教师上课时所使用的课件、视频、投影、模型等教学资源属于(　　)

A. 教材　　B. 教案

C. 教学参考书　　D. 教科书

7. “课程”一词在我国始见于(　　)

A. 唐宋期间　　B. 明朝

C. 汉朝　　D. 元朝

8. 班主任对学生一个学期或一个学年内的思想品德、学习、劳动、文体活动和社会工作等的表现和发展情况的评价是(　　)

A. 操行评定　　B. 诊断性评价

C. 形成性评价　　D. 个体内差异评价

9. 为提高学生爱护公共环境卫生的意识,某校开展了“当一次环卫工”主题教育活动,学生们带着工具走上街头,与环卫工人一起进行路面清扫保洁、擦拭公共设施等劳动。这属于德育方法中的(　　)

A. 情感陶冶法　　B. 实际锻炼法

C. 榜样示范法　　D. 说服教育法

10. 周老师通过改进自己的课堂教学模式,调动学生的积极性,加强学生的互动性,鼓励学生讲解、展示,使学生学得开心、认真,同时也收获了良好的教学效果。这种教学取得成功的内因在于发挥了(　　)

A. 教师的主导作用　　B. 学校的管理作用

C. 教材的媒体作用　　D. 学生的主体作用

11. 进行德育时要有一定的理想性和方向性,以指导学生向正确的方向发展。这体现了德育的(　　)

A. 疏导原则　　B. 因材施教原则

C. 导向性原则　　D. 教育影响的一致性和连贯性原则

12. 教师要求学生列举砖的用途,某学生在单位时间内列举出很多例证,但都在建筑材料范围之内。这表明该学生的发散思维在流畅性和变通性方面的特点是(　　)

A. 流畅性差,变通性差　　B. 流畅性好,变通性差

C. 流畅性好,变通性好　　D. 流畅性差,变通性好

13. 通过对狗鼻子构造的分析，科学家发明出比狗鼻子更灵敏的电子嗅觉器。这体现的是(　　)对问题解决的影响。

A. 知识经验　　B. 迁移

C. 酝酿效应　　D. 原型启发

14. 进入初中后，小磊为了赢得在班级中的地位和满足自尊需要而刻苦学习。根据奥苏伯尔的理论，小磊的学习动机属于(　　)

A. 认知内驱力　　B. 自我提高内驱力

C. 附属内驱力　　D. 生理内驱力

15. 在遇到不开心的事情时，张亮总是会去操场上踢一场球，将不开心的情绪都释放出去，他这种情绪调节的方法属于(　　)

A. 升华　　B. 补偿　　C. 合理宣泄　　D. 幽默

16. 当课上老师提问时，学生小丽并不着急举手回答，而是先认真思考后才举手回答，答案也较为全面和准确。这说明小丽的认知风格是(　　)

A. 沉思型　　B. 冲动型

C. 场依存型　　D. 继时性

17. "小李大学毕业之际有两种选择：一是当中学教师，当教师工作很稳定、压力较小，但工资收入较低；二是去外资企业做职员，做职员工资收入较高，但工作压力大、风险大。小李不知道该如何选择。"在上述材料中，小李所面临的动机冲突为(　　)

A. 双趋冲突　　B. 双避冲突

C. 趋避冲突　　D. 多重趋避冲突

18. 某学生能够进行逻辑推理，并且具备补偿与可逆的思维能力。根据皮亚杰的认知发展阶段理论，该生的认知发展处于(　　)

A. 感知运动阶段　　B. 前运算阶段

C. 具体运算阶段　　D. 形式运算阶段

19. 心理健康至少包含两层含义：一是无心理疾病；二是(　　)

A. 智力发育正常　　B. 自我意识正确

C. 人际关系协调　　D. 积极发展的心理状态

20. 认为尊重人的生命比遵守僵硬的社会规范更为重要的道德发展阶段是(　　)

A. 前习俗水平　　B. 习俗水平

C. 后习俗水平　　D. 前道德水平

21. 下列哪一种表现属于班级内非正式群体盲目消极的一面(　　)

A. 使班集体生活充满友谊与欢乐　　B. 成员的积极性易调动

C. 成员志趣相投、感情融洽　　D. 过分热衷于小群体活动而不关心班集体

二、辨析题(本大题共4小题,每小题8分,共32分)判断正误,并说明理由。

22. 在我国,义务教育就是基础教育。

23. 课程标准是对学校课程的总体规划,它规定了学校应设置的学科、学科开设的顺序及课时分配,并对学期、学年、假期进行划分。

24. 遗忘总是不利于学习的。

25. "月明星稀"体现了感觉的相继对比。

三、简答题(本大题共4小题,每小题10分,共40分)

26. 简述劳动技术教育的任务。

27. 简述班主任了解和研究学生的内容。

28. 简述维持课堂纪律的策略。

29. 简述贾德的概括化理论。

四、材料分析题(本大题共2小题,每小题18分,共36分)阅读材料,并回答问题。

30. 材料:

一位数学教师在教长方形的面积这节课时,先跟学生讲这节课要教的是长方形的面积,接着将若干正方形分给学生,让学生拼出长方形,并引导学生参考课本公式求出长方形的面积,然后请学生起来回答,并让学生说出这样求的原因。教师对学生的回答给予肯定,并小结,板书得出长方形的面积公式$S=ab$,引导学生阅读课本。

问题:

请结合材料分析该教师在教学中运用了哪些教学原则和教学方法。(18分)

31. 材料：

冯亮和丁明是八年级的学生，最近两人都有些心事，于是凑在一起聊天。

冯亮："你说咱们都已经快要和爸爸一样高了，可父母还是把咱们当小孩子看，什么都管。"

丁明："可不是吗，吃饭要管，穿衣服要管，去哪玩也要管，放学回家稍晚点就唠叨个不停……真烦！有时他们让我做什么，我偏不听他们的话。"

丁明："最近一段时间，我的情绪似乎失控了，今天的课堂演讲，我紧张得要命，生怕在老师和同学面前出丑。"

冯亮："我发现了，你的脸都红了。"

丁明："不光这个，有时候高兴起来，我就跟飞上天似的，觉得无所不能；可是难过起来，又像被打入了十八层地狱……"

冯亮："我也一样，就比如每次跟女同学打招呼，我经常莫名地心跳加速，感觉既紧张又害羞，以前不是这样。"

丁明："有时候也会担心自己在别人眼中形象不好，譬如不够帅之类的。"

冯亮："还有不够优秀，能力不够强等。我特别希望我在别人眼中是一个聪明、有实力的人。"

丁明："我特别理解你，这种感觉我也有，而且特别想跟人倾诉，就是不知道该跟谁说。"

问题：

(1)上面两位同学的对话，反映了中学生青春期心理发展的哪些特点？(10分)

(2)作为老师，你会对他们提出哪些建议？(8分)

机密★启封前　　　　　　　　　　　　　　　姓名________　准考证号________

国家教师资格考试预测试卷(十五)

教育知识与能力(中学)

注意事项:

1. 考试时间为120分钟,满分为150分。

2. 请按规定在答题卡上填涂、作答,在试卷上作答无效,不予评分。

一、单项选择题(本大题共21小题,每小题2分,共42分)

在每小题列出的四个备选项中只有一个是符合题目要求的,请用2B铅笔把答题卡上对应题目的答案字母按要求涂黑。错选、多选或未选均无分。

1. 反映古希腊百科全书式的哲学家亚里士多德的教育思想的著作是(　　)

A.《政治学》　　B.《民主主义与教育》

C.《理想国》　　D.《大教学论》

2. 原始社会时期的教育内容主要包括生产劳动和生活方式等的教育,现代社会的教育内容则体现为“五育并举”。这表明教育具有(　　)

A. 历史性　　B. 永恒性

C. 社会性　　D. 相对独立性

3. 清朝末年推行“废科举,兴学校”的举措,开始以日本学制为蓝本建立现代学制。由张百熙起草,国家正式颁布但未实行的现代学制是(　　)

A. 癸卯学制　　B. 壬寅学制

C. 壬子癸丑学制　　D. 壬戌学制

4. 郑老师发现运用小组讨论法一段时间后,学生对小组讨论逐渐失去了兴趣。郑老师对这种现象进行反思后,发现学生对讨论的话题不感兴趣以及话题没有明确的观点是失去兴趣的主要原因。据此,郑老师有针对性地设计并实施了问题解决方案。通过一段时间的观察发现,学生对小组讨论的兴趣大大增加。郑老师采用的教育研究方法主要是(　　)

A. 问卷法　　B. 叙事研究法

C. 调查研究法　　D. 行动研究法

5. 张老师在教学中充分利用学生已有经验,增加学生学习新知识时所必需的感

性认识，以保证教学的顺利开展。张老师遵循了教学过程的哪一基本规律（　　）

A. 间接性规律　　B. 发展性规律

C. 双边性规律　　D. 教育性规律

6. 提出“白板说”，认为人的发展完全是教育的结果的教育家是（　　）

A. 康德　　B. 卢梭　　C. 皮亚杰　　D. 洛克

7. 提倡课程内容应该是人类文化的“共同要素”的是（　　）

A. 要素主义课程理论　　B. 社会中心课程理论

C. 经验主义课程理论　　D. 存在主义课程理论

8. 先天失明的人很难成为画家，天生体弱的人很难成为运动健将。这表明（　　）

A. 遗传素质是人身心发展的生理前提

B. 遗传素质的成熟程度制约着人的身心发展

C. 遗传素质具有可塑性，可以决定人的身心发展

D. 遗传素质本身可以随环境和人类实践活动的改变而改变

9. 班主任工作的中心环节是（　　）

A. 了解和研究学生　　B. 建立学生档案

C. 组织和培养班集体　　D. 开展班会活动

10. 学校挑选学生担任校长小助理，学生通过为学校提供建议等途径培养工作责任感和集体主义品质。这种德育方法是（　　）

A. 品德评价法　　B. 榜样示范法

C. 情感陶冶法　　D. 实际锻炼法

11. 老师上课时会说“做人要诚实，不能撒谎”，而家长们有时会说“善意的谎言也是可以的”。这种现象违背了德育的（　　）

A. 长善救失原则　　B. 教育影响的一致性和连贯性原则

C. 导向性原则　　D. 正面教育与纪律约束相结合的原则

12. 在相关学习理论中，认为学习是通过顿悟过程实现的心理学家是（　　）

A. 苛勒　　B. 桑代克

C. 班杜拉　　D. 华生

13. 夏叶同学在记忆“公元755年，安史之乱爆发”这一知识点时，联想为“安史之乱后，皇帝气鼓鼓的（755年）”。夏叶同学运用的学习策略是（　　）

A. 复述策略　　B. 组织策略

C. 调节策略　　D. 精细加工策略

14. 李红学习了英语语法后，加深了对以前学过的中文语法的理解。这种现象属于(　　)

A. 负向迁移　　　　B. 垂直迁移

C. 顺向迁移　　　　D. 逆向迁移

15. 学生认识到只要上课认真听讲，就会获得他所希望的好成绩，那他就很可能认真听课。根据班杜拉的心理学理论，学生这样的心理称为(　　)

A. 结果期待　　　　B. 效能期待

C. 自我强化　　　　D. 替代强化

16. "世界上没有两片完全相同的树叶"，这体现了人格的(　　)

A. 稳定性　　　　B. 整合性

C. 功能性　　　　D. 独特性

17. (　　)强调情绪的产生是植物性神经系统活动的产物，即悲伤由哭泣而起，愤怒由打斗而致，高兴由发笑而生。

A. 坎农—巴德学说　　　　B. 阿诺德评定—兴奋说

C. 拉扎勒斯认知—评价理论　　　　D. 詹姆士—朗格理论

18. 一个学生过分害怕猫，我们可以先让她看猫的图片，谈论猫；再让她远远观看关在笼中的猫，让她靠近笼中的猫；最后让她摸猫、抱起猫，从而消除对猫的恐惧反应。这个案例中采用的心理辅导方法是(　　)

A. 自我控制法　　　　B. 系统脱敏法

C. 特定性训练　　　　D. 强化法

19. 方雨认为社会法制应符合社会大众权益，当它不符合时就应该修改。根据柯尔伯格的道德发展阶段理论，他处于道德发展的(　　)

A. 服从与惩罚阶段　　　　B. 社会契约阶段

C. 维护权威或秩序阶段　　　　D. 普遍原则阶段

20. 对于那些"认识到拿人家东西不对，也为此而感到羞愧，但还是抵挡不住一些好东西的诱惑，从而出现了偷盗行为"的孩子，应加强对其(　　)的培养。

A. 道德认识　　　　B. 道德信念

C. 道德情感　　　　D. 道德意志

21. 某班学生总是在做眼保健操的时候嬉戏打闹，班主任吴老师告诉大家："做眼保健操期间会有专门的纪律小组来检查各班的纪律情况，这会直接影响到我们班是否能拿到下个月的流动红旗。"于是全班同学为了能拿到下个月的流动红旗，在此后

做眼保健操时都十分遵守纪律。这主要体现的纪律是(　　)

A. 集体促成的纪律　　B. 任务促成的纪律

C. 自我促成的纪律　　D. 教师促成的纪律

二、辨析题(本大题共4小题,每小题8分,共32分)判断正误,并说明理由。

22. 教学的首要任务是引导学生掌握系统的科学文化基础知识,形成基本技能、技巧。

23. 世界上不同民族的教育往往表现出不同的传统和特点,这主要是因为教育具有阶级性。

24. 学生在做题时,注意力高度集中在题目上,与解题无关的人和物都排除在外,这体现了注意的集中性。

25. 注视一朵黄花约一分钟,之后将视线转向身边的白墙,那么在白墙上将看到一朵蓝花,这种现象属于感觉后效。

三、简答题(本大题共4小题,每小题10分,共40分)

26. 简述基础教育课程改革的具体目标。

27. 班主任怎样做好先进生的教育工作?

28. 简述班杜拉的社会学习理论的主要观点。

29. 简述引起无意注意的条件。

四、材料分析题（本大题共2小题，每小题18分，共36分）阅读材料，并回答问题。

30. 材料：

小辉是班上有名的“调皮大王”，他上课在前排同学后背贴字条，课间把口香糖粘在同学的椅子上，还给同学起绰号，用小石头砸坏邻居的窗户玻璃……他经常遭到老师的批评，他的父亲对他非打即骂。后来，小辉转学遇到新班主任，父亲对新班主任说：“我这个孩子非常调皮，我拿他没办法，请你帮我严格管教。”于是班主任开始好奇地了解小辉，从生活上关心他，学习上帮助他，并尝试与他进行朋友式的交流。在全面了解后，班主任对小辉的父亲说：“你的孩子虽然调皮，但是非常聪明，我们要找到发挥他聪明才智的方法。”在班主任严格要求和正确指导下，小辉成了品学兼优的学生，后来还成了知名企业家。

问题：

(1)班主任对小辉的教育过程中贯彻了哪些德育原则？结合材料加以分析。(12分)

(2)贯彻这些原则应遵循哪些要求？(6分)

31. 材料：

今天是李老师第一次上公开课，她穿着漂亮、艳丽的新衣服来到教室，用早已准备好的彩色粉笔把黑板边缘装饰得格外醒目。开始上课了，李老师显得镇定自若，她先宣布了期中考试的成绩，并鼓励大家再接再厉。在正式讲课中，李老师言语平静、流畅，由于准备的内容十分丰富，她便加快了讲课的速度。正当李老师专心致志地讲课时，偶然发现有个别同学在开小差，她立即点名批评，制止了这种不良行为，然后继续上课。一节课很快地过去了，李老师从容地走出了教室。

问题：

(1)请运用所学的无意注意规律分析李老师的哪些做法欠妥。(10分)

(2)试述在教学中应如何运用无意注意规律，提高教学效果。(8分)

机密★启封前　　　　　　　　　　　　　　　　　　　　姓名________　准考证号________

国家教师资格考试预测试卷(十六)

教育知识与能力(中学)

注意事项:

1. 考试时间为120分钟,满分为150分。

2. 请按规定在答题卡上填涂、作答,在试卷上作答无效,不予评分。

一、单项选择题(本大题共21小题,每小题2分,共42分)

在每小题列出的四个备选项中只有一个是符合题目要求的,请用2B铅笔把答题卡上对应题目的答案字母按要求涂黑。错选、多选或未选均无分。

1. 下列人物中,认为教育的目的是培养治国人才,教育的首要任务是培养道德的是(　　)

A. 亚里士多德　　B. 柏拉图

C. 苏格拉底　　D. 夸美纽斯

2.《学记》中的"时过然后学,则勤苦而难成"表明个体的身心发展具有(　　)

A. 差异性　　B. 可变性　　C. 稳定性　　D. 不平衡性

3. 在马克思看来,导致人的片面发展的根本原因是(　　)

A. 社会分工　　B. 工业生产

C. 社会制度　　D. 社会生活条件

4. 思想品德教师在讲授"坚强"一课时,要求学生课前搜集有关坚强的古诗句和经典人物事例,目的是让学生能够更深刻地理解坚强意志的表现和含义,进而内化成自己的行为。但是出乎预料的是,这样的作业布置在某种程度上让学生复习了语文课上的重点古诗句,同时内容的搜集和整理对于日后写相关的作文也大有裨益。这体现了教育的(　　)

A. 显性功能　　B. 隐性功能

C. 经济功能　　D. 文化功能

5. 实行国家、地方、学校三级课程管理,为的是增强课程对地方、学校及学生的(　　)

A. 适应性　　B. 普及性　　C. 实用性　　D. 时代性

6. 贯穿我国第八次基础教育课程改革的核心理念是(　　)

A. 为了每一位学生的发展

B. 更好地提高学生成绩

C. 满足社会、家长提高升学率的需要

D. 提高每一个教师的教学水平

7. 学生小飞认为“60分”就是及格线,只要自己的考试分数超过这个分数线,那这门考试就合格了。这种考试评价属于(　　)

A. 相对性评价　　B. 绝对性评价

C. 个体内差异评价　　D. 形成性评价

8.《论语·先进》有言:“求也退,故进之;由也兼人,故退之。”这蕴含的教学原则是(　　)

A. 巩固性原则　　B. 系统性原则

C. 因材施教原则　　D. 量力性原则

9. 宋老师组织学生围绕义和团运动对近代中国历史进程的影响展开辩论,从而激发学生学习中国近代史的积极性。这种教学方法被称为(　　)

A. 谈话法　　B. 讨论法

C. 欣赏教学法　　D. 读书指导法

10. 在德育过程中,既是德育的客体,又是德育的主体的是(　　)

A. 教育者　　B. 受教育者

C. 德育内容　　D. 德育方法

11. 颜回评价孔子说:“夫子循循然善诱人,博我以文,约我以礼,欲罢不能。”这句话说明教育者在对学生进行德育时,应遵循(　　)

A. 因材施教原则　　B. 疏导原则

C. 教育影响的一致性与连贯性原则　D. 集体教育原则

12. 桑代克观察到,在他的实验过程中,为了保证学习的发生,猫必须处于饥饿状态。如果猫吃得过饱,把它放进迷箱后,它很可能不会显示出任何学习逃出迷箱的行为,而是蜷缩在那里睡觉。所以,对学习的解释必须包括某种动机原则,这就是他所谓的(　　)

A. 效果律　　B. 准备律　　C. 练习律　　D. 复习律

13. 能够解释“舌尖现象”的理论是(　　)

A. 提取失败说　　B. 经验干扰说

C. 动机压抑说　　D. 痕迹衰退说

14. 班主任陈老师询问小艺期末考试成绩下降的原因,小艺告诉老师因为她考试的时候发高烧,影响了考试。小艺的归因属于(　　)

A. 不稳定、内在、不可控　　B. 稳定、内在、不可控

C. 稳定、外在、不可控　　D. 不稳定、外在、不可控

15. 小强高考落榜了,他经过认真总结,分析考试失败的原因,发现是自己努力程度不够,决定继续努力,明年再考。小强这种对待挫折的方式是(　　)

A. 情绪宣泄　　B. 精神升华

C. 行为补偿　　D. 认知重组

16. 动作结构方面,各个动作之间的干扰消失,衔接连贯、流畅,高度协调,多余动作消失。这是操作技能形成过程中(　　)阶段的表现。

A. 操作定向　　B. 操作整合　　C. 操作熟练　　D. 操作模仿

17. 把在一元一次方程的解法中获得的规则运用到一元一次方程不等式的问题解决中,解释这种迁移现象的最佳理论是(　　)

A. 形式训练说　　B. 经验类化说

C. 相同要素说　　D. 关系转换说

18. 学生小唯性格有些内向。和其他同学比起来,小唯的思维比较迟缓、反应速度慢,在课堂上面对老师的提问常常思考很久才回答。但小唯也有长处,她的注意力非常集中,很有耐心,在课堂上总是非常认真,很少会出现走神的情况,对自己的行为有较强的自制力,遇事不慌不忙。小唯的气质类型很可能是(　　)

A. 胆汁质　　B. 抑郁质　　C. 多血质　　D. 黏液质

19. 晓晓在期末考试中发挥失常,从此便认为自己很笨,一切都完了,从而变得越来越自卑,情绪也越来越低沉。晓晓的不合理信念主要是(　　)

A. 绝对化要求　　B. 概括化要求

C. 角色不当　　D. 糟糕至极

20. 学生在复习历史时运用思维导图加深对知识的理解和掌握。该学生所使用的记忆策略属于(　　)

A. 复述策略　　B. 精加工策略

C. 组织策略　　D. 计划和监控策略

21. 王老师刚刚参加工作,他特别希望得到学生的认可,想方设法与学生处好关系。这表明王老师处于专业成长的(　　)

A. 关注生存阶段　　B. 关注情境阶段

C. 关注学生阶段　　D. 关注自我阶段

二、辨析题(本大题共4小题,每小题8分,共32分)判断正误,并说明理由。

22. 教学永远具有教育性。

23. 德育过程是对学生知、情、意、行的培养与提高过程,从任何一个方面都可以开始进行品德教育。

24. 态度与品德形成过程的第二个阶段是认同。

25. 有时候,晶体智力随着年龄的上升而升高。

三、简答题(本大题共4小题,每小题10分,共40分)

26. 简述马克思主义教育学的主要观点。

27. 简述班级管理的功能。

28. 简述问题解决的基本步骤。

29. 简述影响学习迁移的因素。

四、材料分析题(本大题共2小题,每小题18分,共36分)阅读材料,并回答问题。

30. 材料:

张老师正在给七年级学生上体育课。本节课的教学目标是让学生掌握立定跳远的动作要领。但经过几次讲解示范后,还有一半的同学没有掌握。就在张老师再次给学生示范时,不知谁尖叫一声:"青蛙!"整齐的队伍顿时乱了起来,大多数同学上前去围观。张老师一看,只见一个男孩趴在地上用手戳一只大青蛙。青蛙一蹦一跳逗得同学们哈哈大笑。这不是班上的调皮鬼李和吗?张老师正要发火,但转念一想,青蛙的跳跃蹬地不是和立定跳远的蹬地动作一样吗?这时,张老师顺势引导学生——

"同学们,谁能说说青蛙后腿是怎样起跳的?"

同学们睁大眼睛,都在认真地观察。

"青蛙起跳前双腿是弯曲的。"王强第一个兴奋地喊道。

"很好,观察得真仔细。"张老师及时给予鼓励。

"它起跳时后腿非常用力。"李梅补充道。

"非常好,大家再仔细观察一下青蛙起跳时是哪部分用力的?"张老师又问。

"是前脚掌用力,而且它的身体全部展开了。"李和大声地回答。

"太好了!同学们,立定跳远的起跳和青蛙起跳其实是一个道理,起跳时两脚左右分开,脚跟稍提,屈膝半蹲,上体稍前倾,头稍抬,前后自然摆臂,双脚轻落地。大家想不想模仿青蛙跳跃的动作试一试呀?"

"想!"同学们齐答道。

同学们模仿着青蛙跳跃的动作,使劲地练了起来。由于他们领会了要领,很快就掌握了立定跳远的动作技能。

问题:

(1)材料中张老师使用了什么教学方法?(12分)

(2)联系材料阐述教学中教师主导作用与学生主体作用是如何体现的?(6分)

31. 材料：

阳阳上小学时很喜欢英语课，英语成绩一直很好。这是因为英语老师经常在课堂上表扬他发音准、学得快，阳阳认为老师很器重自己，每当上英语课就精神百倍，劲头十足，听课时注意力高度集中，还认真完成课后作业。但升入初中后，由于新的英语老师对阳阳不够了解，不如原来的英语老师对他那样重视，阳阳就失去了原来的学习劲头，英语成绩也开始下滑。

问题：

(1)结合案例分析对阳阳学习产生影响的是何种动机？请解释该动机。(8分)

(2)分析这种动机对学生学习的影响。(10分)

机密★启封前　　　　　　　　　　　　　　　　　　　姓名________ 准考证号________

国家教师资格考试预测试卷(十七)

教育知识与能力(中学)

注意事项:

1. 考试时间为120分钟,满分为150分。

2. 请按规定在答题卡上填涂、作答,在试卷上作答无效,不予评分。

一、单项选择题(本大题共21小题,每小题2分,共42分)

在每小题列出的四个备选项中只有一个是符合题目要求的,请用2B铅笔把答题卡上对应题目的答案字母按要求涂黑。错选、多选或未选均无分。

1. 教育目的的层次结构中,最为具体化的是(　　)

A. 教学计划　　B. 教育目的

C. 培养目标　　D. 教学目标

2. 因撰写《帕夫雷什中学》《给教师的一百条建议》等著作而享誉世界的苏联教育实践家和理论家是(　　)

A. 苏霍姆林斯基　　B. 巴班斯基

C. 马卡连柯　　D. 布鲁纳

3. 墨子认为:“国有贤良之士众,则国家之治厚;贤良之士寡,则国家之治薄。”这一思想体现的是教育的(　　)

A. 政治功能　　B. 经济功能

C. 文化功能　　D. 育人功能

4. 一则寓言故事讲述了一位宋人为了使自己田地里的禾苗长得快,便将禾苗往上拔,结果禾苗反而快速地枯萎了。由此可见,这个宋人的做法违背了(　　)

A. 个体发展的顺序性规律　　B. 个体发展的阶段性规律

C. 个体发展的不平衡性规律　　D. 个体发展的差异性规律

5. 以日本学制为蓝本,明显反映“中学为体,西学为用”思想的中国近代学制是(　　)

A. 壬子癸丑学制　　B. 癸卯学制

C. 壬寅学制　　D. 壬戌学制

6. 某学校通过改善教学设施，创设良好的校园文化，使学生学习到了非预期的知识、价值观、规范和态度。这种课程类型是（　　）

A. 学科课程　　B. 活动课程

C. 隐性课程　　D. 显性课程

7. 在教师指导下，由学生自己决定学习目的和内容，在自己负责、自己规划的单元活动中获得有关知识和能力。这种教学组织形式是（　　）

A. 导生制　　B. 设计教学法

C. 特朗普制　　D. 道尔顿制

8. 良好的班集体形成的重要标志是（　　）

A. 选出班干部，成立班委会　　B. 制订班集体的工作计划

C. 开展一系列的班级活动　　D. 拥有正确舆论和良好班风

9. 我国古代对许多教育问题有了规律性认识，其中朱熹提出的“读书之法，在循序而渐进，熟读而精思”体现的教学原则是（　　）

A. 整体性原则　　B. 因材施教原则

C. 循序渐进原则　　D. 教育性原则

10. 下列选项中被实质教育论认为是最有发展价值的实质学科是（　　）

A. 物理学　　B. 拉丁文

C. 希腊文　　D. 逻辑学

11. 下列行为中，需要加强“知情意行”四个德育环节中的“知”的是（　　）

A. 小亮明知道上课玩手机不对，但还是玩了

B. 小张身心尚未成熟，不能辨别是非善恶

C. 小赵对公交车上倚老卖老的行为感到愤怒

D. 小罗生活中总是无法控制自己的情绪，容易发怒

12. 周老师在教生字的时候，把容易写错的笔画，用彩笔标出来。这是利用了（　　）

A. 知觉的整体性　　B. 知觉的选择性

C. 知觉的理解性　　D. 知觉的恒常性

13. 教师对教学工作采取冷漠的态度，在自身与工作对象间保持距离。这是教师职业倦怠的（　　）特征。

A. 挫折感　　B. 情绪耗竭

C. 去人性化　　D. 个人成就感低

14. 以下自我意识发展过程的顺序,正确的是(　　)

A. 心理自我—生理自我—社会自我

B. 社会自我—生理自我—心理自我

C. 生理自我—心理自我—社会自我

D. 生理自我—社会自我—心理自我

15. “急中生智”所描述的情绪状态是(　　)

A. 心境　　B. 激情

C. 应激　　D. 理智

16. “五四运动发生在1919年”“生命在于运动”等,这类说明事物“是什么”“为什么”“怎么样”的知识称为(　　)

A. 程序性知识　　B. 策略性知识

C. 陈述性知识　　D. 隐性知识

17. 某学生对牛顿第三定律很感兴趣,一心钻研物理这门课程。根据奥苏伯尔等人对学习动机的分类,这属于(　　)

A. 认知内驱力　　B. 自我提高内驱力

C. 普遍型学习动机　　D. 附属内驱力

18. 在心理健康课上,同一批学生在第二次进行同样内容的人格测验时获得的分数与上一次测验差别较大。这说明该测验存在的问题是(　　)

A. 信度问题　　B. 效度问题

C. 难度问题　　D. 区分度问题

19. 焦虑是由紧张、不安、焦急、忧虑、恐惧交织而形成的一种情绪状态,中学生常见的焦虑反应是(　　)

A. 生活焦虑　　B. 睡眠障碍焦虑

C. 交友焦虑　　D. 考试焦虑

20. 一些学生回家后习惯关上房门以“写作业”为由玩手机,家长一旦进来就急忙把手机藏起来。这些学生正处于态度与品德形成的(　　)

A. 依从阶段　　B. 认同阶段

C. 孤立阶段　　D. 内化阶段

21. 以少数学生为对象,在较短的时间内(5~20分钟),尝试做小型的课堂教学,并把教学过程录制下来,课后再进行分析。这种形式我们称之为(　　)

A. 慕课　　B. 翻转课堂

C. 微格教学　　D. 新教育

二、辨析题(本大题共4小题,每小题8分,共32分)判断正误,并说明理由。

22. 教师备课就是钻研教材和制订教学进度计划。

23. 个体的主观能动性在人的身心发展中起决定作用。

24. 对做事总是虎头蛇尾的学生,教师应着重培养其意志品质的自制性。

25. 教师促成的纪律是课堂纪律管理的最终目标。

三、简答题(本大题共4小题,每小题10分,共40分)

26. 简述集体教育和个别教育相结合原则的基本含义及贯彻要求。

27. 简述教育目的与教育方针的区别。

28. 影响遗忘进程的因素有哪些?

29. 简述促进学习迁移的教学策略。

四、材料分析题(本大题共2小题,每小题18分,共36分)阅读材料,并回答问题。

30. 材料:

某班级是全校有名的“乱班”,近半年内已先后有两位同学因为打架等违纪行为而受到学校的批评和处理。教室里经常垃圾遍地、脏乱不堪。这个班级有几个“刺儿头”学生经常在上课时敲桌子、乱起哄,扰乱课堂秩序。在该班任课的几位老师对这几名学生也颇感“头痛”,多次向班主任老师表达对该班状况的不满。有一位青年女老师上课时甚至被学生的乱起哄气得大哭,向学校提出不再担任该班任课老师的要求。班里的学生干部对少数同学的违纪行为,也束手无策。班里虽然也有不少同学希望能够有一个理想的班级环境,但面对班级的种种乱象,也感到心灰意冷。

问题:

(1)一个班集体应当具备什么特征?(8分)

(2)如果你担任这个班的班主任,你将采用哪些措施来改变这个班级的面貌?(10分)

31. 材料：

最近一段时间，初三(1)班班主任孙老师愁坏了，她发现学习成绩一直不错的梁丽同学整天愁眉不展，临近中考了，上课时注意力不集中，成绩也有些下降，几次模拟考试也没有发挥出应有的水平。孙老师与她谈心时，梁丽说她最近无心学习，不知道该学什么，也不知道为谁而学，觉得自己没有能力和信心考上重点高中，对接下来的学习和生活很迷茫。

另外，孙老师还发现"转校生"王磊同学行为孤僻，很少和同学交流，无法融入新的学习生活环境，还认为同伴们不和他玩耍是因为看不起他，因为他是从别的学校转来的。他觉得大家都对他充满敌意。

问题：

(1)简要阐述埃里克森的人格发展阶段理论。(8分)

(2)根据埃里克森的人格发展阶段理论，材料中的学生正处于哪一阶段？请结合材料分析论述。(10分)

机密★启封前　　　　　　　　　　　　　　　　姓名________　准考证号________

国家教师资格考试预测试卷(十八)

教育知识与能力(中学)

注意事项:

1. 考试时间为120分钟,满分为150分。

2. 请按规定在答题卡上填涂、作答,在试卷上作答无效,不予评分。

一、单项选择题(本大题共21小题,每小题2分,共42分)

在每小题列出的四个备选项中只有一个是符合题目要求的,请用2B铅笔把答题卡上对应题目的答案字母按要求涂黑。错选、多选或未选均无分。

1. 提出"人是唯一需要教育的动物",并且最早在大学开设教育学讲座的教育家是(　　)

A. 康德　　B. 卢梭

C. 裴斯泰洛齐　　D. 夸美纽斯

2. "与善人居,如入芝兰之室,久而自芳也;与恶人居,如入鲍鱼之肆,久而自臭也"反映了(　　)对人发展的影响。

A. 遗传　　B. 环境

C. 个体主观能动性　　D. 教育

3. 人的精神力量、情绪状态对整个机体能起到调节作用,能帮助人战胜疾病,使人的身心得到发展。这种现象说明了个体的身心发展具有(　　)

A. 顺序性　　B. 阶段性　　C. 不平衡性　　D. 互补性

4. 学校教育制度简称学制,是指一个国家各级各类学校的总体系,具体规定着学校的性质、任务、入学条件、修业年限及彼此之间的关系。不同的国家和地区在教育发展过程的不同时期形成了不同的学校教育制度。英国的学制是(　　)

A. 多轨制　　B. 双轨制

C. 单轨制　　D. 分支型学制

5. 在中学物理课程学习中,高中阶段所学习的惯性和牛顿第一定律,是在初中已学知识基础上的进一步深化。这体现的课程内容的组织形式是(　　)

A. 平行式　　B. 螺旋式　　C. 直线式　　D. 综合式

6. 某偏远山区学生小刚所在的学校只有十一个人,他与其他不同年级的十个学生在同一个教室学习,他们的老师在课堂上通过轮流教学、布置作业的方式进行教学。这种教学组织形式是(　　)

A. 小班教学　　B. 复式教学

C. 合作学习　　D. 分层教学

7. 陈老师在物理课上讲到"黑洞辐射的发现将引力、量子力学与统计力学统一在一起"时,讲述了该项研究由21岁就不幸患上使肌肉萎缩的卢伽雷氏症的霍金完成。学生对霍金的研究与个人精神充满敬佩,深受鼓舞。陈老师遵循的主要教学原则是(　　)

A. 启发性原则　　B. 因材施教原则

C. 直观性原则　　D. 思想性和科学性相统一原则

8. 教师引导学生利用光具座、凸透镜、蜡烛、光屏等工具探究"凸透镜成像规律"。该教师采用的教学方法是(　　)

A. 演示法　　B. 讨论法

C. 实验法　　D. 实践活动法

9. 疫情期间,A地中小学校改为线上授课,每周一早晨八点半的升旗仪式正常举行,学生每周一早早地起床,穿好校服,等待着升旗仪式。当国歌声响起时,学生面对家里的电视屏幕,庄严地举起右手,向国旗敬礼。这体现了学校德育内容中的(　　)

A. 理想教育　　B. 集体主义教育

C. 爱国主义教育　　D. 劳动教育

10. 提出课程研究的"活动分析法"的是(　　)

A. 布卢姆　　B. 泰勒　　C. 斯宾塞　　D. 博比特

11. "没有规矩,不成方圆。"因此在组织和培养班集体时应(　　)

A. 确立班集体的目标　　B. 全面了解和研究学生

C. 建立健全必要的班级规则　　D. 开展丰富多彩的集体活动

12. 某学生放学后不用家长催促,就能自己主动去做作业。这说明该学生意志的(　　)较好。

A. 果断性　　B. 自制性

C. 自觉性　　D. 坚持性

13. "灯是照明的工具。"这种认识反映了(　　)

A. 思维的间接性　　B. 思维的直觉性

C. 思维的概括性　　D. 思维的灵活性

14.“外行看热闹,内行看门道”体现了知觉的(　　)

A. 选择性　　B. 整体性

C. 理解性　　D. 恒常性

15. 过度学习的记忆效果最好,小红花了十分钟刚好记住《山行》,她还需要继续背诵(　　),才最有利于保持记忆。

A. 5分钟　　B. 10分钟

C. 15分钟　　D. 20分钟

16.“吃不着葡萄说葡萄酸”所运用的情绪调节方法是(　　)

A. 适度宣泄法　　B. 情绪升华法

C. 文饰作用　　D. 转移注意法

17. 通过不断强化逐渐趋近目标的反应,来形成某种较复杂的行为,这是个体心理辅导的(　　)

A. 代币奖励法　　B. 行为塑造法

C. 自我控制法　　D. 认知调试法

18. 小东看到班级同学随手乱扔垃圾,心里感到厌恶。这属于道德情感的哪一表现形式(　　)

A. 伦理的道德情感　　B. 直觉的道德情感

C. 想象的道德情感　　D. 形象的道德情感

19. 对学生进行心理辅导工作,让当事人自己运用学习原理进行自我分析、自我监督、自我强化,以改善自身行为的方法是(　　)

A. 行为塑造法　　B. 强化法

C. 示范法　　D. 自我控制法

20. 教学反思是教师成长与发展的途径之一。下列选项中不属于布鲁巴奇等人提出的反思方法的是(　　)

A. 理性思考　　B. 详细描述

C. 交流讨论　　D. 行动研究

21. 数学课上,教师要求学生独立思考一道难题。突然,一声喜悦的“想出来了!”打破了教室的寂静,大家顿时笑了起来。原来是数学成绩并不突出的小冰解出了难题,教师立即十分严肃地批评他扰乱课堂秩序。该教师的领导方式最可能为(　　)

A. 仁慈专断型　　B. 放任型

C. 民主型　　D. 强硬专断型

二、辨析题(本大题共4小题,每小题8分,共32分)判断正误,并说明理由。

22. 德育应该遵循疏导原则。因此,正确的德育严禁惩罚。

23. 形成性评价通常在教学结束后实施,用以评定学生的学习成绩、区别学生的优良程度。

24. 前摄抑制是一种顺向迁移,倒摄抑制是一种逆向迁移。

25. 发展能力比掌握知识更重要。

三、简答题(本大题共4小题,每小题10分,共40分)

26. 在学校德育中,运用说服教育法的要求有哪些?

27. 简述教学过程的阶段。

28. 简述有意义学习的条件。

29. 简述课堂管理的功能。

四、材料分析题(本大题共2小题,每小题18分,共36分)阅读材料,并回答问题。

30. 材料:

生物老师在讲《植物的果实》这节课时,课前要求学生把自己认为是果实的都带到教室里来。学生带来的有梨、苹果、花生、桃、胡萝卜等。上课一开始,学生就对胡萝卜是不是果实进行了激烈的讨论。老师因势利导指出:"当你对一个事物拿不准的时候,你就拿一个和它类似的东西进行比较,看它们有哪些相同、哪些不同,答案就容易找出来了。"他拿起一个苹果,一个梨,问道:"它们有哪些地方相同呢?为什么都叫果实呢?"

"都能吃。"一个学生回答。

"能吃,对。但不一定所有的果实都能吃。"老师说。

"都是开花结的果。"又一个学生说,老师立即加以肯定。

"都有核。"一个学生猛然想起,脱口而出。

"是吗?那就要观察它们的构造了。"老师说,"好,切开来研究研究。"

切开后,老师问:"那核是什么呢?""是种子。"同学们回答。老师说:"它的内部构造都有种子,种子是繁衍后代的。那么种子以外这一大部分叫什么呢?"

"叫果肉。"一个同学答。

这时,老师总结:"对,平常我们叫它果肉,最外面一层叫皮。但科学的叫法,把种子以外的都叫果皮。我们都知道开花结果,果实都有两部分,就是果皮和种子。是不是果实,主要看里面有没有种子。"又问:"胡萝卜里面有没有种子呀?"

"没有种子,不是果实。"学生回答。

问题:

(1)该教师在教学过程中贯彻了哪些教学原则?请结合材料加以分析。(9分)

(2)该教师采用了哪些教学方法?请结合材料加以分析。(9分)

31. 材料：

李老师刚入职时，为了得到学校和学生的肯定和认可，把大量时间花在如何与学生搞好关系上。一段时间后，他发现虽然自己与学生的关系非常密切，但是学生的学习成绩并不理想。于是，李老师开始把主要精力放在教学上。为了上好每一堂课，他认真准备材料，虚心地向老教师们请教，积极参加公开课观摩优秀教师的教学，坚持写教学日志，不断反思自己的教学活动，还通过校本教研这个平台，寻找解决问题的方法和努力的方向。经过不懈地努力，李老师在教学上成了一把“好手”，他不仅能通过各种途径了解学生，还能考虑学生的不同需要，关注他们的个别差异，并根据学生的不同发展水平设计课堂教学和作业，因此取得了良好的教学效果。由于教学成绩突出，李老师被学校评选为“教学名师”。

问题：

(1)结合材料运用教师发展阶段理论分析李老师的专业发展所经历的阶段。(10分)

(2)教师成长与发展的方法有哪些？(8分)

机密★启封前　　　　　　　　　　　　　　　　　姓名________　准考证号________

国家教师资格考试预测试卷(十九)

教育知识与能力(中学)

注意事项:

1. 考试时间为120分钟,满分为150分。

2. 请按规定在答题卡上填涂、作答,在试卷上作答无效,不予评分。

一、单项选择题(本大题共21小题,每小题2分,共42分)

在每小题列出的四个备选项中只有一个是符合题目要求的,请用2B铅笔把答题卡上对应题目的答案字母按要求涂黑。错选、多选或未选均无分。

1. 在中世纪的西欧,骑士教育是一大教育体系,教育目的是培养封建骑士,教育内容是“骑士七技”。下列不属于“骑士七技”范围的是(　　)

A. 骑马　　B. 投枪　　C. 音乐　　D. 吟诗

2. 首创“范例教学理论”的教育家是(　　)

A. 美国—布鲁纳　　B. 德国—瓦·根舍因

C. 苏联—赞可夫　　D. 瑞士—皮亚杰

3. 随着“互联网+”时代的到来,网络和信息安全显得尤为重要。现如今,我国对网络信息安全人才的需求呈现爆炸式增长,“网络空间安全”专业应运而生。这表明制约教育结构和专业设置的因素是(　　)

A. 社会政治经济制度　　B. 生产力发展水平

C. 社会意识形态　　D. 本国学制改革

4. 印度有句谚语:“强盗的儿子永远是强盗,法官的儿子永远是法官!”我国也有类似的谚语,如“上梁不正下梁歪”“虎父无犬子”“种瓜得瓜,种豆得豆”等。这些谚语与影响人的发展因素理论中的(　　)观点一致。

A. 内发论　　B. 外铄论

C. 教育万能论　　D. 多因素相互作用论

5. 涂尔干说:“教育在于使年青一代系统地社会化。”这体现的教育目的的价值取向是(　　)

A. 个人本位论　　B. 社会本位论

C. 文化本位论　　　　　　　　　　D. 无目的论

6. 所有学生在同样的学校系统中学习，从小学到大学的各级各类学校是相互衔接的。这属于哪一学制的特点(　　)

A. 单轨制　　　　　　　　　　B. 三轨制

C. 双轨制　　　　　　　　　　D. 分支型学制

7. 为了让学生认识常见的交通标志，遵守交通规则，教师组织学生到学校附近的路口进行观察。这种教学组织形式属于(　　)

A. 复式教学　　　　　　　　　　B. 现场教学

C. 个别教学　　　　　　　　　　D. 课堂教学

8. 我国部分地区在初中阶段设置的道德与法治、科学课程属于(　　)

A. 分科课程　　　　　　　　　　B. 学科课程

C. 综合课程　　　　　　　　　　D. 活动课程

9. 在教学过程中，教师应利用学生的多种感官和已有的经验，通过各种形式的感知，使学生获得生动的表象，这是指教学的直观性原则。以下各项中不属于直观手段的是(　　)

A. 实物直观　　　　　　　　　　B. 言语直观

C. 模像直观　　　　　　　　　　D. 数字直观

10. “语之而不知，虽舍之可也。”这句话所体现的教学原则是(　　)

A. 循序渐进原则　　　　　　　　B. 巩固性原则

C. 量力性原则　　　　　　　　　D. 启发性原则

11.《宋史·程颐传》记载：“今夫人民善教其子弟者，亦必延名德之士，使与之处，以熏陶成性。”这主要体现的德育方法是(　　)

A. 榜样示范法　　　　　　　　　B. 情感陶冶法

C. 个人修养法　　　　　　　　　D. 理想激励法

12. 我们刚进入到闹市中时会感到声音嘈杂刺耳，甚至听不清旁边人说话的声音，而过了一会儿后就不觉得那么吵了。这种现象是(　　)

A. 感觉对比　　　　　　　　　　B. 感觉适应

C. 感觉补偿　　　　　　　　　　D. 感觉后效

13. 根据皮亚杰的认知发展阶段理论，“吃一堑，长一智”体现的认知过程是(　　)

A. 图式　　　　　　　　　　　　B. 同化

C. 平衡　　　　　　　　　　　　D. 顺应

14. 进入初中的小陈刚开始学物理的时候，只是为了应付学习任务，后来随着掌握的物理基础知识越来越丰富，他对物理产生了兴趣，凭着兴趣可以自然地将注意力集中到物理学习上。这种注意属于(　　)

A. 有意注意　　B. 无意注意

C. 有意后注意　　D. 无意后注意

15. 某高中生学习成绩较差，却经常在同学面前炫耀自己的名牌服饰，以求得心理满足。这属于(　　)

A. 升华　　B. 补偿　　C. 退行　　D. 转移

16. 在课堂上，赵老师通过表扬积极举手发言的芳芳来鼓励全班同学踊跃发言。这种教育行为的理论基础是(　　)

A. 直接强化　　B. 负强化

C. 替代强化　　D. 自我强化

17. 小乐善于观察生活，好奇心强，乐于探索他所不熟悉的领域。每当小乐遇到不能理解的知识时，他总是积极借助互联网、工具书、图书馆等来寻求答案。可见小乐善于使用(　　)

A. 时间管理策略　　B. 环境管理策略

C. 学业求助策略　　D. 努力管理策略

18. "自信、坚强、勤奋"描写的是人的哪种心理特征(　　)

A. 气质　　B. 性格

C. 能力　　D. 动机

19. 李阳作为初一(3)班的班干部，在看到班上的同学违反纪律、影响自习课秩序时，会生气地上前制止。这体现出的情感是(　　)

A. 道德感　　B. 权威感

C. 归属感　　D. 理智感

20. 大多数中学生的行为往往与"我怎样才能取悦你"联系在一起，并且关心自己在别人心目中的形象，希望别人喜欢自己。这表明学生的课堂纪律发展处于(　　)

A. 人际纪律阶段　　B. 反抗行为阶段

C. 自我服务行为阶段　　D. 自我约束阶段

21. 20世纪60年代，将"来访者中心疗法"移植到教育领域，创立了"以学生为中心"的教育和教学理论的人本主义心理学家是(　　)

A. 马斯洛　　B. 罗杰斯

C. 罗洛·梅　　D. 布鲁纳

二、辨析题(本大题共4小题,每小题8分,共32分)判断正误,并说明理由。

22. 分组教学是为了克服班级授课制的弊端而提出来的,因此它比班级授课制更优越。

23. 与动物完全依靠本能的学习不同,人类的学习有时即便错过了关键期,也能经过补偿学习而获得发展。

24. 建构主义学习过程常常是在社会文化互动中完成的。

25. “没有查出病就是健康”的观点实质上忽视了人的心理健康。

三、简答题(本大题共4小题,每小题10分,共40分)

26. 简述国家建立学制的依据。

27. 简述影响课程开发的主要因素。

28. 简述马斯洛的需要层次理论。

29. 动作技能的形成过程包括哪几个阶段?

四、材料分析题(本大题共2小题,每小题18分,共36分)阅读材料,并回答问题。

30. 材料:

王老师是初二年级一班的班主任,他发现学生张轩迷恋网络,无心学习,上课经常打瞌睡。通过与他谈话,王老师了解到张轩之所以天天上网,是为了成为像比尔·盖茨、马云、马化腾那样的人。于是,王老师和张轩讲了这几人的成长经历,让他认识到有理想是好的,但让理想成为现实,需要掌握科学文化知识,要有真才实学。此后,张轩在信息技术课上认真多了。王老师和信息技术老师沟通,让张轩当了课代表,使他体验到了学习的乐趣。一年后,张轩在市青少年互联网设计大赛中获得了一等奖。从此,他对其他课程学习的积极性也越来越高。最终,张轩如愿考入某重点高校的计算机专业。

问题:

请结合上述材料,分析王老师主要遵循了哪些德育原则?请结合材料分析。(18分)

31. 材料：

某天，班主任和几位代课老师讨论着竞选班委的几名候选人的特点。老师们觉得学生A的学习成绩虽然没有名列前茅，但做事有自己的主见和想法，班主任经常让他组织学生和策划活动，他从不受他人影响，总能按照自己的认识和想法合理地采取决定，每次把任务交给他都很放心，他也很有信心和底气，是个不错的人选。

说到学生B，老师们都十分认可她的学习能力，参加了许多竞赛并获奖，令人印象深刻。班主任说道："这个孩子做事目标明确，面对困难不退缩，再大的压力在她面前总能被克服，这或许就是她学习成绩一直不错的原因吧，我很欣赏她。"

说起学生C，英语老师最有发言权。她学习认真刻苦，不爱说话，做事默默无闻，课上课下都很配合老师。她确实很用功，但在制订学习计划，甚至做道选择题时都很犹豫。"有一次推举她参加演讲大赛，我好不容易说服了她，但临近参赛她又动摇了，她总是怀疑自己的决定，这很制约她继续进步。"

学生D，令几个代课老师最为头疼，他学习一般，但做活动时还挺活跃，每次干什么事都自告奋勇、跃跃欲试，但做事前从不考虑后果，想做就做。可一碰上关键任务，第一个掉链子的、临阵退缩的就是他，真是令老师们无可奈何。

老师们对谁能当选班委有着比较统一的看法，同时他们认为，每个学生意志品质的表现和强弱都是不同的，了解这些品质，对于学生的管理以及孩子们的成长教育有着不可替代的作用。

问题：

(1)请结合材料，用意志品质的相关知识分析上述学生的行为特点。(10分)

(2)教师应如何培养学生良好的意志品质？(8分)

机密★启封前　　　　　　　　　　　　　　　　　姓名________　准考证号________

国家教师资格考试预测试卷(二十)

教育知识与能力(中学)

注意事项:

1. 考试时间为120分钟,满分为150分。

2. 请按规定在答题卡上填涂、作答,在试卷上作答无效,不予评分。

一、单项选择题(本大题共21小题,每小题2分,共42分)

在每小题列出的四个备选项中只有一个是符合题目要求的,请用2B铅笔把答题卡上对应题目的答案字母按要求涂黑。错选、多选或未选均无分。

1. 世界上最早的文学艺术专门学校是(　　)

A. 柏拉图创办的学园　　B. 亚里士多德创办的吕克昂学园

C. 汉武帝时的太学　　D. 东汉时的鸿都门学

2. 苏联凯洛夫主编的,力图以马克思主义为指导,系统研究教育问题,总结了苏联20世纪20~30年代教育的经验,并对我国有着广泛影响的教育专著是(　　)

A.《普通教育学》　　B.《大教学论》

C.《民主主义与教育》　　D.《教育学》

3. 我国唐朝的"六学二馆"具有等级森严的入学条件。这充分说明政治经济制度决定(　　)

A. 教育的领导权　　B. 受教育权的分配

C. 教育目的　　D. 教育性质

4. 在事实上个人是不存在的,因为人之所以为人,是因为他生活于人群之中,并且参加社会生活。支持这种观点的价值取向是(　　)

A. 社会本位论　　B. 个人本位论

C. 集体本位论　　D. 阶层本位论

5. 某教师让学生在课堂上互相探讨,在做中学,而忽视了系统知识的传授。这说明该教师没有正确处理好(　　)的关系。

A. 掌握知识与发展智力　　B. 间接经验与直接经验

C. 教师主导作用与学生主动性　　D. 掌握知识与进行教育

6. 黎老师在进行学期课程设计时，将相关的课程内容按照知识的逻辑序列，从已知到未知、从具体到抽象等先后顺序组织编排。那么黎老师采用的课程内容组织形式是(　　)

A. 横向组织　　B. 纵向组织

C. 直线式　　D. 螺旋式

7. 在A学校，学校的课程相当一部分是在教师的指导下，由学生选择一些自己感兴趣的话题，通过自主探究进行学习。这反映出A学校主张的课程理论最有可能为(　　)

A. 学科中心课程论　　B. 活动中心课程论

C. 社会中心课程论　　D. 教师中心课程论

8. 教育行动研究是一个螺旋式加深的过程，其最后一个环节是(　　)

A. 问题　　B. 计划　　C. 行动　　D. 反思

9. 校本课程开发的主体是(　　)

A. 教师　　B. 学生

C. 学生家长　　D. 社区代表

10. 地理老师王老师要在45分钟的课堂时间内将全球各个大洲的概况讲解清楚，为了能在短时间内向学生呈现、介绍大量而系统的学习内容，王老师最适宜采用的教学方法是(　　)

A. 实践活动法　　B. 谈话法

C. 讲授法　　D. 参观法

11. 教师采用贴小红星、小红花等形式鼓励学生的德育方法是(　　)

A. 品德评价法　　B. 榜样示范法

C. 情感陶冶法　　D. 实践锻炼法

12. 两根长竹竿相差1.5厘米，我们难以察觉它们的差别；而两支铅笔相差1.5厘米，我们能清楚地看到它们之间长度的差别。这种能觉察出两个刺激物之间的强度差别的能力称为(　　)

A. 绝对感觉阈限　　B. 差别感觉阈限

C. 绝对感受性　　D. 差别感受性

13. 小张同学活泼好动、反应迅速、喜欢与人交往、注意力容易转移、兴趣容易变换，其气质类型最可能是(　　)

A. 胆汁质　　B. 多血质

C. 黏液质　　D. 抑郁质

14. 人们经常用吹风机吹头发，却没想过用它吹干潮湿的衣服。这种把某种功能赋予某种物体的倾向是(　　)

A. 思维定势　　B. 原型启发

C. 功能固着　　D. 酝酿效应

15. 教师在教学过程中要注重培养学生在同一时间内能观察到更多的教材内容或事物的能力。这主要是培养学生(　　)

A. 注意的广度　　B. 注意的稳定性

C. 注意的分配　　D. 注意的转移

16. 学生学习“直角三角形是一种特殊的三角形”。这属于(　　)

A. 词汇学习　　B. 概念学习

C. 命题学习　　D. 符号学习

17. 某中学一次数学考试中，陈鹏是唯一获得满分的学生。当老师宣布考试成绩时，陈鹏内心非常高兴，但他却表现出若无其事的样子。这反映了青少年的情绪发展具有(　　)

A. 稳定性　　B. 持久性

C. 隐蔽性　　D. 短暂性

18. 某学生喜欢打羽毛球，但是为了完成课后作业，可以不受外界的影响，坚持在教室里完成作业后再和同学一起打羽毛球。这体现了意志的(　　)

A. 自觉性　　B. 果断性

C. 坚持性　　D. 自制性

19. 某学生在与他人谈话时缺乏自信，于是老师指导他用角色扮演的方式来增强自信心。这属于(　　)

A. 肯定性训练　　B. 来访者中心疗法

C. 系统脱敏法　　D. 示范法

20. “君子欲讷于言而敏于行”强调的品德因素是(　　)

A. 道德认识　　B. 道德情感

C. 道德意志　　D. 道德行为

21. 王老师在教学过程中，能不断对其教学活动积极主动地进行计划、监视、检查、评价、反馈、控制和调节，并成功地实现教学目标。这反映了王老师有较强的(　　)

A. 教学设计能力　　B. 教学效能感

C. 教学监控能力　　D. 专业知识

二、辨析题(本大题共4小题,每小题8分,共32分)判断正误,并说明理由。

22. 教育方针是评价教育效果的根本依据。

23. 劳动教育就是让青少年到生产劳动第一线参加劳动。

24. “一朝被蛇咬,十年怕井绳”属于动作记忆。

25. 人格随环境和教育的变化而变化,因此不稳定性是人格的典型特征。

三、简答题(本大题共4小题,每小题10分,共40分)

26. 简述教育的人口功能。

27. 简述选择与运用教学方法的基本依据。

28. 简述教师心理健康的标准。

29. 简述A型人格和B型人格的特点。

四、材料分析题(本大题共2小题,每小题18分,共36分)阅读材料,并回答问题。

30. 材料:

第一学期期中考试后,七年级某班班主任纪老师发现该班总平均成绩在年级排名最后。为有效提高学生成绩,家长会上纪老师宣布了一些决定。首先是将在班级微信群里公布学生每次考试成绩及排名,要求子女成绩不好的家长配合监督;其次对排名最后的同学实施惩罚:要么背着第一名绕操场走一圈,要么罚款20元以奖励第一名。

女生杨某是外地生,近一个月连续几次考试都排名最后,由于身材矮小,她只能接受罚款。杨某为逃离这种困境,决定离开学校,父亲认为女儿的成绩升学无望,同意她的想法,告知纪老师后,把女儿送到亲戚家的小商店做服务员。

一周后,校领导到班级听课时发现了问题,充分调查后,慎重做出了更换班主任的决定,由经验丰富的黄老师接任。第一次班会,黄老师先和同学们用掌声欢迎杨同学"回家",以"我们是一家人"为主题发表了热情洋溢的讲话,进而黄老师以和蔼的态度,生动具体地分析学习的意义和班级学风建设的重要性;最后宣布学期结束时,班内将设立特殊奖并颁发荣誉证书,包括"文艺能手""勤学标兵""进步典型""优秀组长""助人为乐之星"等奖项。短短的班会,黄老师的精彩"演讲"让全班同学耳目一新,充满期待。之后黄老师在教室里设立"班主任信箱",让同学们为班级建设提建议,也可匿名留言等。信箱的效果很明显,收集到许多意见和建议,黄老师都及时给予采纳或反馈,并在"点赞墙"给同学们点赞!

有一天,黄老师收到了一张留言:"谢谢您黄老师!是您开启了我人生的希望之门。"那隽秀的文字表达了杨同学的心声。原来,黄老师一接任就到杨某家进行家访,了解到期中考试前杨某的母亲生病在家,父亲务工时间长,照顾母亲的担子就落到她身上。黄老师一方面个人出资对杨某的家庭表达了慰问,引导杨某及其父亲正确认识接受教育的必要性;另一方面,针对杨某的实际困难制订了详细的帮扶计划。

后来,黄老师发现杨某在唱歌方面很有潜质,建议音乐老师给予关注,又鼓励她参加校园歌手赛,获得了二等奖。

期末考试前,黄老师组织了主题为"主动学习,快乐成长"的温书迎考班会,邀请各科任课教师和部分家长代表参加。班会设有学习经验交流、生问师答、自由发言、家长寄语等环节,杨某在发言中表达了自己努力学习的信心和决心。

问题：

黄老师的行为贯彻了哪些德育原则？请结合材料分析。(18分)

31. 材料：

有四名学生犯错了，老师分别把他们叫到办公室。小赵积极承认错误，答应老师一定改正，可是之后还是犯同样的错。小钱没等老师说完就气急败坏、愤怒暴躁。小孙去了一句话也不说，然后默默地走了。小李到办公室后，满脸忧郁，感觉天都要塌了。

问题：

(1)请分析材料中学生都有什么气质类型？(10分)

(2)针对小李的气质类型如何进行教育管理？(8分)

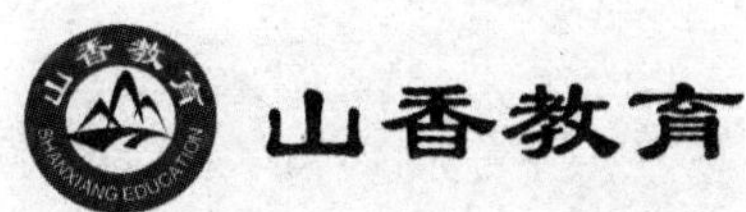

国家教师资格考试

历年真题详解及预测试卷

教育知识与能力·中学(真题答案本)

目录

2023年下半年中小学教师资格考试真题试卷(一)

一、单项选择题

1. D 【解析】本题考查马克思主义教育学的代表著作。杨贤江是我国第一位系统传播马克思主义教育理论的教育理论家,他以李浩吾为化名出版的《新教育大纲》(1930年)是我国第一部马克思主义的教育学著作。故答案选择D项。

A项,舒新城的《教育通论》是二十世纪二三十年代教育通论类著作的代表之一,特重历史演化与中国教育实际问题。

B项,庄泽宣的《教育概论》是在其结合中国国情开展多种形式教育研究的基础上,于1928年出版的一本重要教育论著。

C项,孟宪承的《教育概论》主要论述了儿童的发展、教育机关、教育行政、课程、教学、教师的专业等。

2. D 【解析】本题考查巴班斯基的教育思想。苏联教育家巴班斯基将现代系统论的方法引进教学论的研究,提出了教学过程最优化理论。巴班斯基认为,应该把教学看作一个系统,从系统的整体与部分之间、部分与部分之间,以及系统与环境之间的相互联系和相互作用之中考察教学,以便最优处理教育问题。故答案选择D项。

A项,凯洛夫,苏联教育家,其主编的《教育学》被公认为世界上第一部马克思主义的教育学著作。

B项,维果斯基创立了"文化—历史"发展理论,提出了最近发展区的概念。

C项,赞可夫著有《教学与发展》,提出了发展性教学理论的五条教学原则。

3. B 【解析】本题考查教育研究方法。实验研究是根据研究目的,运用一定的人为手段,主动干预或控制研究对象的发生、发展过程,通过观察、测量、比较等方式探索、验证所研究现象因果关系的研究方法。题干中,李老师对初二的两个班级采用不同的方法进行教学,是为了验证教学方法与教学效果之间的因果关系,是对实验研究法的运用。故答案选择B项。

A项,个案研究的任务是揭示研究对象形成、变化的特点和规律,以及影响个案发展变化的各种因素,并提出相应的对策。

C项,行动研究是指实际工作者(如教师)基于解决实际问题的需要,与专家、学者及本单位的成员共同合作,将实际问题作为研究的主题,进行系统的研究,以解决实际问题的一种研究方法。

D项,调查研究是在教育理论指导下,通过运用观察、列表、问卷、访谈、个案研究以及测验等方式，收集教育问题的资料，从而对教育的现状做出科学分析，并提出具体工作建议的一整套实践活动。

4. A 【解析】本题考查学校教育的特点。从教育活动存在的范围看，教育可划分为社会教育、家庭教育和学校教育。学校教育作为一种独立的教育形态，具备以下几个特点：(1)职能的专门性；(2)组织的严密性；(3)作用的全面性；(4)内容的系统性；(5)手段的有效性；(6)形式的稳定性。故B、C两项排除，答案选择A项。

D项，终身教育是适应科学知识的加速增长和人的持续发展要求而逐渐形成的一种教育思想和教育制度，包括各个年龄阶段的各种方式的教育。故D项为干扰项，排除。

5. D 【解析】本题考查个体身心发展的规律。个体身心发展的阶段性是指在个体发展的不同阶段，会表现出不同的年龄特征及主要矛盾，面临着不同的发展任务。个体身心发展的阶段性规律，决定了教育工作必须根据不同年龄阶段的特点分阶段进行。如果不顾学生的年龄特征和接受能力，在教育工作中搞“一刀切”“一锅煮”，让学生同成年人一样地听报告、搞活动、开批判会，把对儿童和青少年的教育“成人化”，这就违反了个体身心发展的阶段性规律。因此题干所述违背了人身心发展的阶段性规律。

A项，个体身心发展的顺序性是指人的身心发展是一个由低级到高级、由简单到复杂、由量变到质变的连续不断的发展过程。教育工作要遵循这种顺序性，循序渐进地促进人的发展，不可“陵节而施”。

B项，个体身心发展的个别差异性，是指个体之间的身心发展以及个体身心发展的不同方面之间，存在着发展程度和速度的不同。个体发展的个别差异性规律要求教育必须因材施教，充分发挥每个学生的潜能和积极因素，有的放矢地选择适宜、有效的教育途径和方法手段，使每个学生都能得到最大的发展。

C项，个体身心发展的稳定性是指处于一定社会环境和教育中的某个年龄阶段的青少年儿童，其身心发展的顺序、过程、速度都大体相同。个体身心发展的稳定性要求在一定时期内，教育内容、方法等要保持相对稳定性。

6. C 【解析】本题考查马克思关于人的全面发展的学说。马克思阐述了关于人的全面发展学说，这一学说的内容之一是：教育与生产劳动相结合是“造就全面发展的人的唯一方法”。教育与生产劳动相结合是培养全面发展的人的根本途径，也是唯一途径。

7. C 【解析】本题考查教育目的的内涵。教育目的由政府提出，并反映社会发展的根本需求，明确而稳定，对各级各类学校的教育工作以及人的成长和人才的培养具有重要的指导和规范作用,是学校教育培养人的根本质量规格。同时,教育目的对学校教育的实施具有定向、调控、评价的作用。故题干所述符合教育目的的内涵,本题选C。

A项,培养目标是根据国家的教育目的制定的某一级或某一类学校、某一专业对人才培养的具体要求,是国家教育目的在不同教育阶段、不同级别的学校、不同专业方向的具体化。

B项,国家课程是由中央教育行政机构编制和审定的课程。它的宗旨是保证国家实现普通教育的培养目标和提高普通教育水平,规定学生应掌握的基础知识和基本技能,体现国家对教育的基本要求。

D项,课程标准是课程计划中每门学科以纲要的形式编写的、有关学科教学内容的指导性文件。它是编写教科书和教师进行教学的直接依据,也是衡量各科教学质量的重要标准。

8. D 【解析】本题考查泰勒的目标模式。泰勒于1949年出版了被誉为“现代课程理论圣经”的《课程与教学的基本原理》,提出了关于课程编制的四个问题,即泰勒原理。泰勒原理的实质是以目标为中心的模式,强调围绕课程目标的确定、实现和评价等环节进行课程开发,因此又被称为“目标模式”。故答案选择D项。

A项,针对目标模式过分强调预期行为结果即“目标”而忽视“过程”的缺陷,英国课程论专家斯腾豪斯提出了“过程模式”。过程模式是指课程的开发不是为了生产出一套“计划”,然后予以实施和评价的过程,而是一个连续不断的研究过程,并贯穿着对整个过程的评价和修正。

B项为干扰项,排除。

C项,情景模式又称环境模式、文化分析模式。情景模式吸收了目标模式和过程模式的长处,主张借助于社会学家的文化分析方法对社会文化结构进行分析,从而把课程设计与发展置于某一社会文化结构之中,针对单个学校及其教师,以学校为单位通过对情景的全面分析和估计来进行课程设计。

9. A 【解析】本题考查教学原则。直观性原则是指在教学活动中,教师应尽量利用学生的多种感官和已有经验,通过各种形式的感知,使学生获得生动的表象,从而比较全面、深刻地掌握知识。题干中,刘老师引导学生通过观察所学事物的图像或者用语言描述所学对象,帮助学生建立具体、清晰的表象,更好地理解所学内容,是遵循直观性教学原则的体现。

B项,巩固性原则是指教师在教学中要引导学生在理解的基础上牢固地掌握基本知识和基本技能,而且在需要的时候,能够准确无误地呈现出来,以便于知识技能的利用。

C项，量力性原则是指教学的内容、方法、分量和进度要适合学生的身心发展，使他们能够接受，但又要有一定的难度，需要他们经过努力才能掌握，以促进学生的身心发展。

D项，启发性原则是指在教学活动中，教师要调动学生的主动性和积极性，引导他们通过独立思考、积极探索，生动活泼地学习，自觉地掌握科学知识，提高分析问题和解决问题的能力。

10. A 【解析】本题考查教学方法。演示法是指教师通过展示实物、教具和示范性的实验来说明与印证某一事物和现象，使学生掌握新知识的一种教学方法。演示所使用的工具分为四大类：实物、标本、模型、图片的演示；图表、示意图、地图的演示；实验演示；幻灯片、电影、录像的演示。题干中的生物老师通过现场解剖鱼的课堂展示方法，帮助学生快速掌握鱼类之间的区别，这属于演示法中的实物演示，故答案选择A项。

B项，谈话法也叫问答法，它是教师按一定的教学要求向学生提出问题让学生回答，通过问答、对话的形式来引导学生思考、探究，获取或巩固知识，促进学生智能发展的方法。

C项，讲授法是教师运用口头语言系统连贯地向学生传授知识、技能，发展学生智力的教学方法。

D项，实验法是指教师引导学生使用一定的仪器和设备进行独立操作，引起某些事物和现象产生变化，从而使学生获得直接经验，培养学生技能和技巧的教学方法。

11. C 【解析】本题考查德育方法。个人修养法（自我修养法）是在教师引导下学生经过自觉学习、反思和自我改进，使自身品德不断完善的一种方法。自我修养一般包括立志、学习、反思、箴言、慎独等。题干所述德育方法即个人修养法。

A项，说服教育法又叫说理教育法，是通过语言说理，使学生明晓道理、分清是非、提高品德认识的德育方法。说服教育法的方式有两类。第一类是运用语言文字进行说服教育的方式，如讲解、报告、谈话、讨论、辩论、读书指导等。第二类是运用事实进行说理教育的方式，如参观、访问和调查。

B项，榜样示范法是用榜样人物的优秀品德来影响学生的思想、情感和行为的德育方法。

D项，情感陶冶法，有时也称陶冶教育法，是指教育者自觉创设良好的教育情境，潜移默化地使受教育者在道德和思想情操等方面受到感染、熏陶的方法。情感陶冶法主要包括人格感化、环境陶冶和艺术陶冶等。

12. D 【解析】本题考查皮亚杰的认知发展阶段理论。皮亚杰将人的认知发展分为四个顺序不变的阶段:感知运动阶段、前运算阶段、具体运算阶段、形式运算阶段。故B项为干扰项,排除。

A项,认知发展处于前运算阶段的儿童的思维具备以下特征:(1)早期的信号功能;(2)自我中心性;(3)不可逆运算;(4)不能够推断事实;(5)泛灵论;(6)不合逻辑的推理;(7)不能理顺整体和部分的关系;(8)认知活动具有具体性,还不能进行抽象的思维运算。

C项,认知发展处于具体运算阶段的儿童的思维具备以下特征:(1)去自我中心性;(2)可逆性;(3)守恒;(4)分类;(5)序列化。

D项,认知发展处于形式运算阶段的儿童的思维具备以下特征:(1)命题之间的关系;(2)假设—演绎推理;(3)类比推理;(4)抽象逻辑思维;(5)可逆与补偿;(6)反思能力;(7)思维的灵活性;(8)形式运算思维的逐渐发展。处于本阶段的儿童在进行推理任务时,不仅能够运用"经验—归纳"的方式进行逻辑推理,而且能够运用"假设—演绎"推理的方式来解决问题。故本题答案选D。

13. B 【解析】本题考查想象的种类。根据想象的目的和计划性,可将想象分为无意想象和有意想象。无意想象又称不随意想象,是没有预定目的,不由自主产生的想象。题干中,刘敏是根据诗句主动在头脑中形成新形象,不属于无意想象,A、D两项排除。

根据创造程度的不同,有意想象可分为再造想象和创造想象。再造想象是依据词语或符号的描述、示意在头脑中形成与之相应的新形象的过程。题干中,刘敏根据诗句的描述在头脑中浮现出草原美景,符合再造想象的含义。故答案选B项。

C项,创造想象是按照一定目的、任务,使用自己以往积累的表象,在头脑中独立地创造出新形象的过程。与题干表述不符,排除。

14. C 【解析】本题考查气质的类型。希波克拉底提出,人体内有四种性质不同的体液:血液、黄胆汁、黑胆汁和黏液。罗马医生盖伦从希波克拉底的体液说出发,提出了以下四种气质类型:(1)胆汁质。胆汁质的人直率热情,精力旺盛,反应迅速而有力,但是脾气急躁,易于冲动。(2)多血质。多血质的人情感丰富,反应灵活,易接受新事物,但是情绪不稳定,精力易分散。(3)黏液质。黏液质的人安静稳重,善于自制,但是对周围事物冷淡,反应迟缓。(4)抑郁质。抑郁质的人情感体验深刻而稳定,观察敏锐,办事认真细致,但是过于多愁善感,行为孤僻。题干中小军不善于与同学交往、孤僻离群、多愁善感,由此可推断小军的气质类型是抑郁质。

15. A 【解析】本题考查埃里克森的人格发展阶段理论。美国精神分析学家埃里克森认为,人格发展必须经历以下八个顺序不变的阶段:(1)基本的信任感对基本的不信任感(0~1.5岁);(2)自主感对羞耻感(2~3岁);(3)主动感对内疚感(4~5岁);(4)勤奋感对自卑感(6~11岁);(5)自我同一性对角色混乱(12~18岁);(6)亲密感对孤独感(成年早期);(7)繁殖感对停滞感(成年中期);(8)自我整合对绝望感(成年晚期)。

其中,自我同一性对角色混乱阶段的发展任务是培养自我同一性。自我同一性是指个体组织自己的动机、能力、信仰及活动经验而形成的有关自我的一致性形象。自我同一性的形成要求谨慎地选择和决策,尤其体现在职业定向、性别角色分化等方面。角色混乱指个体不能正确选择适应社会环境的生活角色。这类青年无法"发现自己",不能回答"我是谁"的问题,也不知道自己究竟是什么样的人,想要成为什么样的人。题干中,刘文经常思考"自己是谁,将来要成为怎样的人"的问题,并且在兴趣爱好、职业选择等方面常出现冲突,说明他此时正处于自我同一性对角色混乱阶段。故本题答案选A。

16. B 【解析】本题考查教师的教学能力。一般认为,教师的教学能力可以分成教学认知能力、教学操作能力和教学监控能力。

A项,教学认知能力是指教师对所教学科的定理、法则和概念等的概括化程度,以及对所教学生的心理特点和自己所使用的教学策略的理解程度。它包括四个方面:(1)概念,指揭示出概念的本质特征。(2)类同,指概括出两者的共同特征。(3)运算,指关系转化和推理。(4)理解,指对学生的动机水平、年龄特点、个体差异以及教学策略的理解。

B项,教学操作能力是指教师在教学中使用策略的水平,其水平高低主要看他们是如何引导学生掌握知识、积极思考、运用多种策略解决问题的,它是教师课堂教学能力的集中体现。它主要包括以下几个方面的教学策略:(1)制定教学目标的策略。(2)编制教学计划的策略。(3)教学方法的选择及运用。(4)教学材料和教学技术的选择设计。(5)课堂管理策略。(6)对学习和教学进行测试和评价的策略。依据题干所述,韩老师在教学中能很好地确定课堂教学目标、设计教学方案、选择恰当的教学方法和教学手段,这表明韩老师的教学操作能力较高,本题选B。

C项,教学监控能力是指教师为了保证教学达到预期目的而在教学的全过程中,将教学活动本身作为意识对象,不断对其进行积极主动的计划、检查、评价、反馈、控制和调节的能力。这种能力主要可分为三个方面:(1)教师对自己的教学活动的事先计划和安排。(2)对自己实际教学活动进行有意识地监察、评价和反馈。(3)对自己的教学活动进行调节、校正和有意识的自我控制。

D项，教学反思能力是教师以自己和自己的教育教学活动为思考对象，对自己的决策、行为、方法以及由此产生的结果进行审视、分析、调整的能力。

17. B 【解析】本题考查成就动机理论。阿特金森把个体的成就动机分为两类：力求成功的动机和避免失败的动机。力求成功者的目的是获取成就，即通过各种活动努力提高自尊心和获得心理上的满足，成功概率为50%的任务是他们最有可能选择的。避免失败者倾向于选择非常容易或非常困难的任务，如果成功概率大约是50%时，他们会回避这项任务，以防止自尊心受损和产生心理烦恼。题干中，杨莉做事情以目标为导向，并力求成功。因此，她最有可能选择成功概率大约为50%的任务。A、C、D三项排除，本题答案选B项。

18. C 【解析】本题考查态度与品德的形成过程。态度与品德的形成是一个从外到内的转化过程，大致经历依从、认同和内化三个阶段。故B项为干扰项，排除。

A项，依从阶段，即表面上接受规范，按照规范的要求来行动，但对规范的必要性或根据缺乏认识，甚至有抵触情绪。它是规范内化的初级阶段，是态度与品德建立的开端。题干中，张华并未表现出抗拒、抵触情绪，而是选择主动接受，选项与题干描述不符，排除。

C项，认同阶段，认同比依从深了一层，是学习者在思想、情感、态度和行为上主动接受规范，从而试图与之保持一致。题干中，张华在思想、情感、态度和行为上主动接受他人的影响，试图与他人保持一致，故张华处于态度与品德形成过程的认同阶段，本题选C。

D项，内化阶段，是指在思想观点上与社会规范及其价值保持一致，将自己所认同的思想和自己原有的观点、信念融为一体，构成一个完整的价值体系。题干中，张华虽主动接受他人影响，但此时还未形成完整的价值体系，选项与题干描述不符，排除。

19. D 【解析】本题考查成败归因理论。归因是人们对自己或他人活动及其结果的原因所做的解释和评价。美国心理学家韦纳把人经历过事情的成败归结为六种原因：能力、努力程度、工作难度、运气、身心状况、外界环境；又把上述六项因素按各自的性质，分别归入三个维度：内部归因和外部归因、稳定性归因和非稳定性归因、可控制归因和不可控制归因。

A项，属于内部、不稳定、可控归因的是努力程度，排除。

B项，属于内部、不稳定、不可控归因的是身心状况，排除。

C项，韦纳的成败归因理论中不存在内部、稳定、可控的归因，排除。

D项，属于内部、稳定、不可控归因的是能力，故答案选D项。

方法技巧：为方便考生记忆，编者将成败归因理论中六种归因方式总结成口诀供考生参考。浑身力气不稳，内在两力与身心，只有努力是可控。

浑：环境。身：身心。力：努力。气：运气。两力：能力和努力。

20. D 【解析】本题考查教师成长阶段论。福勒和布朗根据教师的需要和不同时期所关注的焦点问题不同，把教师的成长划分为关注生存、关注情境和关注学生三个阶段。故C项为干扰项，排除。

A项，处于关注生存阶段的一般是新教师，他们非常关注自己的生存适应性，最担心的问题是"学生喜欢我吗""同事们如何看我""领导是否觉得我干得不错"等。处于这一阶段的大多数是新教师，不符合题干中描述的"成熟阶段"，排除。

B项，处于关注情境阶段的教师关心的是如何教好每一堂课的内容，以及班级大小、时间压力和备课材料是否充分等与教学情境有关的问题。不符合题干，排除。

D项，处于关注学生阶段的教师将考虑学生的个别差异，认识到不同发展水平的学生有不同的需要，根据学生的差异采取适当的教学，促进学生发展。能否自觉关注学生是衡量一个教师是否成熟的重要标志之一。故答案选D。

21. D 【解析】本题考查学校心理辅导的原则。学校要做好心理辅导工作，必须遵循的原则主要有：(1)面向全体学生原则；(2)发展性原则；(3)尊重与理解学生原则；(4)尊重学生主体性原则；(5)因材施辅原则；(6)整体性发展原则。

A项，理解性原则，是指教师以平等态度，按学生的所作所为、思考、感受的本来面目去了解学生，即教师站在学生的角度看问题，达到"感同身受"的理解。

B项，整体性原则，是指在心理辅导中，必须树立系统观、整体观，考察学生成长的各种相关因素，分析学生成长中出现的各类问题，充分考虑学生人格的整体性发展。

C项，主体性原则，要求教师在心理辅导中以学生为主体，充分发挥学生作为辅导活动主体的作用。启发学生认识到自己不仅是接受知识的主体，更是心理发展的主体，让学生充分懂得提高心理素质，挖掘心理潜能、完善人格是自己的重要任务。

D项，发展性原则，是指学校心理辅导的对象主要是处在身心迅速成长中的正常青少年，教师必须用发展的、变化的眼光来看待学生，要相信学生具有成长和发展的潜力，对学生的未来持乐观的态度，对学生身上出现的各种心理问题不必大惊小怪，更不必打上"变态、有病"的标签来怨天尤人。

题干中，学校心理辅导老师对学生的未来持有乐观态度，不给学生贴标签，说明老师遵循了心理辅导的发展性原则。故本题选D项。

二、辨析题(参考答案)

22. 普通中学的任务是为高一级学校输送合格的新生。

(1)这种说法是错误的。(2)根据我国教育目的的要求，普通中学肩负"双重"任务:一方面要为国家培养合格的劳动后备力量,以满足和适应社会主义建设的需要;另一方面要为高一级学校输送合格的新生,以满足国家对高级人才的需求。这两项任务都是社会主义现代化建设所需要的,没有先后主次之分,都同样重要。故题干说法是对普通中学任务的片面理解。

(共8分。判断4分,判断"说法正确"本题不得分;答出普通中学的双重任务且阐述准确、完整3分,答出两项任务同等重要1分)

23. 德育过程具有多开端性。

(1)这种说法是正确的。(2)德育过程是具有多种开端的对学生知、情、意、行的培养提高过程。学生的思想品德由知、情、意、行四个心理因素构成。其中,知是基础,行是关键。德育过程一般以知为开端,以行为终结。但由于社会生活的复杂性、德育影响的多样性等因素,在德育具体实施过程中,又具有多种开端。德育过程既可以从提高道德认识开始,即"晓之以理";也可以从陶冶情感开始,即"动之以情";有时还可以从磨炼意志和训练行为开始,即"持之以恒""导之以行"。道德教育的开端可不拘于一格,需要具体问题具体分析,根据学生品德发展的具体情况选择适当的开端,最后达到使学生在知、情、意、行几方面和谐发展的目的。

(共8分。判断4分,判断"说法错误"本题不得分;具体阐述德育过程的几个开端3分,答出德育过程的开端不拘一格、按具体情况灵活选择1分)

24. 定势对知识迁移起促进作用。

(1)这种说法是错误的。(2)定势(即心向)是指重复先前的操作所引起的一种心理准备状态,它将支配人以同样的方式去对待同类后继活动。定势对于知识迁移的影响既可以是积极的,也可能是消极的。在定势作用与人们解决问题的思路一致时,会对问题的解决产生促进作用,反之会产生干扰作用。因此,题干的说法是错误的。

(共8分。判断4分,判断"说法正确"本题不得分;理由4分,答出定势的概念1分,答出定势的积极、消极影响2分,具体解释原因1分)

25. 教师职业倦怠即教师的工作热情丧失。

(1)这种说法是错误的。(2)职业倦怠是指教师在长期的职业压力下,缺乏应对资源和应对能力而产生的身心耗竭状态。玛勒斯等人认为职业倦怠主要表现在三个方面:①情绪耗竭,指个体情绪情感处于极度的疲劳状态,工作热情完全丧失。②去人性化,即刻意在自身和工作对象间保持距离,对工作对象和环境采取冷漠和忽视的态度。③个人成就感低,表现为消极地评价自己,贬低工作的意义和价值。工作热情丧失只是教师职业倦怠的表现之一,题干说法窄化了教师职业倦怠,是错误的。

（共8分。判断4分，判断“说法正确”本题不得分；理由4分，答出职业倦怠的概念1分，答出职业倦怠的三个主要表现3分）

三、简答题（参考答案）

26. 简述综合实践活动的特点。

(1)综合性。综合实践活动具有超越严格地分门别类的学科界限，着眼于学生的整体发展的综合性特点，这是综合实践活动的基本特性。

(2)实践性。综合实践活动以学生的现实生活和社会实践为基础开发与利用课程资源，而非在学科知识的逻辑序列中构建课程和实施课程。

(3)开放性。综合实践活动面向每个学生的个性发展，尊重每个学生发展的特殊需要，其课程目标、课程内容、活动方式都具有开放性。

(4)生成性。综合实践活动的实施过程时刻都体现着生成性的特征。从活动的主题、活动的过程、活动方式，特别是学生的收获都具有强烈的生成性。

(5)自主性。综合实践活动充分尊重学生的兴趣、爱好，为学生自主性的充分发挥开辟了广阔的空间。综合实践活动的主题、活动方式、活动过程，都是学生在教师的指导下，从他们的现实生活情境中自主确定和设计的，具有鲜明的自主性。

（共10分。完整答出综合实践活动的五个特点得满分；每答出一点2分）

27. 简述运用读书指导法的基本要求。

(1)教师要提出明确的目的、要求和思考题；(2)教给学生读书的方法；(3)善于在读书中发现问题和解决问题；(4)适当组织学生交流读书心得。

（共10分。答案准确、内容完整得满分；答出“提出明确目的”“读书方法”“发现并解决问题”“交流读书心得”等关键词可酌情给6～8分）

28. 简述布鲁纳认知结构学习理论的主要观点。

布鲁纳认知结构学习理论的主要观点如下：

(1)学习观。①学习的实质是主动形成认知结构。②学习包括获得、转化和评价三个过程。

(2)教学观。①教学的目标在于理解学科的基本结构。所谓学科的基本结构，是指学科的基本概念、基本原理及其基本态度和方法。②掌握学科的基本结构的教学原则有：动机原则、结构原则、程序原则、强化原则。

(3)提倡发现学习法。发现学习是指给学生提供有关的学习材料，让学生自己通过探索、操作和思考，自行发现知识、理解概念和原理的教学方法。

（共10分。答案准确、内容完整得满分；答出“形成认知结构”“获得、转化和评价”“学科的基本结构”“四个教学原则”“发现学习法”等关键词可酌情给6～8分）

29. 简述学习策略中资源管理策略的主要构成。

(1)时间管理策略。在时间管理上,应做到:①统筹安排学习时间;②高效利用最佳时间;③灵活利用零碎时间。

(2)环境管理策略:①注意调节自然条件;②设计好学习的空间。

(3)努力管理策略。包括:①激发内在的动机;②树立正确的学习信念;③选择有挑战性的任务;④调节成败的标准;⑤正确归因;⑥自我奖励等。

(4)学业求助策略。包括:①学习工具的利用;②社会性人力资源的利用。

(共10分。答案准确、内容完整得满分;从"时间管理策略""环境管理策略""努力管理策略""学业求助策略"四方面作答并简要阐述可酌情给7~9分)

四、材料分析题(参考答案)

30. (1)该老师的做法主要贯彻了依靠积极因素,克服消极因素的德育原则(长善救失原则)。

(2)依靠积极因素、克服消极因素的原则(长善救失原则),是指在德育工作中,教育者要善于依靠、发扬学生自身的积极因素,调动学生自我教育的积极性,克服消极因素,以达到长善救失的目的。贯彻这一原则的要求有:

①教育者要用一分为二的观点,全面分析,客观地评价学生的优点和不足。材料中的老师在知道学生"语言粗俗、张扬"地发表对班级的意见时,并没有直接将学生痛批一顿,而是仔细阅读帖子,了解到学生发帖的本意是出于对班集体的关心。该老师能一分为二地看待整个事件,既看到了学生的不足,又能发现学生对班级事务的热心参与,这体现了长善救失的德育原则。

②教育者要有意识地创造条件,将学生思想中的消极因素转化为积极因素。材料中的老师没有放任学生在贴吧中不文明用语的行为,而是及时地利用班会,让学生清晰认识到自己的错误,并且通过设置"说吧"来建立温馨、和谐的班集体。这一做法既纠正了学生之前错误的发言方式,又为学生提供了献言献策的平台,实现了学生思想中消极因素到积极因素的转化,是长善救失德育原则的生动运用。

③教育者要提高学生自我认识、自我评价的能力,启发他们自觉思考,克服缺点,发扬优点。材料中的老师通过班会,明确指出学生的相关行为与优秀班级的形象不相符合,让学生意识到自身的错误,同时设立"说吧"引导学生进行自我教育。这一系列做法,既能帮助学生提高自我认识的能力,又能引导学生积极地参与班级的管理,克服缺点,发扬优点,这是长善救失德育原则的体现。

(从尊重信任学生与严格要求学生相结合角度作答,贴合材料,言之有理亦可)

（共18分。答案完整得满分。正确答出材料体现的德育原则5分。答出该德育原则的概念1分。从三条贯彻要求作答，每条4分，其中理论2分，结合材料阐述2分）

31.（1）影响学生性格形成的主要因素有生理因素、家庭、学校、社会文化、社会实践活动、自我教育。材料中，林强父母的专制型教养方式是造成林强做事怕出错、犹豫不决的最主要原因，因此，影响林强性格形成的最主要因素是家庭。

家庭在儿童的性格形成中起着奠基的作用。父母对儿童的影响，主要表现在父母对儿童的教养态度上。不同的教养态度会使儿童形成不同的性格特征。鲍姆宁曾根据控制、成熟的要求、父母与儿童的交往、父母的教养水平等四个指标，将父母的教养行为分成专制型、放纵型和民主型三种教养方式。其中，专制型的父母对孩子过于支配，孩子的一切都由父母来控制。在专制型教养方式下成长的孩子容易消极、被动、懦弱、依赖和服从，做事缺乏主动性，甚至会形成不诚实的性格特征。材料中，林强的父母对他严加管教，制定了一系列不容改变的严格规定，不允许他出现任何差错，这种专制型的教养方式促使林强形成了谨小慎微、犹豫不决的性格。

（共9分。答案准确、内容完整得满分；答出影响性格形成的几个因素得1分，有“林强性格形成主要受家庭因素影响”的相关表述得2分，具体阐述专制型教养方式的父母表现、孩子表现得4分，结合材料具体分析得2分）

（2）如果我是老师，我会从以下几个方面来培养林强的性格：

①加强人生观、世界观和价值观教育，帮助林强正确认识自我，建立自信。

②及时强化林强的积极行为。我会在林强每次提出问题或者完成任务时给予及时的肯定和表扬，鼓励林强勇于表达，以强化他的积极行为。

③充分利用榜样人物的示范作用。我会引导林强以身边表现优异的同学为榜样，引导他向身边人学习。

④利用集体的教育力量。我会开展主题班会，组织班集体活动，让林强利用团队的力量增长能力、完善性格，克服自身的不足。

⑤提供实际锻炼的机会。我会举办辩论大赛、社团活动等，鼓励林强参与进来，为其提供实践机会，锻炼胆量，增强自信。

⑥及时进行个别指导。我会在林强遇到困难时给予耐心的个别指导，私下沟通了解林强内心的真实想法，鼓励林强主动面对，并且积极去寻找解决方法。

⑦提高林强的自我教育能力。我会培养林强良好的学习习惯，在遇到选择时，引导林强独立做出决定，大胆尝试。

⑧我会与林强的家长沟通，建议他们采用民主型的教养方式，做好家校沟通与合作，共同培养林强独立自主、善于交往、自信果断的性格。

（共9分。答案准确、内容完整得满分；从加强三观教育、强化积极行为、榜样人物示范、利用集体力量、提供锻炼机会、提高自我教育能力、给予个别指导、家校沟通与合作等方面作答，答出至少三条，言之有理、贴合材料，可酌情给6～8分）

2023年上半年中小学教师资格考试真题试卷（二）

一、单项选择题

1. D 【解析】本题考查陶行知的教育思想。陶行知提出了生活教育理论。他主张"生活即教育"，应以人类的生活作为教育内容，在生活实践中接受教育；"社会即学校"，要"把学校里的一切延伸到大自然界中去"；"教学做合一"，强调学做结合。在陶行知的生活教育理论中，"生活即教育"是生活教育的本质论及核心，"社会即学校"是生活教育的范围论，"教学做合一"是生活教育的方法论。故本题选D。

A项，蔡元培是我国近代著名的民主革命家和教育家，他提出了"五育并举"的教育方针和教育独立思想，推崇"尚自然、展个性"的儿童教育思想，并对北京大学进行了全面的教育改革。

B项，黄炎培是我国职业教育的先驱，提倡"大职业教育主义"，其主要思想有：(1)认为职业教育的目的是"使无业者有业，有业者乐业"；(2)倡导手脑并用的职业教育教学原则；(3)提倡敬业乐群的职业道德教育基本规范；(4)认为职业教育的要旨是"为个人谋生之准备""为个人服务社会之准备""为世界、国家增进生产力之准备"。

C项，杨贤江是我国第一位系统传播马克思主义教育理论的教育理论家，他以李浩吾为化名于1930年出版的《新教育大纲》是我国第一部马克思主义的教育学著作。

2. C 【解析】本题考查教育的社会属性。永恒性是指教育与人类社会共始终，只要人类社会存在，教育就存在。教育是新生一代的成长与进步和人类社会的延续与发展所不可缺少的手段，为一切人、一切社会所必需。只要有人类社会，有知识经验的传递，有培养下一代的任务，就有教育。从这个意义上说，教育是人类社会的永恒范畴，与人类社会共始终。故本题选C。

A项，历史性是指在人类社会的不同时期，由于生产力发展水平不同，生产关系和政治制度不同，教育也就具有不同的性质、特点、内容和形式。

B项，阶级性主要指把受教育者培养为哪一个阶级的接班人，即教育为谁服务的问题。

D项，教育具有相对独立性是指教育在一定范围内、一定程度上具有独立于政治与经济等其他社会现象的性质。

3. B 【解析】本题考查教育起源论。生物起源说的代表人物是法国的利托尔诺、英国的沛西·能，该学说认为教育是一种生物现象，教育起源于动物界中各类动物的生存本能活动，其缺点是没有把握人类教育的目的性和社会性，把教育的起源问题生物学化。心理起源说的代表人物是美国的孟禄，该学说认为教育起源于日常生活中儿童对成人无意识的模仿。心理起源说把人类有意识的教育行为混同于无意识模仿，否定了教育活动的目的性和意识性，同样导致了教育的生物学化，否认了教育的社会属性。因此，生物起源论和心理起源论都忽视或否认了教育的社会属性，故本题选B。

A项属于心理起源说的观点，孟禄认为教育过程的基础是儿童对成人的一种出于本能的模仿，模仿是教育的手段和本质。

C项，生物起源说肯定动物界存在教育，而心理起源说则将教育从动物界拉回到人类社会，否认动物界存在教育。故C项属于两者的不同点之一。

D项说法错误，生物起源说和心理起源说都忽视或否认了教育的目的性，并未强调教育的目的性。

4. A 【解析】本题考查生产力对教育的影响和制约。生产力对教育的影响和制约的表现之一是，生产力的发展水平制约着教育发展的规模和速度。教育的发展深受生产力发展的制约，生产力的发展既为教育的发展提供物质条件，也要求教育通过相应的发展，为生产培养所需之才。在学校教育发展的过程中，个人或者社会团体的兴教热忱，国家政府对教育的提倡与推行，均对学校的发展有明显的推动作用。但必须看到，教育事业发展的规模和速度归根结底是被生产力发展的水平决定的。故本题答案选A。B、C、D三项不符合题意，故排除。

5. D 【解析】本题考查影响个体身心发展的主要因素。总体来看，影响个体身心发展的因素主要有遗传、环境、教育(学校教育)和个体主观能动性等。其中，在环境的影响下，个体发展着身心，获得一定的生活经验、知识和语言能力，形成各种思想意识和行为习惯。题干引文的意思是：蓬草长在麻地里，不用扶持也能挺立住，白沙混进了黑土里，也会随之变黑……所以君子居住要选择好的环境，交友要选择有道德的人，才能够防微杜渐、保其中庸正直。这段话强调了环境对人的潜移默化的作用。故本题选D。A、B、C三项不符合题意，故排除。

6. A 【解析】本题考查教育的基本要素。教育的基本要素包括教育者、受教育者和教育中介(教育影响)。其中，教育中介是教育者与受教育者进行教育活动时所依赖的一切事物的总和，包括教育内容、教育方法与组织形式和教育手段等。在教育的三个基本要素中，教育者是主导性的因素，没有教育者，教育活动就不可能展开，受教育者也不可能得到有效的指导；没有受教育者，教育活动就失去了对象，无的放矢；没有教育中介，教育活动就无法实现。故教育是教育者、受教育者、教育中介三个基本要素的有机结合，本题选A。B、C、D三项不符合题意，故排除。

7. D 【解析】本题考查基础教育课程改革的内容。基础教育课程改革对课程结构进行了调整，具体包括：(1)整体设置九年一贯的义务教育课程；(2)高中以分科课程为主；(3)从小学至高中设置综合实践活动并作为必修课程；(4)农村中学课程要为当地社会经济发展服务。故本题选D。A、B、C三项不符合题意，故排除。

8. C 【解析】本题考查布鲁纳的教育思想。布鲁纳是美国著名的认知教育心理学家，他提出了结构主义教学理论，重视学科的基本结构，强调学科的基本结构要与儿童认知结构相适应，重视学生能力培养，提倡发现学习。故本题选C。

A项，苏联著名教育家凯洛夫主编的《教育学》总结了苏联二十世纪二三十年代教育的经验，论述了全面发展的教育目的，并极其重视智育即教养的地位和作用，提出了一套比较严格和严密的教学理论。该书被公认为世界上第一部马克思主义的教育学著作，并对新中国成立后乃至现在的教育都产生了很大的影响。

B项，苏联教育家赞可夫著有《教学与发展》，他提出了发展性教学理论的五条教学原则，即高难度、高速度、理论知识起主导作用、理解学习过程、使所有学生包括“差生”都得到一般发展的原则。

D项，美国人本主义心理学家罗杰斯提出了非指导性教学法。

9. A 【解析】本题考查备课的要求。教师备课要做好三方面的工作，即钻研教材、了解学生、考虑教法，也就是备教材、备学生、备教法。故本题选A。B、C、D三项不符合题意，故排除。

10. C 【解析】本题考查教学组织形式。特朗普制由美国教育家劳伊德·特朗普在20世纪50年代创立。它把大班上课、小组讨论(小班研究)、个人自学(个别教学)结合在一起，以灵活的时间单位代替固定统一的上课时间，以大约20分钟为计算课时的单位。这种教学组织形式兼容了班级授课、分组教学与个别教学的优点。故本题选C。

A项，分组教学是指在按年龄编班或取消按年龄编班的基础上，根据学生的能力、成绩分组进行编班的教学组织形式。分组教学的类型有外部分组和内部分组、能力分组和作业分组等。

B项，复式教学是指把两个或两个以上年级的学生合编在一个班级，采用直接教学和布置、完成作业轮流交替的方式,在同一节课内由一位教师对不同年级学生进行教学的组织形式。

D项,道尔顿制是由美国教育家柏克赫斯特创建的一种新的教学组织形式。运用这种方法时,教师不再讲授,只为学生指定自学参考书、布置作业,由学生自学和独立完成作业后,向教师汇报学习情况和接受考查。

11. C 【解析】本题考查德育方法。榜样示范法是用榜样人物的优秀品德来影响学生的思想、情感和行为的德育方法。题干中,李老师每天早上都把教室打扫干净,说明李老师希望从自身做起,给学生做榜样,引导学生向自己学习,体现了榜样示范法。故本题选C。

A项,品德评价法是通过对学生品德进行肯定或否定的评价而予以激励或抑制,促使其品德健康形成和发展的德育方法。

B项,自我修养法(个人修养法)是在教师引导下,学生经过自觉学习、反思和自我改进,使自身品德不断完善的一种方法。

D项,说服教育法又叫说理教育法,是通过语言说理,使学生明晓道理、分清是非、提高品德认识的德育方法。

12. C 【解析】本题考查记忆的分类。根据信息保持时间的长短,记忆可分为感觉记忆、短时记忆和长时记忆。

(1)瞬时记忆也叫感觉记忆、感觉登记,是指外界刺激以极短的时间呈现一次后,信息在感觉通道内迅速被登记并保留瞬间的记忆。

(2)短时记忆也叫工作记忆,是指对信息的保存时间在一分钟以内的记忆。

(3)长时记忆是指信息保持时间在1分钟以上,直至保持终身的记忆。

题干中,苏菲在拨打电话的过程中短暂记住了电话号码,通话结束后就忘记了,故苏菲对电话号码的记忆属于短时记忆。故本题选C。

根据记忆时意识参与的程度,可将记忆分为外显记忆和内隐记忆。内隐记忆是指在不需要意识参与或不需要有意回忆的情况下,个体的已有经验自动对当前任务产生影响而表现出来的记忆。A项排除。

13. B 【解析】本题考查注意的分类。根据注意过程中有无预定目的和是否需要意志努力的参与,注意可以分为无意注意、有意注意和有意后注意三种。

(1)无意注意也称不随意注意,是没有预定目的、无需意志努力、不由自主地对一定事物所发生的注意。无意注意是一种消极被动的注意,是注意的初级形式。

(2)有意注意也称随意注意,是有预先目的、必要时需要意志努力、主动地对一定事物所发生的注意。

(3)有意后注意也叫随意后注意，是指有预定目的，但不需要意志努力的注意。

题干中学生的注意被突然出现的敲门声(外部刺激)吸引，此时的注意没有预定目的且不需要意志努力属于无意注意。故本题选B。

14. A 【解析】本题考查自我效能感。A项，自我效能感由班杜拉首次提出，是指人对自己能否成功从事某一成就行为的主观判断。题干中曹虹确信自己能出色地完成各科作业，是对自己能否完成作业的主观判断。故本题选A。

B项为干扰选项，排除。

C项，自我监控即对自己的意志控制，如自我检查、自我监督、自我调节、自我追求等。

D项，自我强化是指对自己表现出的符合或超出标准的行为进行自我奖励。

C、D两项排除。

15. B 【解析】本题考查意志的品质。意志具有四种品质：

(1)自觉性，指一个人清晰地意识到自己行动的目的和意义，并且能够主动地支配自己的行动，使之符合既定目的的意志品质。

(2)果断性，指一种善于辨明是非、抓住时机、迅速而合理地采取决定并执行决定的意志品质。

(3)自制性，指一个人善于控制和支配自己的情绪，约束自己言行的品质。

(4)坚韧性(坚持性)，指一个人在行动中坚持决定，百折不挠地克服重重困难去达到行动目的的品质。

题干中杨亮总是半途而废，即不能长时间坚持学习计划，说明其缺乏意志的坚韧性。故本题选B。

16. A 【解析】本题考查学生心理发展的特点。青年学生的心理发展有以下几个基本特点：(1)不平衡性；(2)动荡性；(3)自主性；(4)前瞻性；(5)进取性；(6)闭锁性；(7)社会性。

A项，动荡性是指处于青春期的学生的心理品质、个性倾向均不稳定，对事物的认知、情感、意志水平都表现出一种起伏多变的动荡状态。中学时期是自我意识迅猛增长的时期，心理特点突出表现是成人感与幼稚感并存。故本题选择A。

B项，自主性是指随着身体的迅速发育，自我意识的明显加强，独立思考和处理事情能力的发展，学生在心理和行为上表现出强烈的自主性，迫切希望从父母的束缚中解放出来，开始积极尝试脱离父母的保护和管理。与题干表述不符，排除。

C项，前瞻性是指学生对发展与未来充满了憧憬和向往，发展与未来是其最向往也是最广阔的领域。与题干表述不符，排除。

D项，失衡性也叫不平衡性，指学生的生理与心理、心理与社会关系的发展并不是完全同步的，具有较大的不平衡性。与题干表述不符，排除。

17. B 【解析】本题考查心理问题的类型。一般性适应不良是一类面对情境因素的变化时，由于不能及时调整自己的方法、心态或行为规范而导致的相当长一段时间内的心理不适应的问题。中学生常见的情境变化有教师的更换、转学、升学以及家庭方面的变化等。题干中白雪由于初中离家住校出现了不明原因的哭泣、无力、心疼与食欲不振，属于适应不良，本题选B。

A项，学习问题是学生最主要的心理问题之一，具体有学习习惯和方法不良，学习动力缺失，学业压力和考试焦虑，学业不适应现象，由亲子、师生、同学间关系引发的学习问题等。A项排除。

C项，气质是表现在心理活动的强度、速度、灵活性与指向性等方面的一种稳定的心理特征，即我们平时所说的脾气、秉性。气质问题与教育工作密切相关。教师在教育教学中要根据学生气质类型的特点，采取切合实际的教育措施。C项排除。

D项，认知问题表现在感知、记忆、思维、语言及想象等方面。D选项与题干不符，排除。

18. C 【解析】本题考查挫折的应对方式。退行是指一个人遇到困难的时候放弃已学到的比较成熟的应对技巧和方式，而使用原先比较幼稚的方式去应付困难和满足自己的欲望。题干中初中生海博考试不及格后，以小孩子的哭哭啼啼的方式应对失败，体现的是退行。故本题选C。

A项，否定（否认）是指对已发生的令人痛苦的事实加以“否定”，认为它根本没有发生过，以减轻或逃避心理上的痛苦。

B项，压抑指把一些不能忍受或会引起内心痛苦的念头、感情或行为尽量抑制下去，不去想它，以保持心境的安宁。

D项，补偿指个人所追求的目标、理想受到挫折，或由于本身的某种缺陷而达不到既定目标时，用另一个目标来代替或通过另一种活动来弥补，从而减轻心理上的不适感。

19. A 【解析】本题考查态度与品德的形成过程。态度与品德的形成大致经历三个阶段：

(1)依从阶段。依从即表面上接受规范，按照规范的要求来行动，但对规范的必要性或根据缺乏认识，甚至有抵触情绪。依从包括从众与服从。

(2)认同阶段。认同是学习者在思想、情感、态度和行为上主动接受规范，从而试图与之保持一致。

(3)内化阶段。内化是指在思想观点上与社会规范及其价值保持一致,将自己所认同的思想和自己原有的观点、信念融为一体,构成一个完整的价值体系。

题干中,张铭因喜欢王老师而愿意接受王老师的教导,主动在观点、行动上与王老师的要求保持一致,表明张铭的品德发展处于认同阶段。故本题选A。

20. C 【解析】本题考查教师的领导方式。强硬专断型的教师对学生严加监视,要求即刻无条件接受一切命令,很少表扬学生;认为没有教师的监督,学生不可能自觉学习。题干中张老师要求学生必须服从,表明其班级管理风格属于专断型。故本题答案选C。

A项为干扰选项,排除。

B项,民主型的教师以民主的方式教学,重视集体的作用,与学生共同计划,共同讨论,帮助学生设立目标,指引学生对照着目标进行学习。

D项,放任型的教师采取放任的方式,不负任何实际责任,给予学生充分的自由,允许他们学习自己所喜好的东西。教师不控制学生的行为,也不指示学习的方式,一切活动由学生自己进行。

21. D 【解析】本题考查课堂纪律的分类。根据形成途径,课堂纪律一般分为以下四类。

(1)教师促成的纪律,即在教师的指导帮助下形成的班级行为规范。

(2)集体促成的纪律,即在集体舆论和集体压力的作用下形成的群体行为规范。

(3)任务促成的纪律,即某一具体任务对学生行为提出的具体要求。

(4)自我促成的纪律,简单说就是自律,即在个体自觉努力下由外部纪律内化而成的个体内部约束力。

题干中,学生能自觉、主动地以班级和个人行为准则约束自己的行为,符合自我促成纪律的概念。故本题答案选D。

二、辨析题(参考答案)

22. 教育发展具有历史继承性。

(1)这种说法是正确的。(2)每个时代的教育,都与以往教育有传承接续关系。继承历史经验,是丰富繁荣本时代教育不可缺少的源泉之一。教育的继承性既表现在一部分教育内容方面,如自然科学知识、语言文字知识等成为各个历史时期教育的共同内容;又表现在符合儿童和青少年认识规律的教学原则、教学方法、教学组织形式等具有继承性方面。这就是教育的历史继承性。故题干所述正确。

(共8分。判断4分,判断“说法错误”本题不得分;理由4分,准确、合理阐述教育的历史继承性的具体表现4分)

23. 德育过程就是学生品德发展过程。

(1)这种说法是错误的。(2)德育过程与思想品德形成过程是教育与发展的关系。两者的区别如下:①从活动方式来看,德育过程主要是教育者与受教育者双边活动的过程,而品德形成过程是学生个体品德自我发展的过程;②从影响因素看,德育过程中学生主要接受有目的、有计划、有组织的教育影响,而品德形成过程中,学生受各种因素影响,有自觉的因素,也有自发的因素;③从形成的结果看,德育过程的结果是有意识地培养学生形成符合社会要求的思想品德,而品德形成过程的结果可能与社会要求相一致,也可能不一致。综上,德育过程与思想品德形成过程不能等同,故题干说法错误。

(共8分。判断4分,判断"说法正确"本题不得分;理由4分,答出两者是教育与发展的关系得1分,答出两者的三点不同,各得1分)

24. 动物与人的学习存在本质区别。

(1)这种说法是正确的。(2)人类的学习和动物的学习有相似之处,但在本质上是不同的。①从学习的功能与动力来说,动物的学习仅限于消极适应环境变化,以满足其生理需要,而人类的学习则是主动适应并改造自然和社会环境,以满足其生理的和社会的需要。②从学习的形式与内容来说,动物主要是以直接的方式来获取个体的经验,或者主要依靠其先天遗传的种族经验,在学习内容的质与量方面也不可与人类相提并论,而人类可以在社会实践活动中,在与他人交往的过程中以间接的方式获取经验,并能对事物及其关系加以概括、抽象。③从学习机制来看,动物的学习主要局限于第一信号系统,学习环节较为简单,而人类的学习主要是第一信号系统与第二信号系统的协同作用。

(共8分。判断4分,判断"说法错误"本题不得分;理由4分,总述人与动物的学习有本质区别得1分,从学习的功能与动力、学习的形式与内容、学习机制三个角度具体阐述各得1分)

25. 学校心理辅导只面向有心理问题的学生。

(1)这种说法是错误的。(2)学校心理辅导是指辅导教师根据学生生理、心理的发展特点,运用心理学的知识和技能,通过形式多样的辅导活动,帮助学生了解自己,认识环境,克服学习、生活与人际关系中的问题及情感困扰,增强其社会适应性,充分发挥个人潜能,促进学生身心全面、和谐发展。它具有以下三个特点:①学校心理辅导强调面向全体学生;②辅导以正常学生为主要对象,以发展辅导为主要内容;③心理辅导是一种专业活动,是专业知识和技能的运用。故题干说法错误。

（共8分。判断4分，判断“说法正确”本题不得分；理由4分，答出学校心理辅导的定义得1分，答出三个特点得3分）

三、简答题（参考答案）

26. 教育促进社会生产力发展表现在哪些方面？

教育促进社会生产力发展表现在以下方面：

（1）教育再生产劳动力。具体体现在：①教育使潜在的生产力转化为现实的生产力。②教育可以提高劳动力的质量和素质，使之获得一定劳动部门认可的技能和技巧，成为发达的和专门的劳动力。③教育可以改变劳动力的形态，把一个简单劳动力训练成一个复杂劳动力，把一个体力劳动者培养成一个脑力劳动者。④教育可以使劳动力得到全面发展，提高劳动转换能力，摆脱现代分工对每个人造成的片面性。

（2）教育再生产科学知识。具体表现在：①教育可以高效能地扩大科学知识的再生产，使原来为少数人所掌握的科学知识在较短的时间内为更多的人所掌握，从而提高劳动生产效率，促进生产力的发展。②教育也担负着发展科学、再生产科学的任务，这在高校表现得尤为明显。

（共10分。答出教育再生产劳动力得2分，答出具体表现的四点，各得1分；答出教育再生产科学知识得2分，答出具体表现的两点，各得1分）

27. 简述校本课程开发的基本特点。

（1）校本课程开发是主动而有计划的变革策略；（2）校本课程开发是民主开放的课程决策过程；（3）校本课程开发旨在尊重学校师生的独特性与差异性；（4）校本课程开发是教育制度内权力与资源重新配置的过程；（5）校本课程开发是课程理论与课程实践不断丰富和完善的过程；（6）校本课程开发是国家课程开发的重要补充。

（共10分。答出至少5点且阐述准确、合理得满分；答出“主动而有计划的变革策略”“民主开放的课程决策”“尊重学校师生的独特性与差异性”“教育制度内权力与资源重新配置”“课程理论与课程实践不断丰富和完善”“国家课程开发的重要补充”等关键词可酌情给6～8分）

28. 简述中学生发散思维的基本特征。

发散思维的特征包括以下三方面：（1）流畅性，指在限定时间内产生观念数量的多少。（2）灵活性（变通性），指摒弃以往的习惯思维方法而开创不同方向的能力。（3）独创性（独特性），指产生不同寻常的反应和不落常规的能力，以及重新定义或按新的方式对所见所闻加以组织的能力。

（共10分。答案完整得满分；答出“流畅性、灵活性、独创性”三个特征各得2分，答出三个特征的定义酌情给2～4分）

29. 简述良好性格的培养途径。

(1)加强人生观、世界观和价值观教育;(2)及时强化学生的积极行为;(3)充分利用榜样人物的示范作用;(4)利用集体的教育力量;(5)提供实际锻炼的机会;(6)及时进行个别指导;(7)提高学生的自我教育能力。

(共10分。答出至少五点,答案完整得满分;答出"加强人生观教育""强化学生积极行为""榜样示范""集体教育""实际锻炼""个别指导""自我教育"等关键词酌情给6~9分)

四、材料分析题(参考答案)

30. (1)刘老师的教学主要体现了启发性教学原则。①启发性教学原则指在教学活动中,教师要调动学生的主动性和积极性,引导他们通过独立思考、积极探索,生动活泼地学习,自觉地掌握科学知识,提高分析问题和解决问题的能力。②材料中,刘老师通过设置问题情境,调动学生的主动性和积极性,然后以提问的方式,引导学生一步一步去思考经纬线的概念和意义,最后,让学生进行讨论,从而理解经纬线的概念和意义。这一教学过程主要体现了启发性教学原则。

(共8分。答出主要体现了启发性教学原则得4分,答出启发性原则的含义得2分,结合材料进行分析和阐述得2分)

(2)贯彻启发性教学原则的基本要求:①加强学习的目的性教育,调动学生学习的主动性;②设置问题情境,启发学生独立思考,培养学生良好的思维方法和思维能力;③让学生动手,培养学生独立解决问题的能力,鼓励学生将知识创造性地运用于实际;④发扬教学民主,它包括:建立民主平等的师生关系和生生关系,创造民主和谐的教学气氛,鼓励学生发表不同见解,允许学生向教师质疑等。

(共10分。答案准确、内容完整得满分;答出"调动学生主动性""设置问题情境,启发独立思考""培养独立解决问题的能力""发扬教学民主"等关键词酌情给6~8分)

31. (1)①情境1中教师的做法体现了斯金纳操作性条件作用理论中的消退。消退是指条件反射形成以后,如果得不到强化,条件反应会逐渐减弱,直至消失的现象。消退是一种无强化的过程,其作用在于通过这种强化的取消来降低某种反应在将来发生的概率,以达到消除某种行为的目的。情境1中,林强上课捣乱可能是为了引起他人关注,那么同学的责怪和老师的批评对于林强来说是一种愉快刺激,因此强化了他上课捣乱的行为。后来,老师和同学都不理他,取消强化使其捣乱行为逐渐减少,运用的是消退原理。

②情境2中教师的做法体现了斯金纳操作性条件作用理论中的惩罚。惩罚是指当有机体做出某种反应以后,得到一个厌恶刺激或失去一个愉快刺激,以消除或抑制

此反应的过程。依据刺激是呈现还是移除,惩罚可以分为呈现性惩罚和移除性惩罚。移除性惩罚是指在行为后移去满意刺激,以减少行为的发生。情境2中,老师宣布取消杰明去春游的活动资格,即撤销愉快刺激,以减少杰明上课不遵守纪律、干扰他人学习的不良行为。这是对移除性惩罚的运用。

③情境3中教师的做法体现了斯金纳操作性条件作用理论中的正强化。强化是采用适当的强化物而使机体反应频率、强度和速度增加的过程。强化有正强化、负强化之分。正强化也称积极强化,是通过呈现想要的愉快刺激来增强反应频率。情境3中,只要兴华不在课上讲闲话,老师就及时给予表扬以增加兴华做出良好行为的反应频率,运用的是正强化。

(共12分。答出"消退""惩罚""正强化"三点,每点4分,其中概念阐述2分,结合材料具体分析2分)

(2)培养学生良好的行为,需要正确运用操作性条件作用理论。

①消退是减少不良行为、消除坏习惯的有效方法。教师在教育教学中,应当深入分析学生产生不良行为的原因,合理运用消退,消除学生的不良行为。情境1中,一开始,同学的责怪和老师的批评使林强的捣乱行为更加频繁,这是因为林强捣乱是为了获得他人关注,所以老师和同学的批评、责怪对他而言是一种强化。后来,老师和同学对林强的捣乱行为不予理睬,恰当地运用了消退法,最终使林强的不良行为逐渐减少了。

②惩罚是抑制不良行为出现的有效方法,但惩罚的运用要慎重。教师在实施惩罚时必须明确惩罚的是不良行为,在惩罚方式上多用剥夺式惩罚,少用乃至不用施予式惩罚。情境2中,老师面对杰明屡教不改甚至变本加厉的不良行为,在谈话无效的情况下最终采用了惩罚措施,剥夺了杰明参加春游活动的资格。

③正确运用强化,对学生的良好行为及时给予表扬,增加良好行为出现的频率。情境3中,老师一味地批评兴华上课讲闲话的行为并没有取得好的效果,于是老师转变策略,只要发现兴华课上不讲闲话就及时给予表扬,以此强化学生的良好行为。

(共6分。答出"合理运用消退""慎重使用惩罚""正确运用强化"三点且结合材料阐述,每点2分)

2022年下半年中小学教师资格考试真题试卷(三)

一、单项选择题

1. A 【解析】本题考查孔子的相关内容。《论语》是儒家学派的经典著作之一,由孔子的弟子及其再传弟子编撰而成。它以语录体和对话文体为主,记录了孔子及其弟子的言行,集中体现了孔子在政治、伦理、哲学、教育等方面的思想。故本题选A。

B项,《学记》约成篇于战国末期,是中国也是世界教育史上的第一部教育专著,主要是对先秦儒家教育经验的理论总结,内容涉及教育目的、教育作用、教育制度、教育内容、教学原则、教学方法等方面。

C项,《大学》是一篇论述儒家人生哲学的文章,也是儒家最有系统的一篇政治哲学文章。

D项,《中庸》是儒家阐述中庸之道的理论著作,与《大学》《论语》《孟子》并称为“四书”。

2. D **【解析】**本题考查实用主义教育学的相关内容。19世纪末20世纪初,美国教育家杜威创立了实用主义教育学。故本题选D项。

A项,实验教育学产生于19世纪末20世纪初的德国,主要代表人物有德国的梅伊曼和拉伊、法国的比纳、美国的霍尔和桑代克。

B项,批判教育学产生于20世纪70年代,代表人物有美国的鲍尔斯、金蒂斯、阿普尔,法国的布厄迪尔。

C项,文化教育学又称精神科学教育学,产生于19世纪末的德国,代表人物有狄尔泰、斯普兰格、利特。

3. B **【解析】**本题考查教育的社会属性。教育的历史性是指在人类社会的不同时期,由于生产力发展水平不同,生产关系和政治制度不同,教育也就具有不同的性质、特点、内容和形式。故本题选B。

A项,教育的相对独立性指教育在一定范围内、一定程度上具有独立于政治与经济等其他社会现象的性质。主要表现在两个方面:(1)教育具有自身的历史继承性。(2)教育具有不平衡性。

C项,怀特海曾在其名著《教育的目的》一书中提出教育节奏的概念。所谓教育节奏,就是指教育的阶段性或周期性。怀特海将一个人从婴儿到成人的受教育的全过程分为以下三个阶段:(1)浪漫阶段,是观察事件、展开活动、自由猎奇、浪漫遐想、引起兴趣的阶段。(2)精确阶段,是通过掌握精确的知识细节而领悟原理的阶段。(3)综合运用阶段,是摆脱知识细节而积极运用原理的阶段(这时细节退回潜意识的习惯中)。

D项,教育的永恒性指教育与人类社会共始终,只要人类社会存在,教育就存在。

4. A **【解析】**本题考查影响个体身心发展的主要因素。遗传素质是人的身心发展的前提,具体体现在以下几个方面:(1)遗传素质是人的身心发展的前提,为人的发展提供了可能性，但不能决定人的发展；(2)遗传素质的个别差异是人的身心发展的个别差异的原因之一；(3)遗传素质的成熟程度制约着人的身心发展的水平及阶段。题干中，人们常说的"三翻、六坐、八爬，十个月会喊爸爸"反映了遗传素质的成熟程度制约着人的发展。故本题选A。

B项，环境包括自然环境和社会环境两大部分，教育学中所说的环境一般指社会环境。环境对个体身心发展的影响具体体现在以下几个方面：(1)社会环境为个体的发展提供了多种可能，使遗传提供的发展可能变成现实；(2)环境是推动人身心发展的动力；(3)环境不决定人的发展；(4)人对环境的反应是能动的。

C项，教育(学校教育)是社会环境的一部分。教育(学校教育)对人的发展特别是对年青一代的发展起着主导作用和促进作用。(1)学校教育对人身心发展的主导作用具体体现在以下几方面：①学校教育对于个体发展做出社会性规范；②学校教育具有开发个体特殊才能和发展个性的功能；③学校教育对个体发展的影响具有即时和延时的价值；④学校教育具有加速个体发展的特殊功能。(2)学校教育对人身心发展的促进作用表现在促进个体个性化与个体社会化两方面。

D项，个体的主观能动性是人的身心发展的内在动力，也是促进个体发展从潜在的可能状态转向现实状态的决定性因素。从活动水平角度看，个体主观能动性由三个层次构成：第一层次是人作为生命体进行的生理活动，第二层次是个体的心理活动，第三层次(即最高层次)是社会实践活动。

5. C 【解析】本题考查个体身心发展的规律。个体身心发展的不平衡性(不均衡性)表现在两个方面：一方面是指身心发展的同一方面的发展速度，在不同的年龄阶段是不平衡的。另一方面是个体身心发展的不同方面发展速度也不相同。根据个体身心发展的不平衡性，教育教学要抓住关键期，以求在最短的时间内取得最佳的效果。题干强调要根据儿童身心发展的关键期适时而教，这反映了教育应该适应儿童身心发展的不均衡性。故本题选C。

A项，个体身心发展的顺序性是指人的身心发展是一个由低级到高级、由简单到复杂、由量变到质变的连续不断的发展过程。人的发展的顺序性是客观的、不以人的意志为转移。教育工作要遵循这种顺序性，循序渐进地促进人的发展。

B项，个体身心发展的稳定性是指处于一定社会环境和教育中的某个年龄阶段的青少年儿童，其身心发展的顺序、过程、速度都大体相同。个体身心发展的稳定性要求在一定时期内，教育内容、方法等要保持相对稳定性。

D项，个体身心发展的个别差异性，是指个体之间的身心发展以及个体身心发展的不同方面之间，存在着发展程度和速度的不同。个体发展的个别差异性规律要求教育必须因材施教，充分发挥每个学生的潜能和积极因素，有的放矢地选择适宜、有效的教育途径和方法手段，使每个学生都能得到最大的发展。

6. A 【解析】本题考查教育制度的特征。教育制度是指一个国家或地区各级各类教育机构与组织的体系及其各项规定的总称，具有客观性、规范性、历史性和强制性。其中，客观性是指教育制度的制定虽然反映着人们的一些主观愿望和特殊的价值需求，但是，人们并不是也不可能随心所欲地制定或废止教育制度，某种教育制度的制定或废止，有它的客观基础和发展的规律性。题干描述体现了教育制度的客观性。故本题选A。

B项，规范性是指任何教育制度都是某制定者根据自己的需要制定的，是有其一定的规范性的。这种规范性主要表现在入学条件即受教育权的限定和各级各类学校培养目标的确定上。

C项，历史性是指在不同的社会历史时期和不同的文化背景下，会有不同的教育需要，因此就要建立不同的教育制度。教育制度是随着时代和文化背景的变化而不断创新的。

D项，强制性是指教育制度独立于个体之外，对个体的行为具有一定的强制作用。但随着教育制度的发展及其内部的丰富多样化，特别是终身教育的确立与推行，个体的选择性也越来越大。

7. B 【解析】本题考查形式教育论的观点。形式教育论起源于古希腊，代表人物是洛克、裴斯泰洛齐。该理论认为，教学的主要任务在于通过开设希腊文、拉丁文、逻辑、文法和数学等学科发展学生的智力，至于学科内容的实用意义则是无关紧要的。形式教育只强调训练学生的思维形式，忽视知识的传授。故本题选B。

A项，实质教育论起源于古希腊和古罗马，代表人物是斯宾塞、赫尔巴特。该理论认为，教学的主要任务在于传授给 学生有用的知识，至于学生的智力无需进行特别的培养和训练。

C项，赫尔巴特被看作是传统教育理论的代表。他强调系统知识的传授，强调课堂教学的作用，强调教材的重要性，强调教师的权威作用和中心地位，形成了传统教育“课堂中心”“教材中心”“教师中心”的特点。

D项，杜威被看作是现代教育理论的代表。区别于传统教育“课堂中心”“教材中心”“教师中心”的“旧三中心论”，他提出了“儿童中心（学生中心）”“活动中心”“经验中心”的“新三中心论”。

8. C 【解析】本题考查校本课程。根据课程管理层次来分，可将课程分为国家课程、地方课程与校本课程。校本课程即学校课程，是学校在确保国家课程和地方课程有效实施的前提下，针对学生的兴趣和需要，结合学校的传统和优势以及办学理念，充分利用学校和社区的课程资源，自主开发或选用的课程。校本课程的主导价值在于通过课程展示学校的办学宗旨和特色，提升学校的办学水平，促进学生的个性发展。题干中，某中学根据本地特色开设了初级杂技课程，这种课程属于校本课程。故本题选C。

A项，国家课程是由中央教育行政机构编制和审定的课程，其管理权属于中央教育行政机关。它的宗旨是保证国家实现普通教育的培养目标和提高普通教育水平，规定学生应掌握的基础知识和基本技能，体现国家对教育的基本要求。国家课程的主导价值在于通过课程体现国家的教育意志。

B项，地方课程是省级教育行政部门以国家课程为基础，依据当地的政治、经济、文化、民族等发展的需要而开发设计的课程。其宗旨是补充、丰富国家课程，满足地区差异。地方课程的主导价值在于通过课程满足地方社会发展的现实需要。

D项，隐性课程亦称潜在课程、隐蔽课程、无形课程、自发课程，是学校情境中以间接的、内隐的方式呈现的课程。隐性课程是与显性课程相对应的范畴，它通常包括班级氛围、人际关系、社会环境、校园文化等。

9. B　**【解析】**本题考查教学评价的类型。诊断性评价是在学期开始或一个单元教学开始时，为了了解学生的学习准备状况及影响学习的因素而进行的评价。它包括各种通常所称的摸底考试。题干中，赵老师在新学期开始，为了了解学生学科核心素养发展的基本情况而进行的摸底测验属于诊断性评价。故本题选B。

A项，形成性评价是在教学过程中为改进和完善教学活动而进行的对学生学习过程及结果的评价。它包括在一节课或一个课题的教学中对学生的口头提问和书面测验。

C项，总结性评价也称为终结性评价，是在一个大的学习阶段、一个学期或一门课程结束时对学生学习结果的评价。总结性评价测验内容范围较广，常在学期中或学期末进行。

D项，相对性评价又称为常模参照性评价，是运用常模参照性测验对学生的学习成绩进行的评价。它主要依据学生个人的学习成绩在该班学生成绩序列或常模中所处的位置来评价和决定他的成绩的优劣，而不考虑是否达到教学目标的要求。

10. D　**【解析】**本题考查教学方法的概念。教学方法是指教师和学生为了完成教学任务、实现教学目标而采取的共同活动方式，是教师引导学生掌握知识技能、获得身心发展而共同活动的方法。它包括教师教的方法和学生学的方法。故本题选D。A、B、C三项不符合题意，故排除。

11. C 【解析】本题考查德育方法。榜样示范法是用榜样人物的优秀品德来影响学生的思想、情感和行为的德育方法。榜样包括伟人的典范、教育者的示范、学生中的好榜样等。题干中,“其身正,不令而行;其身不正,虽令不从”的意思是:当管理者自身端正,不用下命令,被管理者就会跟着行动起来;相反地,如果管理者自身不端正(却要求被管理者端正),那么,纵然三令五申,被管理者也不会服从。这句话说明了一个好的榜样对学生形成良好的道德的重要性,体现了榜样示范法。故本题选C。

A项,实际锻炼法是有目的地组织学生参加各种实际活动,使其在活动中锻炼思想,增长才干,培养优良的思想和行为习惯的德育方法。锻炼的方式主要包括执行制度、委托任务和组织活动等。

B项,自我修养法(即个人修养法)是在教师引导下学生经过自觉学习、反思和自我改进,使自身品德不断完善的一种方法。自我修养一般包括立志、学习、反思、箴言、慎独等。

D项,品德评价法是通过对学生品德进行肯定或否定的评价而予以激励或抑制,促使其品德健康形成和发展的德育方法。它包括奖励、惩罚、评比和操行评定等。

12. C 【解析】本题考查埃里克森的人格发展阶段理论。埃里克森认为,人格发展是一个逐渐形成的过程,必须经历八个顺序不变的阶段。每一个阶段都有一个由生物学的成熟与社会文化环境、社会期望之间的冲突和矛盾所决定的发展危机。其中自我同一性对角色混乱这一阶段对应的年龄段是13~18岁。因此本题选C。

A项对应的是主动感对内疚感阶段,B项对应勤奋感对自卑感阶段,D项对应亲密感对孤独感(成年早期)阶段。

13. A 【解析】本题考查奥尔波特的人格理论。奥尔波特认为,人格由共同特质和个人特质组成,前者是指某种社会文化形态下大多数人或一个群体所共有的、相同的特质。例如,在中国传统文化的影响下,中华民族形成了一种勤劳、朴实、善良的共同特质。而个人特质则是指某一个体身上表现出来的稳定、独特的倾向,按其在人格中的普遍程度划分为三类:首要特质、中心特质和次要特质。故本题选A。

14. C 【解析】本题考查动机冲突的类型。动机斗争又称动机冲突,可分为双趋冲突、双避冲突、趋避冲突和多重趋避冲突四种。

双趋冲突是从自己同时都很喜爱的两个事物中仅择其一的心理状态。题干中吴北既想读国外大学,又想读国内高校,这种两者皆想要但只能择其一的心理冲突属于双趋冲突。故本题选C。

A项,双避冲突指从希望回避的两种事物中必取其一的心理状态。

B项,趋避冲突指对同一目的兼具好恶的矛盾心理。

D项，多重趋避冲突指对含有吸引与排斥两种力量的多种目标予以选择时所发生的冲突。

15. A 【解析】本题考查思维的种类。根据思维的指向性，可将思维分为聚合思维和发散思维。

发散思维是指人们解决问题时，思路朝着各种可能的方向扩散，从而求得多种答案。例如，数学中的“一题多解”，作文中的“一事多写”。题干中李强不仅写出了与口的活动有关的字，还写出了含有“口”的其他类别的字，这体现了李强的发散思维能力。故本题选A。

B项，聚合思维是指人们根据已知的信息和利用熟悉的规则，产生符合逻辑的结论从而解决问题。

C项，抽象思维是以词为中介来反映现实的思维过程，也叫词的思维或逻辑思维。

D项，动作思维是以实际动作为支柱的思维过程。

16. C 【解析】本题考查学习的分类。阿瑟·雷伯按学习时的意识水平，将学习分为内隐学习和外显学习。

内隐学习是指有机体在与环境接触的过程中不知不觉地获得了一些经验，并因此改变其事后某些行为的学习。例如，人们能够辨别哪些语句符合语法，却不一定能够说出这些语法规则是什么。

外显学习则类似于有意识的问题解决，是有意识的和清晰的、需要付出心理努力并需按照规则做出反应的学习。例如，学习物理中的牛顿运动定律。

A项，布鲁纳提出的发现学习是指给学生提供有关的学习材料，让学生通过探索、操作和思考，自行发现知识、理解概念和原理的教学方法。

B项，班杜拉提出的观察学习是指个体只以旁观者的身份，观察别人的行为表现(自己不必实际参与活动)，即可获得的学习。在某些情境下，只根据观察别人的直接经验的后果，就可以在间接中学到某种行为，这种学习也称为替代学习。

题干中，王琳在所处环境的影响下，不知不觉就会唱流行歌曲，这种学习属于内隐学习。故本题选C。

17. D 【解析】本题考查常见的心理问题。恐怖症(恐惧症)是对特定的无实际危害的事物与场景的非理性的惧怕。常见的有单纯恐怖、广场恐怖和社交恐怖。学生中社交恐怖较为常见，主要表现为：害怕在社交场合讲话，担心自己因双手发抖、脸红、声音颤抖、口吃而暴露自己的焦虑，觉得自己说话不自然，因而不敢抬头，不敢正视对方的眼睛。题干中张明的表现属于社交恐惧。故本题选D。

A项，抑郁症是以持久的情绪低落为特征的神经症。

B项，癔症也称歇斯底里，是一种由于精神因素(精神刺激或不良暗示)造成的神经精神障碍性疾病，疾病症状表现复杂，主要是精神症状和躯体症状，一般无器质性病变基础，但可在暗示影响下改变或消失。

C项，焦虑症是以与客观威胁不相适应的焦虑反应为特征的神经症。

18. C 【解析】本题考查教学效能感。教学效能感一般指教师对自己影响学生行为和学习结果的能力的一种主观判断。教学效能感分为两部分：一般教学效能感和个人教学效能感。前者指教师对教与学的关系、教育在学生身心发展中的作用等问题的一般看法和判断；后者指教师认为自己能够有效地影响学生，相信自己具有教好学生的能力。题干中王老师认为自己能够取得突出的教学成果，这反映了王老师的个人教学效能感强。故本题选C。A、B、C三项不符合题意，故排除。

19. B 【解析】本题考查强化的分类。强化是采用适当的强化物而使有机体的反应频率、强度和速度增加的过程。强化有正强化和负强化之分。正强化也称积极强化，是通过呈现想要的愉快刺激来增强反应频率；负强化也称消极强化，是通过消除或中止厌恶、不愉快刺激来增强反应频率。题干中学校撤销警告处分(消除厌恶刺激)有利于何雷在各方面继续保持进步，学校采用的行为矫正方法属于负强化。故本题选B。

易错提示：考生可通过下面的表格区分正强化、负强化、正惩罚和负惩罚。

规律	措施	行为结果
正强化	给予愉快刺激	行为频率增加
负强化	撤销厌恶刺激	
正惩罚(呈现性惩罚)	给予厌恶刺激	行为频率减少
负惩罚(移除性惩罚)	撤销愉快刺激	

20. B 【解析】本题考查品德的心理结构。品德的心理结构包括四种相辅相成的基本心理成分：道德认知(道德认识)、道德情感、道德意志和道德行为，简称知、情、意、行。

道德认知(道德认识)是指对行为规范及其意义的认识，是人的认识过程在道德上的表现。题干中，孙琳认为自己应该热爱集体、团结帮助同学、尊师爱幼，这表明孙琳在人际关系行为规范方面形成了一定的道德认知，并用来指导、规范自身行为。故题干反映了孙琳的道德认知较好。

A项，道德情感是人的道德需要是否得到实现而引起的一种内心体验，也就是人在心理上所产生的对某种道德义务的爱憎、喜恶等情感体验。

C项，道德意志是个体自觉地调节道德行为，克服困难，以实现预定道德目标的心理过程。

D项，道德行为是道德形成的最终环节，是指个体在一定的道德意识支配下表现出来的对他人和社会的有道德意义的活动。

21. B 【解析】本题考查团体警觉。团体警觉是指教师在讲授和讨论时，用来维持所有学生注意力的提问策略。题干中，王老师通过提问来引起全班学生的注意，使全体学生注意力集中在课堂上，这种课堂管理方法属于团体警觉。故本题选B。

C项，转换管理是指教师使整个课堂和全班学生能够顺利地完成过渡、有适当而灵活的进度，能够多样化地变换活动。

A、D项为干扰项，故排除。

二、辨析题(参考答案)

22. 全面发展就是学生德智体美劳五方面平均发展。

(1)这种说法是错误的。(2)全面发展不是人的各方面平均发展、均衡发展。把全面发展看成平均发展，这种认识是非常机械的。实质上，全面发展是指人的各方面素质的和谐发展。它意味着人高尚的思想信念、道德品质、审美情趣、智力发展以及物质需要和精神需要的有机结合，使人在工作和生活中体现出力量、能力、热情和需要的完美和谐，使人的身与心、灵与肉、情与理、才与德、个性与社会性等方面有机结合、相得益彰、健康发展。综上所述，全面发展是指人的各方面素质的和谐发展，并不是要求学生各方面平均发展。因此，题干表述错误。

(共8分。判断4分，判断“说法正确”本题不得分；理由4分，答出“全面发展不是人的各方面平均发展”1分，答出“全面发展是指人的各方面素质的和谐发展”1分，具体解释和谐发展的内容2分)

23. 教学是学校教育的唯一途径。

(1)这种说法是错误的。(2)教学与教育是部分与整体的关系。教育包括教学，教学只是学校进行教育的一个基本途径。除教学外，学校还通过课外活动、生产劳动、社会活动等途径向学生进行教育。综上所述，教学并不是学校进行教育的唯一途径。因此，题干表述错误。

(共8分。判断4分，判断“说法正确”本题不得分；理由4分，答出教学与教育的关系并简要阐述2分，具体解释学校教育的基本途径和其他途径2分)

24. 气质无好坏之分。

(1)这种说法是正确的。(2)气质是表现在心理活动的强度、速度、灵活性与指向性等方面的一种稳定的心理特征，即我们平时说的脾气、秉性。人的气质是先天的，由遗传因素决定，受生理影响较大。它只给人们的言行涂上某种色彩，但不能决定人的社会价值，也不直接具有社会道德评价含义。气质是人的天性，无好坏之分。因此，题干说法正确。

（共8分。判断4分，判断“说法错误”本题不得分；理由4分，答出气质的概念2分，解释说明“气质是先天的，无好坏之分”2分）

25. 所有的行为变化都是由学习引起的。

（1）这种说法是错误的。（2）学习是指个体在特定情境下由于练习或反复经验而产生的行为或行为潜能的相对持久的变化。然而，并非所有的行为变化都是由学习产生的，如生理成熟、疲劳、药物等因素亦可引起行为的变化。因此，题干说法错误。

（共8分。判断4分，判断“说法正确”本题不得分；理由4分，答出学习的概念2分，解释说明“生理成熟、疲劳、药物等亦可引起行为变化”2分）

三、简答题（参考答案）

26. 简述学科课程的特点。

（1）分科设置；（2）课程内容按学科知识的逻辑结构来选择和安排，重视学科内容的内在联系；（3）强调教师的系统讲授。

（共10分。答案完整得满分；答出“分科设置”“课程内容按学科知识的逻辑结构编排”“强调教师的系统讲授”等关键词可酌情给6～8分）

27. 简述中学教师布置作业的基本要求。

（1）布置作业要有目的、有重点，作业内容符合课程标准的要求；

（2）考虑不同学生的能力需求；

（3）分量适宜、难易适度；

（4）作业形式与内容要多样化，具有多选性，难度要逐步提高；

（5）要求明确，规定作业完成时间；

（6）作业反馈清晰、及时；

（7）作业要具有典型意义和举一反三的作用；

（8）作业应有助于启发学生的思维，含有鼓励学生独立探索并进行创造性思维的因素；

（9）尽量同现代生产和社会生活中的实际问题结合起来，力求理论联系实际。

（共10分。答案完整得满分；答出“符合课标要求”“考虑学生能力”“难易适度”“多样化”“要求明确”“反馈清晰及时”“启发学生的思维”“联系实际”等关键词可酌情给6～9分）

28. 简述中学生情绪情感的特点。

情绪的特点：(1)情绪非常丰富；(2)情绪反应强烈，易动感情；(3)情绪理解力增强，学会运用情绪表达规则；(4)能采用有效的情绪调节手段；(5)情绪的延续性较长，心境化；(6)出现反抗情绪与逆反心理；(7)情绪变化具有两极性。

情感的特点：(1)自尊心强烈而敏感；(2)情感的社会性加强；(3)理智感、美感和道德感丰富和深化。

(共10分。答案完整得满分；答出“情绪丰富”“反应强烈”“能用情绪表达规则”“能采用情绪调节手段”“出现反抗情绪”“情绪变化具有两极性”“自尊心强烈”“社会性加强”“情感丰富和深化”等关键词可酌情给6~8分)

29. 简述人格的特征。

(1)独特性：一个人的人格是在遗传、成熟、环境、教育等先天与后天因素的交互作用下形成的，不同的遗传、生存及教育环境形成了各自独特的心理特点。

(2)稳定性：一个人的某种人格特征一旦形成，就相对稳定下来了，较难改变，并且在不同的时空下表现出一致性的特征。

(3)整合性：人格是由多种成分构成的有机体，具有内在的一致性，受自我意识的调控。当人格结构的各方面彼此和谐一致时，就会呈现出健康的人格特征，否则，就会产生心理冲突，出现适应困难。

(4)功能性：人格决定一个人的生活方式，有时甚至会决定一个人的命运。

(5)社会性：社会化把人这样的动物变成社会的成员。人格是社会的人所特有的。

(6)复杂性：几种人格特征表现在活动中的具体结合方式因人而异；同一人格特征在不同场合下也有不同的表现方式。

(共10分。答案完整得满分；答出“独特性”“稳定性”“整合性”“功能性”“社会性”“复杂性”等关键词及其含义可酌情给6~9分)

四、材料分析题(参考答案)

30. (1)材料中李老师的做法体现了疏导原则、因材施教原则(从学生实际出发)、集体教育和个别教育相结合原则、尊重信任学生与严格要求学生相结合原则、依靠积极因素克服消极因素原则(长善救失原则)、知行统一原则。

(共6分。准确答出“疏导原则”“因材施教原则(从学生实际出发)”“知行统一原则”“尊重信任学生与严格要求学生相结合原则”“依靠积极因素克服消极因素原则(长善救失原则)”“集体教育和个别教育相结合原则”得满分)

(2)①疏导原则是指进行德育时要循循善诱、以理服人，从提高学生认识入手，调动学生的主动性，使他们积极向上。材料中的李老师耐心地教育犯错误的王力，和他讲道理，使王力对画画有了正确认识，这体现了对疏导原则的运用。

②因材施教原则（从学生实际出发）是指教育者在德育过程中，应根据学生的年龄特征、个性差异以及品德发展现状，采取不同的方法和措施，加强德育的针对性和实效性。材料中的李老师从王力的个性与特长出发，针对性施教，既使王力的特长得以展现，又促进了王力的发展，这体现了对因材施教原则（从学生实际出发）的运用。

③集体教育和个别教育相结合原则是指在德育过程中，教育者要善于组织和教育学生热爱集体，并依靠集体教育每个学生，同时通过对个别学生的教育，来促进集体的形成和发展，从而把集体教育和个别教育有机地结合起来。材料中李老师帮助王力分析个人与集体的关系，教育其热爱集体，学会尊重他人的劳动，这体现了对该原则的运用。

④尊重信任学生与严格要求学生相结合的原则是指在德育过程中，教育者既要尊重信任学生，又要对学生提出严格的要求，把严和爱有机地结合起来，使教育者的合理要求转化为学生的自觉行动。材料中李老师尊重王力爱好画画的兴趣，同时又要求其严格要求自己，树立正确的人生观，打好文化基础等，这体现了对该原则的运用。

⑤依靠积极因素克服消极因素原则（长善救失原则）是指在德育工作中，教育者要善于依靠、发扬学生自身的积极因素，调动学生自我教育的积极性，克服消极因素，以达到长善救失的目的。材料中的李老师利用王力擅长画画的优点，邀请王力负责班级的黑板报，借此克服王力行为散漫、目无纪律的缺点，最终使王力各方面都得到了长足的进步，这体现了对该原则的运用。

⑥知行统一原则是指教育者在进行德育时，既要重视对学生进行系统的思想道德的理论教育，又要重视组织学生参加实践锻炼，把提高认识和行为养成结合起来，使学生做到言行一致。材料中的李老师教育王力画应当歌颂美的事物，使王力形成对画画的正确认识，又让其负责班级黑板报，把提高认识和行为养成结合起来，这体现了对该原则的运用。

（共12分。答出“疏导原则”“因材施教原则（从学生实际出发）”“集体教育和个别教育相结合原则”“尊重信任学生与严格要求学生相结合原则”“依靠积极因素克服消极因素原则（长善救失原则）”“知行统一原则”六个德育原则的概念各1分，结合案例对每个原则具体分析各1分）

31.（1）美国心理学家韦纳把人经历过事情的成败归结为六种原因，即能力、努力程度、工作难度、运气、身心状况、外界环境。又把上述六项因素按各自的性质，分别归入三个维度:内部归因和外部归因、稳定性归因和不稳定性归因、可控制归因和不可控制归因。一个总是失败并把失败归因于内部的、稳定的和不可控的因素(即能力低)的学生会形成一种习得性无助的自我感觉。习得性无助感是指由于连续的失败体验而产生的对行为结果感到无力控制、无能为力的心理状态。

晓奇出现的问题:晓奇考试失利,对自己的学习能力产生了怀疑,没有自信,认为自己不是学习的材料,学习劲头下降,这表明晓奇产生了习得性无助感。

产生原因:通过信中的内容可知,晓奇数学、英语科目考试失利后,认为自己不是学习的材料,这属于能力归因,即内部、稳定、不可控归因。将失败归因于能力是一种消极归因,这种归因不仅削弱了晓奇的学习动机,更降低了其自我效能感,导致其形成了习得性无助感。

(共12分。答出韦纳归因理论的三维度六因素2分,习得性无助感的概念2分;分析晓奇出现的问题4分,点明"晓奇产生了习得性无助感"2分,结合材料阐述2分;解释问题产生原因4分,点明"消极的能力归因是导致问题产生的原因"2分,结合材料阐述2分)

(2)张老师应该向家长提出以下建议:

①改变晓奇错误的归因,通过归因训练帮助晓奇进行正确归因。一方面可以从"努力归因"入手,即无论成功或失败都归因于努力与否的结果。另一方面可以从"现实归因"入手,针对一些具体问题引导晓奇进行现实归因,以帮助晓奇分析除努力这个因素外,影响其成绩的因素还有哪些,这些因素在多大程度上影响其学习成绩,并尽力指出解决这些问题的方法。

②利用好反馈的作用。家长应对晓奇学习上的变化及时给予反馈,并在反馈中给予鼓励和支持,帮助晓奇重塑自信。

③家长要采取恰当、合理的态度与方式对待晓奇,不能因为晓奇的退步而严厉地批评或指责,要在生活、学习等方面多关心晓奇,给予晓奇情感上的支持。

(共6分。需至少答出三点,阐述合理、贴合材料每点2分)

2022年上半年中小学教师资格考试真题试卷(四)

一、单项选择题

1. A 【解析】本题考查杨贤江的教育思想。杨贤江是我国第一位系统传播马克思主义教育思想的教育理论家,他于1930年以李浩吾为化名出版的《新教育大纲》是我国第一部马克思主义的教育学著作。故本题选A。

B项，陶行知提出了生活教育理论，主张“生活即教育”“社会即学校”“教学做合一”。

C项，黄炎培是我国职业教育的先驱，提倡“大职业教育主义”。

D项，李大钊是伟大的马克思主义者、杰出的无产阶级革命家、中国共产党的主要创始人之一。

2. D 【解析】本题考查卢梭的教育著作。卢梭于1762年出版的教育小说《爱弥儿》系统阐述了他的自然主义教育思想，故本题选D。

A项，《理想国》的作者是柏拉图；B项，《巨人传》的作者是拉伯雷；C项，《太阳城》的作者是康帕内拉。

3. D 【解析】本题考查环境对个体身心发展的影响。由“有的人在逆境中消沉”“有的人在顺境中却虚度光阴”可知，AC两项说法错误。由“有的人在逆境中奋起”“有的人在顺境中如鱼得水”可知，环境对人的身心发展具有一定的影响，但环境不决定人的发展，人在一定程度上可以发挥主观能动性，超越环境的制约。故B项说法错误，D项说法正确。

4. B 【解析】本题考查行动研究的内涵。行动研究是指实际工作者（如教师）基于解决实际问题的需要，与专家、学者及本单位的成员共同合作，将实际问题作为研究的主题，进行系统的研究，以解决实际问题的一种研究方法。行动研究的指向是“改进”教育实践，它以实际问题为研究对象，力求使中小学教师在实践—反思—实践的过程中，不断总结经验，改进研究方法，使教育科研成果对教育教学实践更具有针对性和指导性。故本题选B。

A项，实验研究法是根据研究目的，运用一定的人为手段，主动干预或控制研究对象的发生、发展过程，通过观察、测量、比较等方式探索、验证所研究现象因果关系的研究方法。实验研究的目的是发现事物间的因果关系，是各类研究中唯一能确定因果关系的研究。

C项，调查研究法是在教育理论指导下，通过运用观察、列表、问卷、访谈、个案研究以及测验等方式，收集教育问题的资料，从而对教育的现状做出科学分析，并提出具体工作建议的一整套实践活动。

D项，个案研究法是当今教育研究中运用广泛的定性研究方法，也是描述性研究和实地调查的一种具体方法。其任务是揭示研究对象形成、变化的特点和规律，以及影响个案发展变化的各种因素，并提出相应的对策。

5. C 【解析】本题考查教育的生产性的内涵。现代教育具有明显的生产性，现代教育越来越与人类的物质生产结合起来，越来越与生产领域发生密切的、多样化的关系;生产的发展也越来越对教育系统提出新的要求。人们日益认识到,今天的教育就是明天的经济。教育的消费是明显的消费,潜在的生产;是有限的消费,扩大的生产;是今日的消费,明日的生产。教育已经成为经济发展的杠杆。故本题选C。A、B、D三项不符合题意,故排除。

6. C 【解析】本题考查人的身心发展规律的教育要求。

A项,人的身心发展的顺序性要求教育要循序渐进地促进学生的身心发展。

B项,人的身心发展的稳定性要求在一定时期内,教育内容、方法等要保持相对稳定性。

C项,人的身心发展的不平衡性要求教育要抓住关键期,以求在最短的时间内取得最佳的效果。故本题选C。

D项,人的身心发展的个别差异性要求教育必须因材施教,充分发挥每个学生的潜能和积极因素,有的放矢地选择适宜、有效的教育途径和方法手段,使每个学生都能得到最大的发展。

方法技巧:个体身心发展的各个规律的教育要求如下。

(1)顺序性——要循序渐进,不能"揠苗助长""陵节而施"。

(2)阶段性——要有针对性,分阶段进行。

(3)稳定性和可变性——一定时期内,教育内容、方法等保持相对稳定,同时也要不断变革。

(4)不平衡性——要适时而教,抓住关键期。

(5)互补性——要扬长避短、长善救失。

(6)个别差异性——要因材施教。

7. A 【解析】本题考查义务教育的基本特征。义务教育是国家统一实施的所有适龄儿童、少年必须接受的教育,是国家必须予以保障的公益性事业。就其性质而言,义务教育具有强制性(义务性)、普及性(普遍性、统一性)、免费性(公益性)、公共性(国民性)和基础性。其中,强制性、免费性、普及性是三个最基本的特征。B、C、D三项不符合题意,故排除。

8. D 【解析】本题考查我国中学的课程管理体制。2001年颁布的《基础教育课程改革纲要(试行)》明确规定实行国家、地方和学校三级课程管理体制。这样做是为了改变我国原有课程管理过于集中的状况,通过确立地方和学校参与课程改革的权力主体地位,完善课程管理体系,进一步增加课程对地方、学校及学生的适应性。故本题选D。A、B、C三项不符合题意,故排除。

9. C 【解析】本题考查洛扎诺夫创立的教学方法。暗示教学法是保加利亚的医学和心理学博士洛扎诺夫创立的教学方法。洛扎诺夫在参观印度时，受到瑜伽的启发和影响，他发现瑜伽教徒通过强化联想能够记住经书上的十万多个词，由此建立了暗示教学法的基本原理：广泛利用环境的暗示信息，充分利用人的可暗示性，使理智与情感统一，有意识功能和无意识功能统一，尤其是调动和发掘大脑无意识领域的潜能，使学生在愉快气氛中不知不觉地接收信息。故本题选C。

A项，范例教学由瓦·根舍因创立；B项，发现学习由布鲁纳提出；D项，非指导教学法由罗杰斯提出。

10. B 【解析】本题考查教学组织形式。复式教学是指把两个或两个以上年级的学生合编在一个班级，采用直接教学和布置、完成作业轮流交替的方式，在同一节课内由一位教师对不同年级学生进行教学的组织形式。故本题选B。

A项，合作学习指学生们以主动合作学习的方式代替教师主导教学的一种教学策略。它是一种由能力各异的多名学生组成小组，一起互相帮助共同完成一定的学习任务的教学方法。

C项，小班教学在发达国家基础教育各阶段已经普遍实行，许多国家在教育法中规定的每班学生人数通常在15～25人之间。

D项，分层教学又称分组教学、能力分组，它是将学生按照智力测验分数和学业成绩分成不同水平的班组，教师根据不同班组的实际水平进行教学。

11. C 【解析】本题考查德育方法。情感陶冶法，有时也称陶冶教育法，是指教育者自觉创设良好的教育情境，潜移默化地使受教育者在道德和思想情操等方面受到感染、熏陶的方法。情感陶冶法主要包括人格感化、环境陶冶和艺术陶冶等。其中，环境陶冶是指通过学校的物质文化和精神文化环境使学生受到熏陶和感化。题干中，“让学校里的每一面墙壁都开口说话”即通过建设良好的校园环境，使学生受到熏陶和感化，从而形成良好的品德，体现的德育方法是情感陶冶法。故本题选C。

A项，说服教育法又叫说理教育法，是通过语言说理，使学生明晓道理、分清是非、提高品德认识的德育方法。

B项，实际锻炼法是有目的地组织学生参加各种实际活动，使其在活动中锻炼思想，增长才干，培养优良的思想和行为习惯的德育方法。

D项，自我修养法(即个人修养法)是在教师引导下学生经过自觉学习、反思和自我改进，使自身品德不断完善的一种方法。

方法技巧：情感陶冶法(陶冶教育法)一般会以名言的形式出题，如“让学校的每一面墙壁都开口说话”“仁言不如仁声之入人深也”等。有时候也会以例子的形式出题，如：教师播放歌曲教育学生，利用黑板报、教室布置、良好班风教育学生，等等。考生在理解情感陶冶法的内涵时需注意：情感陶冶法强调的是“潜移默化”，使学生在不知不觉的情况下受到教育。

12. D 【解析】本题考查强化方式。替代强化是指观察者因看到榜样的行为被强化而受到强化。题干中，李红（观察者）看到王强（榜样）因帮助同学而受到老师表扬，因此她也愿意帮助同学，这一过程体现了替代强化。因此选D。

A项，负强化是通过消除或中止厌恶、不愉快刺激来增强反应频率。

B项，间隔强化指间隔一定时间或比例才给予强化。

C项，自我强化是指对自己表现出的符合或超出标准的行为进行自我奖励。

13. B 【解析】本题考查学习迁移的种类。根据迁移发生的方向，可分为顺向迁移和逆向迁移。顺向迁移是指先前学习对后继学习产生的影响；逆向迁移指后继学习对先前学习产生的影响。题干中，刘杰先前学过的物理平衡概念，对后来学习的化学平衡概念产生了促进作用，这种先前学习对后继学习的影响属于顺向迁移。排除D项，选B。

A项，负迁移也叫“抑制性迁移”，是指一种学习对另一种学习产生阻碍作用。

C项，垂直迁移也称纵向迁移，是指先行学习内容与后续学习内容是不同水平的学习活动之间产生的影响。

14. B 【解析】本题考查注意的品质。注意的分配是指人在进行两种或多种活动时能把注意指向不同对象的现象。题干中，郭老师上课时边讲课、边板书、边观察学生的课堂表现，这种“一心三用”的现象体现了注意的分配。因此答案选B。

A项，注意的稳定性是指注意保持在某一对象或某一活动上的时间长短特性。

C项，注意的范围也称注意的广度，是指在同一时间内，人们能够清楚地知觉出的对象的数目。

D项，注意的转移是根据新的任务，主动地把注意从一个对象转移到另一个对象或由一种活动转移到另一种活动的现象。

15. C 【解析】本题考查情绪变化的两极性。情绪变化两极性的其中一个表现为：波动和稳定共存。中学生的情绪波动性表现为情绪的大起大落，往往从一个极端走向另一个极端，顺利时晴空万里，受挫时愁云满天，今天对某人佩服得五体投地，明天又觉得不屑一顾。题干中，赵东难以控制自己的情绪，在兴奋、哀伤忧愁两种情绪间来回转换，情绪波动比较大，这反映了青少年的情绪发展具有波动性。弥散性和感染性属于心境的特点。

16. A 【解析】本题考查意志的品质。意志的品质有以下四种：自觉性、果断性、自制性、坚韧性。因此B项排除。

果断性是指一种善于明辨是非、抓住时机、迅速而合理地采取决定并执行决定的意志品质。果断性的两个对立面是优柔寡断和草率武断。题干中李玲遇事常拿不定主意，这说明她缺乏意志的果断性，不能迅速做出决定。故答案选A。

C项，坚韧性是指一个人在行动中坚持决定，百折不挠地克服重重困难去达到行动目的的品质，与之相反的意志品质是动摇性和执拗性。

D项，自制性是指一个人善于控制和支配自己的情绪，约束自己言行的品质，与之相反的意志品质是任性和怯懦。

易错提示：强调主动选自觉，约束自己是自制，犹豫不决缺果断，坚持不懈是坚韧。

17. B **【解析】**本题考查学校心理辅导的主要方法。代币是一种象征性强化物，筹码、小红星、盖章的卡片、特制的塑料币等都可作为代币。当学生做出教师所期待的良好行为后，就发给他们数量相当的代币作为强化物。题干中，廖老师使用文具、卡片等物品作为奖励替代物来改变学生的行为，文具、卡片就是代币，故廖老师运用了代币法。因此答案选B。

A项，认知疗法是根据人的认知过程影响其情绪和行为的理论假设，通过认知和行为技术来改变求治者的不良认知，从而矫正适应不良行为的心理治疗方法。

C项，脱敏法是指当某些人对某事物、某环境产生敏感反应（害怕、焦虑、不安）时，我们可以在当事人身上发展起一种不相容的反应，使其对本来可引起敏感反应的事物，不再发生敏感反应。

D项，消退法强调的是不予强化，进而使不良行为减少直至消失。

18. D **【解析】**本题考查焦虑症的表现。焦虑症的症状表现有：(1)情绪方面：紧张不安，忧心忡忡。(2)注意和行为方面：注意力集中困难，极端敏感，对轻微刺激做过度反应，难以做出决定。(3)躯体症状方面：心跳加快，过度出汗等。根据题干中的"坐立不安""心跳加快""出冷汗"等词语，可知陈亮的表现属于焦虑。故本题选D。

A项，抑郁症是以持久的情绪低落为特征的神经症。

B项，妄想是一种在病理基础上产生的歪曲的信念，病态的推理和判断。

C项，强迫症是一种以强迫症状为主的神经症，以强迫观念和强迫行为为主要临床表现。

19. A **【解析】**本题考查态度与品德的培养方式。态度与品德的培养方式一般包括以下五种：(1)有效的说服；(2)树立良好的榜样；(3)利用群体约定；(4)价值辨析；(5)给予适当的奖励和惩罚。题干中，郑老师让学生观看视频，目的是让同学们向视频中的榜样学习，这种品德修养方法属于树立榜样，故本题选A。

20. A 【**解析**】本题考查课堂管理方式。课堂管理方式多种多样,其中较为普遍的有以下三种:

(1)民主型。这种课堂管理方式侧重于培养师生之间、学生之间健康和谐的人际关系和心理气氛。教师以指导者而不是领导者的身份出现,师生共同制定课堂纪律和学习计划,并且能够相互尊重、相互理解、相互沟通以及相互支持。

(2)放任型。这种课堂管理方式强调学生的个人自由和个人选择,旨在发展学生的自治和自律,要求教师尽可能少地干预学生行为,允许学生做他们想做的事情,课堂纪律较少。这种模式忽视了这样一个事实:即课堂同样是一个社会系统,在课堂中的学生同样应受社会行为规范的制约。

(3)专制型。这种课堂管理方式强调教师的权威和独断,教师负有控制和约束学生行为的责任,且较少表扬学生,课堂纪律具有处罚多、约束多而弹性小的特点。

题干中,张老师营造宽松的课堂氛围,鼓励学生自由表达,在课堂中做学生学习的指导者、促进者,这种课堂管理方式属于民主型。

21. C 【**解析**】本题考查成功扮演教师角色的首要条件。教师角色的心理结构通常包括角色认知、角色体验和角色期待。

角色认知是指角色扮演者对角色的社会地位、作用及行为规范的实际认识和对与社会的其他角色的关系的认识。对于教师来说,只有具有清晰的角色认知才能按照相应的身份在各种社会情境中恰当地行事,达到良好的社会适应。角色认知是角色扮演的先决条件,一个人能否成功地扮演各种角色,取决于对角色的认知程度。排除A项,答案选C。

B项,角色体验是指个体在扮演一定角色的过程中,由于受到各方面的评价与期待而产生的一种情绪体验。

D项,角色期待是指角色扮演者对自己和对别人应表现出什么样的行为或应成为什么样的角色的想法和期望。

二、辨析题(参考答案)

22. 教育必然促进社会的发展。

(1)这种说法是错误的。(2)按照作用的方向,教育的功能可分为正向功能和负向功能。教育的正向功能是指教育有助于社会进步和个体发展的积极影响与作用。教育的负向功能使教育在不同程度上对社会和人的发展产生阻碍作用。对任何社会、任何时候的教育来说,正向和负向的功能都是存在的,只不过比重不同。在实施教育的过程中,要促进教育正向功能的实现,必须充分遵循社会发展和人的发展的客观规律。故题干说法错误。

（共8分。判断正确得4分，判断“说法正确”本题不得分；理由4分，答出教育的正向功能、负向功能2分，针对教育中同时存在正向、负向功能具体阐述2分）

23. 学生在学校学习的主要是间接经验。

（1）这种说法是正确的。（2）学生的认识来自两个方面：一是直接经验，二是间接经验。以间接经验为主是教学活动的主要特点，学习间接经验是学生认识客观世界的基本途径。在学校里，学生的主要任务不是去探索、发现真理，而是学习和继承已有的认识成果，把他人的认识转化为自己的认识，把人类的认识转化为个体的认识。要完成这一任务，必须在教师的指导下，以接受间接经验的方式来实现。因此，题干说法正确。

（共8分。判断正确得4分，判断“说法错误”本题不得分；理由4分，答出学生认识的两个来源各1分，针对“学生学习以间接经验为主”进行具体阐述2分）

24. 动机强度与学习效果成正比。

（1）这种说法是错误的。（2）①总体而言，在一般情况下，学习动机与学习效果的关系是一致的。学习动机越强，有机体对学习活动的积极性就越高，学习效果就越佳，表现为学习动机可以促进学习，提高成绩。即一般情况下，动机强度与学习效果成正比。②对一项具体的学习活动而言，学习动机与学习效果的关系并不是那么简单。只有当学习动机的强度处于最佳水平时，才能产生最好的学习效果。“耶克斯—多德森定律”表明，动机的最佳水平随着任务性质的不同而不同。一般来讲，最佳水平为中等强度的动机。所以，在一项具体的学习活动中，动机水平与行为效果呈倒U型曲线。综上所述，动机强度与学习效果并不完全成正比，题干说法过于绝对，是错误的。

（共8分。判断正确得4分，判断“说法正确”本题不得分；理由4分，答出一般情况下两者成正比1分，具体阐述“耶克斯—多德森定律”3分）

25. 情绪与认知是互不影响的心理过程。

（1）这种说法是错误的。（2）认知过程中伴随着情绪体验。①感知觉是诱发情绪的首要条件。②记忆与想象决定着情绪。情绪的产生与表现需要先前记忆的经验来激活。同时，想象在一定程度上决定情绪的复杂表现。③思维影响情绪反应的方式和速度。情绪影响着认知过程的质量和效率。不管何种情绪，只要一经产生，便会影响整个认知过程，使整个认知过程都感染上情绪的色彩。情绪积极时，认知过程也积极；情绪消极时，认知过程也消极。综上所述，情绪与认知相互影响，故题干说法错误。

（共8分。判断正确得4分，判断“说法正确”不得分；理由4分，从感知觉、记忆与

想象、思维三个方面回答认知过程对情绪的影响得3分,回答情绪对认知的影响得1分)

三、简答题(参考答案)

26. 简述制约课程内容选择的因素。

课程内容是课程目标的具体化。因而,从总体上说,制约课程内容选择的直接依据是课程目标,具体地说,制约课程内容选择的因素主要包括社会因素、学生因素和学科因素。

(1)社会因素。社会发展对学生素质发展的一般要求,是课程内容选择的客观依据。(2)受教育者身心发展的规律。受教育者身心发展规律、水平和需要,制约着课程内容。(3)科学文化知识。课程内容的基本要素是知识。因而,课程内容的选择必须考虑人类科学文化知识和技术本身的特点及其发展趋势。知识是制约课程内容选择的基本因素。

(共10分。答出“制约课程内容选择的直接依据”1分;答出“社会”“受教育者身心发展规律”“科学文化知识”三个因素且各因素有简要解释、内容饱满,则每点3分)

27. 简述贯彻启发性教学原则的基本要求。

(1)加强学习的目的性教育,调动学生学习的主动性;(2)设置问题情境,启发学生独立思考,培养学生良好的思维方法和思维能力;(3)让学生动手,培养学生独立解决问题的能力,鼓励学生将知识创造性地运用于实际;(4)发扬教学民主。

(共10分。答案完整得满分,答出“学习的主动性”“独立思考”“解决问题”“教学民主”等关键词可酌情给6~8分)

28. 简述皮亚杰的认知发展阶段理论。

皮亚杰将人的认知发展分为四个阶段:

(1)感知运动阶段(0~2岁)。认知发展处于该阶段的儿童思维具有以下特征:①感觉和动作的分化;②“客体永久性”概念的形成;③问题解决能力开始得到发展;④延迟模仿的产生。

(2)前运算阶段(2~7岁)。认知发展处于该阶段的儿童思维具有以下特征:①早期的信号功能;②自我中心性;③不可逆运算;④不能够推断事实;⑤泛灵论;⑥不合逻辑的推理;⑦不能理顺整体和部分的关系;⑧认知活动具有具体性,还不能进行抽象的思维运算。

(3)具体运算阶段(7~11岁)。认知发展处于该阶段的儿童思维具有以下特征:①去自我中心性;②可逆性;③守恒;④分类;⑤序列化。

(4)形式运算阶段(11岁~成人)。认知发展处于该阶段的儿童思维具有以下特征:①命题之间的关系;②假设—演绎推理;③类比推理;④抽象逻辑思维;⑤可逆与补偿;⑥反思能力;⑦思维的灵活性;⑧形式运算思维的逐渐发展。

(共10分。答案完整得满分,答出“感知运动阶段”“前运算阶段”“具体运算阶段”“形式运算阶段”四个阶段等关键词,可酌情给6~8分)

29. 简述教师自我促进心理健康的有效方法。

(1)培养正确的压力观;(2)改善自我观念;(3)正确应对挫折与压力;(4)建立积极的思维方式和内在对话;(5)采取合理有效的工作方式,学会休闲。

(共10分。完整答出“培养正确的压力观”“改善自我观念”“正确应对挫折与压力”“建立积极的思维方式”“采取合理有效的工作方式”得满分)

四、材料分析题(参考答案)

30. (1)材料中老师的做法贯彻了依靠积极因素、克服消极因素的原则(长善救失原则)。依靠积极因素、克服消极因素的原则是指在德育工作中,教育者要善于依靠、发扬学生自身的积极因素,调动学生自我教育的积极性,克服消极因素,以达到长善救失的目的。材料中的学生成绩靠后,学生家长“不停地数落孩子,把孩子说得一无是处”,但是老师却能看到该生的一些长处,如踏实、乐于助人、有上进心等,表扬该生有学习劲头、听课认真。学生听到老师的表扬后,学习积极性有极大的提高,随之成绩也提高了。这一现象表明老师能够发扬学生自身的积极因素,调动学生自我教育的积极性,帮助学生克服缺点,发扬优点。

(共8分。答出长善救失原则及其概念4分;结合材料进行分析且言之有理4分)

(2)贯彻依靠积极因素、克服消极因素原则的基本要求包括:①教育者要用一分为二的观点,全面分析,客观地评价学生的优点和不足。材料中,针对学生家长对学生的否定,老师并没有附和,而是夸奖学生的优点,这表明该老师能够客观地看待、评价学生,既看到了学生的不足,也看到了学生的优点。②教育者要有意识地创造条件,将学生思想中的消极因素转化为积极因素。材料中,老师通过表扬学生的优点调动了学生学习的积极性,学生的学习成绩有很大提高,表明该老师能够化消极因素为积极因素,促进学生发展。③教育者要提高学生自我认识、自我评价的能力,启发他们自觉思考,克服缺点,发扬优点。材料中的老师通过表扬学生,使学生更加积极地学习,进而提高了学习成绩,这表明该老师能够帮助学生克服缺点,发扬优点。

(共10分。答案完整得满分;答出“要客观地评价学生”“要将消极因素转化为积极因素”“要提高学生自我认识、自我评价的能力”等关键词可酌情给6~8分)

31. (1)王老师教学效果不好的原因是没有遵循学生的最近发展区。

维果斯基提出了最近发展区理论,他认为儿童有两种发展水平:一是儿童的现有水平,即由一定的已经完成的发展系统所形成的儿童心理机能的发展水平;二是可能(即将)达到的发展水平,也就是通过教学所获得的潜力。这两种水平之间的差异,就是最近发展区。维果斯基提出“教学应走在发展的前面”,教育必须不断地向学生提出他们能接受但又高于其现有水平的要求,以促进他们的发展。材料中,王老师没有真正了解学生的知识掌握情况,导致刚开始讲的内容过于简单浅显,低于学生现有的水平,学生不感兴趣,而后来讲的内容又难度过高,远远高于学生可能达到的水平,致使学生听不懂。这说明王老师的教学没有适应学生的最近发展区。

(共10分。最近发展区的概念3分,教学意义2分;结合材料进行分析且言之有理可酌情给3~5分)

(2)要让学生“跳一跳能摘到桃子”可以从以下几个方面做起:

①根据学生身心发展的特点和知识水平,备好学生,多与学生交流沟通,了解学生的知识掌握程度,做到充分备课。

②认真钻研课程标准,研读教材,教授学生能接受但又略高于其现有水平的知识,布置的作业应当难度适宜。

③在教学中采用支架式教学模式。为了促进学生的发展,教师在学生试图解决超出当前知识水平的问题时应当给予支持和指导,帮助其顺利通过最近发展区,使之最终能够独立完成任务。

④多向经验丰富的老教师请教,请其对自己的教学设计进行评价、修改,以完善自己的教学方案。

(共8分。答出“了解学生知识水平备好课”“教学及作业布置符合最近发展区”“采用支架式教学模式”“改进完善教学方案”等至少四点,每点2分,阐述合理、内容饱满得满分)

2021年下半年中小学教师资格考试真题试卷(五)

一、单项选择题

1. B **【解析】**本题考查孔子的教育思想。孔子是春秋末期的大思想家、大教育家,儒家学派的创始人。在教育对象上,孔子主张“有教无类”。他的教育思想主要体现在《论语》一书中。故本题选B。

A项,《道德经》(又名《老子》),是道家的主要经典,相传为春秋末期老子所著。

C项,《孟子》是孟子的弟子万章等人所记述的他的言行录,也有说系孟轲本人所著。

D项,《劝学》是荀子的名作之一。

2. A 【解析】本题考查布卢姆的理论。布卢姆提出了教学目标分类理论,将教学目标分为认知、情感、动作技能三大领域。故本题选A。

B项,苏联教育家巴班斯基提出了教学过程最优化理论。

C项,苏联教育家赞可夫著有《教学与发展》一书并提出了发展性教学理论的五条教学原则。

D项,教学特殊认识论认为教学过程是一种特殊的认识过程,这一学说最早来源于苏联教育家凯洛夫主编的《教育学》。

3. B 【解析】本题考查制约教育发展的因素。我国古代教育不仅严重脱离生产劳动,而且对学生还进行鄙视生产劳动和劳动人民的教育。如孔子认为:“耕也,馁在其中矣;学也,禄在其中矣。”所谓“君子忧道不忧贫”,故孔子把请学稼、学圃的樊迟视为“小人”。可见,当时的学校教育是不太传授生产劳动知识的。这主要反映了社会政治经济制度制约着教育内容的选择。教育内容是统治者借以实现教育目的的手段,统治者总是根据本阶级利益的需要对知识进行筛选,有选择地将其灌输给受教育者。我国古代社会办教育的目的是为统治阶级培养有德行、有文化的统治人才,因此,学校教育的内容重在“四书”“五经”,轻视生产知识经验的传授。综上所述,本题选B。A、C、D三项不符合题意,故排除。

4. C 【解析】本题考查个体身心发展的动因。内发论也称遗传决定论,该理论强调人的身心发展的力量主要源于人自身的内在需要,身心发展的顺序也是由身心成熟机制决定的。即在人的身心发展过程中起决定作用的是遗传素质。我国历史上出现过“生而知之”的“天才论”,或“性也者,与生俱生也”或“唯上智与下愚不移”等“先天决定论”,都属于遗传决定论的范畴。故本题选C。

A项,教育万能论认为人完全是教育的产物,片面地夸大了教育在人的发展中的作用。

B项,外铄论(环境决定论)认为人的发展主要依靠外在的力量,诸如环境的刺激和要求、他人的影响和学校的教育等。

D项,在现代西方哲学中,自由观有两种倾向,一为主观决定论,一为多元决定论。主观决定论的自由观对上帝、人类天性和历史必然性持否定态度,主张绝对意志自决的自由。多元决定论的自由观是试图超越主观决定论、摆脱绝对自由,但最后蜕变为不自由的一种自由观。

方法技巧:关于内发论与外铄论,考生可抓住关键字词进行区分。内发论强调内部因素,即生理、遗传素质等,属于遗传决定论;外铄论强调外在因素,即环境、教育等,属于环境决定论。

5. C 【解析】本题考查教育目的的层次结构。教育目的包括三个层次:国家的教育目的、各级各类学校的培养目标和教师的教学目标。其中,各级各类学校的培养目标居于第二个层次,它是根据国家的教育目的制定的某一级或某一类学校、某一专业对人才培养的具体要求,是国家教育目的在不同教育阶段、不同级别的学校、不同专业方向的具体化。故本题选C。

A项,教育方针是国家或政党在一定历史阶段提出的有关教育工作的总方向和总指针,是教育基本政策的总概括,是教育目的的政策性表达,在一定时期内具有必须贯彻的强制性。

B项,教育目的指教育要达到的预期结果,是根据一定社会发展和受教育者自身发展需要及规律,对受教育者提出的总的要求。教育目的一般由国家或国家教育行政部门制定,指导一定时期各级各类的教育工作。

D项,课程目标是根据教育宗旨和教育规律而提出的具体价值与任务指标,是课程本身要实现的具体目标和意图。它是整个课程编制过程中最为关键的准则。

6. C 【解析】本题考查教育史上第一部课程论专著。一般认为,美国学者博比特在1918年出版的《课程》一书,标志着课程作为专门研究领域的诞生,这也是教育史上第一本课程理论专著。故本题选C。A、B、D三项不符合题意,故排除。

7. B 【解析】本题考查教学过程的基本规律。形式教育论者强调训练学生的思维形式,忽视知识的传授。实质教育论者强调向学生传授对实际生活有用的知识,忽视对学生认识能力的训练。形式教育论和实质教育论是对知识与能力的争论。故本题选B。A、C、D三项不符合题意,故排除。

8. A 【解析】本题考查教学原则。理论联系实际原则是指教师在教学中,应使学生从理论与实际的结合中来理解和掌握知识,并引导他们运用新获得的知识去解决各种实际问题,培养他们分析问题和解决问题的能力。田老师在学生学习完理论知识之后让学生举例说明该原理在生活中的运用,这是理论联系实际原则的体现。故本题选A。

B项,循序渐进原则在西方常称为系统性原则,是指教师要严格按照科学知识的内在逻辑和学生的认知发展规律进行教学,使学生掌握系统的科学文化知识,能力得到充分的发展。

C项,直观性原则是指在教学活动中,教师应尽量利用学生的多种感官和已有的经验,通过各种形式的感知,使学生获得生动的表象,从而比较全面、深刻地掌握知识。

D项,启发性原则是指在教学活动中,教师要调动学生的主动性和积极性,引导他们通过独立思考、积极探索,生动活泼地学习,自觉地掌握科学知识,提高分析问题和解决问题的能力。

9. B 【解析】本题考查教学方法。演示法是指教师通过展示实物、教具和示范性的实验来说明与印证某一事物和现象,使学生掌握新知识的一种教学方法。演示法强调教师做、学生看。题干中于老师为了让学生理解知识亲自动手操作,演示给学生看,这运用的是演示法。故本题选B。

A项,练习法是指学生在教师的指导下运用知识去反复完成一定的操作,或解决某类作业与习题,以加深理解和形成技能技巧的方法。练习法是中小学各科教学普遍采用的教学方法。

C项,实验法是指教师引导学生使用一定的仪器和设备进行独立操作,引起某些事物和现象产生变化,从而使学生获得直接经验,培养学生技能和技巧的教学方法。实验法常用于物理、化学、生物等自然学科的教学。

D项,参观法又称现场教学,是教师根据教学目的和要求,组织学生进行实地考察、研究,使学生获取新知识,巩固、验证旧知识的一种教学方法。

10. D 【解析】本题考查德育方法。自我修养法(个人修养法)是在教师引导下学生经过自觉学习、反思和自我改进,使自身品德不断完善的一种方法。自我修养一般包括立志、学习、反思、箴言、慎独等。题干中马老师在活动结束后要求学生对活动中的表现进行反思,是采用了个人修养法。故本题选D。

A项,说服教育法又叫说理教育法,是通过语言说理,使学生明晓道理、分清是非、提高品德认识的德育方法。

B项,榜样示范法是用榜样人物的优秀品德来影响学生的思想、情感和行为的德育方法。榜样包括伟人的典范、教育者的示范、学生中的好榜样等。

C项,实际锻炼法是有目的地组织学生参加各种实际活动,使其在活动中锻炼思想,增长才干,培养优良的思想和行为习惯的德育方法。

11. D 【解析】本题考查德育途径。德育途径是指学校教育者对学生实施德育时可供选择和利用的渠道,又称德育组织形式。我国学校的德育途径是广泛多样的,其中基本途径是思想政治课与其他学科教学。故本题选D。A、B、C三项不符合题意,故排除。

12. D 【解析】本题考查知觉的基本特征。知觉的恒常性是指客观事物本身不变,但知觉条件在一定范围内发生变化时,人的知觉映像仍相对不变。人们不受光线明暗的影响,一直将白衬衫知觉为白色,这反映了知觉的恒常性。

A项,知觉的整体性是指人根据自己的知识经验把直接作用于感官的客观事物的多种属性整合为统一整体的过程。

B项,知觉的选择性是指当面对众多的客体时,知觉系统会自动地将刺激分为对象和背景,并把知觉对象优先地从背景中区分出来。

C项,知觉的理解性是指人以知识经验为基础对感知的事物进行加工处理,并用语词加以概括、赋予说明的加工过程。如“外行看热闹,内行看门道”。

方法技巧:知觉的选择性强调对象与背景的关系;知觉的理解性强调知识经验的重要性;知觉的整体性强调部分与整体的关系;知觉的恒常性强调观测条件变化而事物不变。

13. C 【解析】本题考查发散思维的特征。灵活性(变通性)是指摒弃以往的习惯思维方法而开创不同方向的能力。例如,让被试“举出报纸的用途”,如果回答“阅读”“学习”“获取信息”,就只是把报纸的用途局限在“阅读材料”上;如果回答“包东西”“折玩具”等,则范围更加广泛,变通性也就比较大。题干中,学生甲答出的数量多,但都局限在食物这一范围内;学生乙虽然答出的数量相对较少,但开创了不同方向,故乙的思维变通性更好。

B项,流畅性是指在限定时间内产生观念数量的多少。

A、D两项为干扰选项,故排除。

方法技巧:流畅性强调数量多,变通性强调种类多,独创性强调观念新。

14. A 【解析】本题考查知识学习的类型。奥苏伯尔根据新知识与原有认知结构的关系,将知识学习分为下位学习、上位学习和并列结合学习。并列结合学习又称组合学习,是在新命题与认知结构中原有的命题既非下位关系又非上位关系,而是一种并列的关系时产生的。例如,学习质量与能量、遗传与变异、需求与价格等概念之间的关系就属于并列结合学习。

B项,上位学习是在学生掌握一个比认知结构中原有概念的概括和包容程度更高的概念或命题时产生的。

C项,下位学习是一种把新的观念归属于认知结构中原有观念的某一部分,并使之相互联系的过程。原有观念在包容和概括水平上高于新学习的知识。

15. D 【解析】本题考查学习策略的种类。迈克卡等人将学习策略分为认知策略、元认知策略和资源管理策略三种。

认知策略包括复述策略、精细加工策略和组织策略。元认知策略包括计划策略、监控策略和调节策略。资源管理策略包括时间管理策略、环境管理策略、努力管理策略以及学业求助策略。其中,监控策略是指在认知过程中,根据认知目标及时检测认知过程,寻找两者之间的差异,并对学习过程及时进行调整,以期顺利实现有效学习的策略。监控策略包括阅读时对注意加以跟踪和对材料进行自我提问、考试时监视自己的速度和时间等。故晓杰运用的学习策略属于监控策略。

16. B 【解析】本题考查情感的分类。从情感的社会内容角度来看,人类的情感有道德感、美感和理智感三种形式。故D项排除。B项,理智感是人认识事物和探求真理的需要是否得到满足而产生的主观体验。例如,人们在探求未知的事物时所表现的求知欲、认识兴趣和好奇心、发现问题的惊奇感、问题解决的喜悦感、为真理献身的自豪感、问题不解的苦闷感等。故民辉的情感体验属于理智感。

A项,道德感是根据一定的道德标准评价人的思想、意图和言行时所产生的主观体验。

C项,美感是人们根据一定的审美标准对自然或社会现象及其在艺术上的表现予以评价时所产生的情感体验。

17. B 【解析】本题考查情绪的分类。依据情绪发生的强度、持续性和紧张度的不同,心理学家把情绪状态划分为心境、激情和应激三种。故D项排除。

B项,激情是一种爆发式的、猛烈而持续时间短暂的情绪状态。例如,狂喜、暴怒、恐惧、绝望、剧烈的悲痛等,都是激情的表现。题干中志君看到他喜欢的球队夺冠时欣喜若狂,此时他表现出的情绪状态属于激情。

A项,心境是一种微弱的、持续时间较长的,带有弥漫性的情绪状态。

C项,应激是出乎意料的紧迫情况所引起的急速而高度紧张的情绪状态。

18. A 【解析】本题考查性格的概念。性格是指人的较稳定的态度与习惯化了的行为方式相结合而形成的心理特征。它是一个人的心理面貌本质属性的独特结合,是人与人相互区别的主要方面。性格在后天社会环境中逐渐形成,有好坏、优劣之分,能最直接地反映出一个人的道德风貌。“诚实、勤奋好学”属于性格特征。

B项,能力是直接影响人的活动效率,促使活动顺利完成的个性心理特征。

C项,气质是表现在心理活动的强度、速度、灵活性与指向性等方面的一种稳定的心理特征,即我们平时所说的脾气、秉性。

19. D 【解析】本题考查常见的适应挫折的方式。升华指心理欲望从社会不可接受的方向转向社会可接受的方向的过程。题干中,雨晴失去亲人后通过写诗作画来调节情绪,将失去亲人的悲痛转变为了写作、绘画这种积极且富有建设性的创造性活动,这是升华的体现。

A项,系统脱敏是指当某些人对某事物、某环境产生敏感反应(害怕、焦虑、不安)时,我们可以在当事人身上发展起一种不相容的反应,使其对本来可引起敏感反应的事物,不再发生敏感反应。

B项，强化法用来培养新的适应行为。根据学习原理，一个行为发生后，如果紧跟着一个强化刺激，这个行为就会再一次发生。

C项，幽默法指个体遇到挫折、处境困难或尴尬时，利用机智、双关、比喻、诙谐、自嘲等语言与动作的良性刺激方式来化解困难，以摆脱内心的失衡状态。

20. B 【解析】本题考查态度与品德形成的三阶段。态度与品德的形成是一个从外到内的转化过程，是社会规范的接受和内化，大致经历依从、认同和内化三个阶段。故C、D两项排除。内化是指在思想观点上与社会规范及其价值保持一致，将自己所认同的思想和自己原有的观点、信念融为一体，构成一个完整的价值体系。题干中国强认为欺负弱小是一种不道德的行为，并自觉杜绝此类行为，这说明国强的思想认识与行为保持一致，能自觉遵守自身理念，故国强的品德发展处于内化阶段。

A项，依从，即表面上接受规范，按照规范的要求来行动，但对规范的必要性或根据缺乏认识，甚至有抵触情绪。

21. C 【解析】本题考查课堂气氛的类型。根据师生相互作用的方式不同，课堂气氛可分为积极型、消极型、一般型和对抗型四种。故D项排除。在积极的课堂气氛中，学生精神饱满、专心听讲、反应敏捷、发言踊跃。在消极的课堂氛围中，学生无精打采、反应迟钝、情绪压抑。一般型的课堂氛围介于积极和消极型之间，即课堂教学能正常进行，教学效果一般。在对抗型的课堂氛围中，学生过度兴奋、各行其是、随便插嘴、故意捣乱，基本上是一种失控的课堂状态。故本题选C。

二、辨析题（参考答案）

22. 美育就是艺术教育。

（1）这种说法是错误的。（2）美育又称审美教育，是运用艺术美、自然美和社会生活美培养学生健康的审美观，发展他们感受美、鉴赏美、创造美的能力，培养他们高尚的情操和文明素养的教育。学校美育的内容包括形式教育、理想教育、艺术教育。艺术教育只是美育的一种形式。因此，把美育等同于艺术教育，窄化了美育的概念。故题干说法错误。

（共8分。判断4分，判断“说法正确”本题不得分；理由4分，答出美育的概念2分，内容1分，解释说明1分）

23. 学校教学应以间接经验为主。

（1）这种说法是正确的。（2）学习间接经验是学生认识客观世界的基本途径。在学校里，学生的主要任务不是去探索、发现真理，而是学习和继承已有的认识成果，把他人的认识转化为自己的认识，把人类的认识转化为个体的认识。要完成这一任务，必须在教师的指导下，以接受间接经验的方式来实现。故学校教学是以间接经验为主的，题干说法正确。

（共8分。判断4分，判断“说法错误”本题不得分；理由4分，答出“学习间接经验是学生认识客观世界的基本途径”2分，具体解释“学校教学以间接经验为主”2分）

24. 阿特金森认为，力求成功者旨在获取成就感，他们倾向于选择稳操胜券的任务。

（1）这种说法是错误的。（2）阿特金森把个体的成就动机分为两类：力求成功的动机和避免失败的动机。力求成功者的目的是获取成就，即通过各种活动努力提高自尊心和获得心理上的满足，成功概率为50%的任务是他们最有可能选择的。当他们面对完全不可能成功或稳操胜券的任务时，动机水平反而会下降。避免失败者则往往通过各种活动防止自尊心受伤害和产生心理烦恼，倾向于选择非常容易或非常困难的任务。依据题干所述，“稳操胜券的任务”是指任务的成功概率可能接近或达到百分之百，成功概率极高，这与力求成功者的任务选择倾向不符，故题干说法错误。

（共8分。判断4分，判断“说法错误”得4分，判断“说法正确”不得分；理由4分，答出力求成功者和避免失败者的任务选择倾向2分，结合题干具体解释2分）

25. 场独立型的学生比场依存型的学生更优秀。

（1）这种说法是错误的。（2）场依存型的学生对客观事物的判断常以外部线索为依据，其态度和自我认知易受周围环境或背景（尤其是权威人士）的影响，往往不易独立地对事物做出判断，而是人云亦云，从他人处获得标准；行为常以社会为定向，社会敏感性强，爱好社交活动。场独立型的学生对客观事物的判断常以自己的内部线索（经验、价值观）为依据，不易受到周围环境因素的影响和干扰，倾向于对事物的独立判断；行为常是非社会定向的，社会敏感性差，不善于社交，关心抽象的概念和理论，喜欢独处。场依存型认知风格与场独立型认知风格只是表现为学生对信息加工方式的某种偏爱，主要影响学生的学习方式，无好坏、优劣之分。故题干说法错误。

（共8分。判断4分，判断“说法错误”得4分，判断“说法正确”不得分；理由4分，答出两种认知风格的概念3分，“无好坏、优劣之分”1分）

三、简答题（参考答案）

26. 为什么说教育在人的身心发展中起主导作用？

学校教育在人的身心发展中起主导作用的原因有：（1）学校教育是有目的、有计划、有组织地培养人的活动；（2）学校有专门负责教育工作的教师，相对而言效果较好；（3）学校教育能有效地控制和协调影响学生发展的各种因素。

（共10分。答案完整得满分，答出“有目的、有计划、有组织的培养人的活动”“有专门负责的教师”“能控制和协调各因素”等关键词酌情给6～8分）

27. 简述学校教学工作的意义。

教学是贯彻教育方针，实施全面发展教育，实现教育目的的基本途径。教学工作的意义具体体现在：(1)教学是传播系统知识、促进学生发展的最有效的形式，是社会经验的再生产、适应并促进社会发展的有力手段；(2)教学是进行全面发展教育、实现培养目标的基本途径，为个人全面发展提供科学的基础和实践，是培养学生个性全面发展的重要环节；(3)教学是学校教育的中心工作，教学在学校教育工作中所占时间最多、涉及面最广、对学生的发展影响最全面深刻，对学校教育质量的影响也最大。学校教育工作必须坚持以教学为主。

（共10分。答案完整得满分，答出“实现教育目的的基本途径”“传播系统知识”“促进学生发展”“实现培养目标”“影响最全面深刻”等关键词可酌情给6～8分）

28. 注意的品质有哪些？

注意的品质包括注意的广度、注意的稳定性、注意的分配和注意的转移四种。

(1)注意的广度。注意的广度也称注意的范围，是指在同一时间内，人们能够清楚地知觉出的对象的数目。(2)注意的稳定性。注意的稳定性是指注意保持在某一对象或某一活动上的时间长短特性。持续时间愈长，注意就愈稳定。(3)注意的分配。注意的分配是指人在进行两种或多种活动时能把注意指向不同对象的现象。(4)注意的转移。注意的转移是根据新的任务，主动地把注意从一个对象转移到另一个对象或由一种活动转移到另一种活动的现象。

（共10分。答案完整得满分，答出“注意的广度”“注意的稳定性”“注意的分配”“注意的转移”四种品质及具体内容酌情给6～8分）

29. 简述福勒的教师成长三阶段论。

福勒和布朗根据教师的需要和不同时期所关注的焦点问题不同，把教师的成长划分为关注生存、关注情境、关注学生三个阶段。

(1)关注生存阶段。处于关注生存阶段的一般是新教师，他们非常关注自己的生存适应性，最担心的问题是“学生喜欢我吗”“同事们如何看我”“领导是否觉得我干得不错”等。(2)关注情境阶段。处于关注情境阶段的教师关心的是如何教好每一堂课的内容，以及班级大小、时间压力和备课材料是否充分等与教学情境有关的问题，如“内容是否充分得当”“如何呈现教学信息”“如何掌握教学时间”等。(3)关注学生阶段。处于该阶段的教师将考虑学生的个别差异，认识到不同发展水平的学生有不同的需要，根据学生的差异采取适当的教学，促进学生发展。

（共10分。答案完整得满分，答出“关注生存阶段”“关注情境阶段”“关注学生阶段”三个阶段及每个阶段的具体内容酌情给6~8分）

四、材料分析题（参考答案）

30.（1）材料中的李老师以身作则，主动打扫卫生，通过自己的实际行动，为学生们树立学习的榜样，从而改变了学生的行为，这体现了榜样示范法。

（共4分。答出榜样示范法2分；结合材料分析，答出“主动打扫卫生”“为学生们树立榜样”等关键词，且言之有理2分）

（2）榜样示范法的含义：榜样示范法是用榜样人物的优秀品德来影响学生的思想、情感和行为的德育方法。榜样包括伟人的典范、教育者的示范、学生中的好榜样等。

运用榜样示范法的要求有：①选好学习的榜样。材料中，李老师亲自打扫卫生给学生做示范，起到了教育者的榜样示范作用，给学生树立了良好的学习榜样。②激起学生对榜样的敬慕之情。材料中，李老师一丝不苟地做了一周的教室值日，使学生从开始的费解逐渐感觉到惭愧，最后对其肃然起敬。③狠抓落实，引导学生用榜样来调节行为，提高修养。材料中，李老师率先做教室值日，做在学生之前，之后还给学生安排了值日表，让全班学生都参与进来，使值日工作落到了实处。学生打扫卫生时也向李老师学习，认真负责，提高了自身修养。

（共14分。答出榜样示范法的含义2分；每条要求4分，理论依据准确、充分2分，结合材料合理阐述2分）

31.（1）材料中老师的做法运用了概括化理论。概括化理论也称经验类化（泛化）说，由美国心理学家贾德提出，其主要观点是：一个人只要对自己的经验进行了概括，就可以完成从一个情境到另一个情境的迁移。贾德认为，先前的学习之所以能迁移到后来的学习中，是因为在先前学习中获得了一般原理，这种一般原理可以部分或全部地运用于后面的学习中。对原理了解、概括得越好，迁移效果也越好。材料中，王老师引导学生总结、掌握了五言绝句的平仄规律，学生在之后的学习中能利用已掌握的方法很快总结出七言律诗的平仄规律，这种对方法原理的一般迁移符合经验类化说的内涵。

（共10分。完整答出概括化理论观点5分；结合材料进行分析且言之有理可酌情给3~5分）

（2）该理论对教学的主要启示是：根据概括化理论，在教学中，教师要注重提高学生的知识经验的概括水平，强调基本原理、基本概念的学习与掌握。这些原理掌握的程度越高，迁移到类似问题中的效果也就越明显。

（共8分。完整、准确答出概括化理论的教学启示得满分；答出“提高学生的知识经验概括水平”“掌握基本原理和概念”等关键词可酌情给4～6分）

2021年上半年中小学教师资格考试真题试卷(六)

一、单项选择题

1. C　**【解析】**本题考查外国教育学家及其著作。1939年凯洛夫主编的《教育学》被公认为世界上第一部马克思主义的教育学著作，并对新中国成立后乃至现在的教育都产生了很大的影响，该书也是我国建立初期师范院校教育学课程普遍采用的教材。故本题选C。

A项，捷克教育家夸美纽斯出版的《大教学论》最早从理论上对班级授课制做了阐述，为班级授课制奠定了理论基础。

B项，赫尔巴特的《普通教育学》标志着规范教育学的建立，这本书也被认为是第一本现代教育学著作。

D项，马卡连柯的《论共产主义教育》是马克思主义教育学的代表性著作。

2. B　**【解析】**本题考查学校教育促进个体发展的表现。学校教育对人的身心发展的促进作用表现在促进个体个性化与个体社会化两方面。真正的教育是个性化的教育，促进人的个性发展是教育最根本的功能。故本题选B。A、C、D三项不符合题意，故排除。

3. A　**【解析】**本题考查维果斯基的教学理论。最近发展区是儿童在有指导的情况下，借助成人的帮助所能达到的解决问题的水平与独自解决问题所达到的水平之间的差异，实际上是两个邻近发展阶段间的过渡状态。“跳一跳，摘到桃”说明教师在教学过程中要注意学生的最近发展区，教师的教学既要符合学生的发展水平，又要有一定难度，以充分挖掘学生的潜力。故本题选A。

B项，德国教育家瓦·根舍因著有《范例教学原理》，创立了范例教学理论。范例教学理论是指教师在教学中选择真正基础的本质的知识作为教学内容，通过“范例”内容的传授，使学生举一反三，掌握同一类知识规律的方法。

C项，“合作教育学”是20世纪80年代后期出现于苏联的一种重要的教育理论。它提倡教育过程中的师生合作，重视学生的学习兴趣、学习能力的培养以及个性的健康发展，主张取消分数而以发展学生的认识积极性为目标等。合作教育学的代表人物有阿莫纳什维利、雷先科娃、沙塔洛夫等人。

D项，苏联教育家巴班斯基著有《论教学过程最优化》，提出了教学过程最优化理论。巴班斯基认为,应该把教学看作一个系统,从系统的整体与部分之间、部分与部分之间,以及系统与环境之间的相互联系和相互作用之中考察教学,以便最优处理教育问题。

4. C 【解析】本题考查马克思主义关于人的全面发展的学说。马克思主义认为教育起源于生产劳动,教育与生产劳动相结合是培养全面发展的人的根本途径,也是唯一途径。故本题选C。A、B、D三项不符合题意,故排除。

5. D 【解析】本题考查学校教育制度的含义。学校教育制度简称学制,是一个国家各级各类学校的总体系,具体规定了各级各类学校的性质、任务、要求、入学条件、修业年限及它们之间的相互关系。故本题选D。A、B、C三项不符合题意,故排除。

6. D 【解析】本题考查教学方法。实习作业法是指教师根据学科课程标准的要求,指导学生运用所学知识在课上或课外进行实际操作,将知识运用于实践的教学方法。这种方法在自然学科的教学中占有重要的地位,如数学课的测量练习、生物课的植物栽培和动物饲养等。题干所述教学方法属于实习作业法。故本题选D。

A项,实验法是指教师引导学生使用一定的仪器和设备进行独立操作,引起某些事物和现象产生变化,从而使学生获得直接经验,培养学生技能和技巧的教学方法。

B项,参观法又称现场教学,是教师根据教学目的和要求,组织学生进行实地考察、研究,使学生获取新知识,巩固、验证旧知识的一种教学方法。

C项,演示法是指教师通过展示实物、教具和示范性的实验来说明与印证某一事物和现象,使学生掌握新知识的一种教学方法。

7. B 【解析】本题考查课程理论及其代表人物。活动中心课程理论又称学生中心课程理论、儿童中心课程理论,主要倡导者是美国实用主义教育家杜威。活动中心课程理论具有实用性、综合性、实践性等特点,是以儿童的现实生活特别是活动为中心来编制课程的理论。故本题选B。

A项,学科中心课程理论主张学校教育的目的在于把人类千百年来积累下来的文化科学知识传递给下一代,教师的任务是把各门学科的知识教给学生,学生的任务是掌握预先为他们准备好的各门学科的知识。学校课程应以学科的分类为基础,以学科教学为核心,以掌握学科的基本知识、基本规律和相应的技能为目标。

C项,要素主义课程理论的代表人物是巴格莱,该理论认为课程的内容应该是人类文化的"共同要素",传授人类种族传递下来的共同经验和文化精神;学科课程是向学生提供经验的最佳方法;重视系统知识的传授,以学科课程为中心。

D项,永恒主义课程理论的代表人物是赫钦斯,该理论认为课程涉及的第一个根本问题就是:为了实现教育目的,什么知识最有价值或如何选择学科。永恒主义对此的回答是:具有理智训练价值的传统的“永恒学科”的价值高于实用学科的价值。

易错提示:不同课程理论流派的观点与代表人物是易混易错点,考生注意区分。

<table>
<tr><th colspan="2">课程理论</th><th>代表人物</th><th>理论观点</th></tr>
<tr><td colspan="2">活动中心课程理论</td><td>杜威</td><td>强调儿童的实践活动与经验,从做中学</td></tr>
<tr><td rowspan="3">学科中心课程理论</td><td>结构主义</td><td>布鲁纳</td><td rowspan="3">强调学科知识与技能,按学科教授</td></tr>
<tr><td>要素主义</td><td>巴格莱</td></tr>
<tr><td>永恒主义</td><td>赫钦斯</td></tr>
<tr><td colspan="2">社会中心课程理论</td><td>布拉梅尔德</td><td>强调适应社会需要,关注社会现实问题</td></tr>
</table>

8. B 【解析】本题考查教学过程的本质。教学过程是一种特殊的认识过程,具有间接性的特点。学生要以掌握人类长期积累起来的科学文化知识为中介,间接地认识客观世界。即学生学习的内容是已知的,是他人经过提炼的认识成果。因而,学生在教学过程中以学习间接经验为主。故本题选B。A、C、D三项不符合题意,故排除。

9. C 【解析】本题考查教学原则。科学性和思想性相结合原则是指教学要以马克思主义为指导,授予学生科学知识,并结合知识教学对学生进行社会主义品德和正确人生观、科学世界观的教育。这一原则的实质是要求在教学活动中把教书和育人有机地结合起来。题干中,王老师既传授了科学知识,又对学生进行了科学世界观的教育,科学解释了“鬼火”现象产生的原因,有利于破除封建迷信思想,贯彻了科学性和思想性相结合的原则。故本题选C。

A项,循序渐进原则在西方常称为系统性原则,是指教师要严格按照科学知识的内在逻辑和学生的认知发展规律进行教学,使学生掌握系统的科学文化知识,能力得到充分的发展。

B项,直观性原则是指在教学活动中,教师应尽量利用学生的多种感官和已有的经验,通过各种形式的感知,使学生获得生动的表象,从而比较全面、深刻地掌握知识。

D项,启发性原则是指在教学活动中,教师要调动学生的主动性和积极性,引导他们通过独立思考、积极探索,生动活泼地学习,自觉地掌握科学知识,提高分析问题和解决问题的能力。

10. A 【解析】本题考查学校体育的根本任务。学校体育的根本任务是增强学生的体质,这是学校体育与学校其他活动最根本的区别。故本题选A。B、C、D三项不符合题意,故排除。

11. A 【解析】本题考查德育的方法。实际锻炼法是有目的地组织学生参加各种实际活动,使其在活动中锻炼思想,增长才干,培养优良的思想和行为习惯的德育方法。题干引文的意思是：上天将要把重任降临到某人身上的时候，一定要先使他的意志遭受磨炼，使他的筋骨经受劳累，使他的身体忍受饥饿，使他的全身困苦疲乏，使他的行为总是遭受困扰麻烦。这样，便可使他的内心受到震动，使他的性格更加坚韧，从而增加他所未具备的能力。显然，这强调的是实践锻炼的重要性，体现的德育方法是实际锻炼法。故本题选A。

B项，品德评价法是通过对学生品德进行肯定或否定的评价而予以激励或抑制，促使其品德健康形成和发展的德育方法。它包括奖励、惩罚、评比和操行评定等。

C项，情感陶冶法，有时也称陶冶教育法，是指教育者自觉创设良好的教育情境，潜移默化地使受教育者在道德和思想情操等方面受到感染、熏陶的方法。

D项，榜样示范法是用榜样人物的优秀品德来影响学生的思想、情感和行为的德育方法。榜样包括伟人的典范、教育者的示范、学生中的好榜样等。

12. B 【解析】本题考查影响遗忘过程的因素。系列位置效应是影响遗忘过程的因素之一。所谓系列位置，是指在系列学习中，学习材料处于系列记忆的不同位置。位置不同，回忆效果也不同。系列位置效应是指接近开头和末尾的记忆材料的记忆效果好于中间部分的记忆效果的趋势。开头部分和结尾部分的记忆效果较好，分别称为首因效应和近因效应。根据题干描述，最后呈现的单词的记忆效果较好，这种现象是近因效应。

方法技巧：首因效应和近因效应、前摄抑制和倒摄抑制都属于“记忆”这一知识点，考生应注意区分。

现象	含义	对学习的影响
首因效应	开头部分的材料记忆效果好	能加深对材料的记忆，有利于学习
近因效应	结尾部分记忆效果好	
前摄抑制	先前的学习干扰到后面的学习	两种抑制互相作用、影响，都对材料记忆起干扰、阻碍作用
倒摄抑制	后面的学习干扰到对先前知识的记忆	

13. A 【解析】本题考查认知风格的类型。场依存型的学生对客观事物的判断常以外部线索为依据，其态度和自我认知易受周围环境或背景（尤其是权威人士）的影响，往往不易独立地对事物做出判断，而是人云亦云，从他人处获得标准。题干中，阳慧以他人的建议为参考作出决策，这表明她是场依存型认知风格。

B项，场独立型的学生对客观事物的判断常以自己的内部线索（经验、价值观）为依据，不易受到周围环境因素的影响和干扰，倾向于对事物的独立判断；行为常是非社会定向的，社会敏感性差，不善于社交，关心抽象的概念和理论，喜欢独处。

C项，继时性认知风格的特点是：在解决问题时，能一步一步地分析问题，每一个步骤只考虑一种假设或一种属性，提出的假设在时间上有明显的先后顺序，第一个假设成立后再检验第二个假设，解决问题的过程像链条一样，一环扣一环，直到找到问题的答案。

D项，同时性认知风格的特点是：在解决问题时，采取宽视野的方式，同时考虑多种假设，并兼顾解决问题的各种可能性。

14. A 【**解析**】本题考查行为改变的基本方法。强化法用来培养新的适应行为。根据学习原理，一个行为发生后，如果紧跟着一个强化刺激，这个行为就会再一次发生。题干中，老师对赵敏主动提问的行为，及时给予表扬，以强化其主动提问、发言的行为，这种促进行为改变的方法属于强化法。

B项，精神分析法是通过特殊的治疗设置，运用精神分析技术，如分析阻抗、移情、反移情和释梦等，对患者潜意识的心理冲突和不成熟防御方式的理解和调整，以缓解症状，促进患者人格成熟的心理治疗方法。

C项，榜样示范法是用榜样人物的优秀品德来影响学生的思想、情感和行为的德育方法。

D项，系统脱敏法是指当某些人对某事物、某环境产生敏感反应（害怕、焦虑、不安）时，我们可以在当事人身上发展起一种不相容的反应，使其对本来可引起敏感反应的事物，不再发生敏感反应。

15. C 【**解析**】本题考查注意的分类。根据注意过程中有无预定目的和是否需要意志努力的参与，注意可以分为无意注意、有意注意和有意后注意三种。故A项为干扰选项，排除。

C项，无意注意也称不随意注意，是没有预定目的、无需意志努力、不由自主地对一定事物所发生的注意。题干中，同学们在课堂上不由自主地看向突然飞入教室的小鸟，这时所产生的注意既没有预定目的，也不需要意志努力，属于无意注意。故答案选C。

B项，随意后注意是指有预定目的，但不需要意志努力的注意。

D项，有意注意也称随意注意，是有预定目的、必要时需要意志努力、主动地对一定事物所发生的注意。

16. B 【**解析**】本题考查皮亚杰的道德发展阶段理论。皮亚杰把儿童的品德发展划分为自我中心阶段、权威阶段、可逆性阶段和公正阶段四个阶段。其中，道德发展处于权威阶段的儿童服从外部规则，接受权威指定的规范，把人们规定的准则看作是固定的、不可变更的，而且只根据行为后果来判断对错。题干中，欣怡认为规则是绝对的、不可变更的,这表明她的道德发展水平处于权威阶段。

A项,自我中心阶段的儿童虽然已经能够接受外界的规则,但会不顾准则的规定,按照自己的意愿去执行规则。规则对于儿童来说,还不具有约束力。

C项,道德发展处于可逆性阶段的儿童一般都形成了这样的概念,如果所有的人都同意的话,规则是可以改变的。儿童已经意识到一种同伴间的社会关系,应相互尊重。

D项,道德发展处于公正阶段的儿童开始倾向于主持公正、公平等。儿童不再刻板地按固定的规则去判断,在依据规则判断时会先考虑到同伴的一些具体情况,从关心和同情出发去判断。

17. D 【解析】本题考查班杜拉的自我效能感理论。效能期待是指人对自己能够进行某一行为的能力的推测或判断,它意味着人是否确信自己能够成功地进行带来某一结果的行为。当个体确信自己有能力进行某一活动时,他就会产生高度的"自我效能感",并努力实施该活动。依据题干表述,李伟相信自己能够听懂老师讲的知识时就会认真听课,这属于效能期待。故答案选D。

A项,结果期待是指人对自己的某一行为会导致某一结果的推测。

B、C两项为干扰选项,故排除。

18. B 【解析】本题考查教师成长的三阶段理论。福勒和布朗根据教师的需要和不同时期所关注的焦点问题不同,把教师的成长划分为关注生存、关注情境和关注学生三个阶段。故D项排除。

处于关注学生阶段的教师将考虑学生的个别差异,认识到不同发展水平的学生有不同的需要,根据学生的差异采取适当的教学,促进学生发展。题干中,张老师能关注到学生的个体差异,因材施教,这说明他处于关注学生阶段。

A项,处于关注生存阶段的一般是新教师,他们非常关注自己的生存适应性,最担心的问题是"学生喜欢我吗""同事们如何看我""领导是否觉得我干得不错"等。

C项,处于关注情境阶段的教师关心的是如何教好每一堂课的内容,以及班级大小、时间压力和备课材料是否充分等与教学情境有关的问题。

方法技巧: 对于教师成长的不同阶段,考生应重点掌握三个词——生存、情境和学生。在关注生存阶段,教师主要关注个人关系、人际处理的相关问题;在关注情境阶段,教师主要关注教学情境的相关问题;在关注学生阶段,教师注重因材施教,关注学生的个体差异。

19. A 【解析】本题考查学习动机的分类。根据动机发挥作用的时间长短,可把学习动机分为近景性动机和远景性动机。近景性动机是指在近期内激发个体行为,常与近期目标相联系的动机。远景性动机是指能够激发个体长期行为、使个体制定长期目标的动机。

根据动机产生的诱因来源，可以把学习动机分为内部学习动机和外部学习动机。内部学习动机是指诱因来自学习者本身的内在因素，即学生因对活动本身发生兴趣而产生的动机。外部学习动机是指诱因来自学习者外部的某种因素，即在学习活动以外由外部的诱因激发出来的学习动机。

题干中，晓东为了获得父母的奖励而努力学习，这是一种外部学习动机；他努力学习的目标是争取期末考试取得好成绩，这是一种近景性动机。所以，晓东的学习动机属于近景、外部动机。

20. B 【解析】本题考查想象的种类。根据想象的目的和计划性，可将想象分为无意想象和有意想象。无意想象又称不随意想象，是没有预定目的，不由自主产生的想象。题干中，伟华看到天上的浮云就在脑海中产生了“骏马”“恐龙”等动物形象，这种想象属于无意想象。

A项，有意想象又称随意想象，是指有预定目的、自觉进行的想象，是意识活动的一种形式。

C项，再造想象是依据词语或符号的描述、示意在头脑中形成与之相应的新形象的过程。

D项，创造想象是按照一定目的、任务，使用自己以往积累的表象，在头脑中独立地创造出新形象的过程。

21. D 【解析】本题考查学习策略。复述策略是指在工作记忆中为了保持信息，运用内部语言在大脑中重现学习材料或刺激，以便将注意力维持在学习材料上的方法。题干中反复地背诵、记忆单词的学习策略属于复述策略。

A项，监控策略是指在认知过程中，根据认知目标及时检测认知过程，寻找两者之间的差异，并对学习过程及时进行调整，以期顺利实现有效学习的策略。

B项，组织策略是指将经过精加工提炼出来的知识点加以构造，形成更高水平的知识结构的信息加工策略。

C项，计划策略是指根据认知活动的特定目标，在认知活动开始之前计划完成任务所涉及的各种活动、预计结果、选择策略，设想解决问题的方法，并预估其有效性等。

二、辨析题(参考答案)

22. 教学评价就是某一学段结束后，对学生学业成绩的总评价。

(1)这种说法是错误的。(2)教学评价是指以教学目标为依据，通过一定的标准和手段，对教学活动及其结果给予价值上的判断，即对教学活动及其结果进行测量、分析和评定的过程。教学评价一般包括对教学过程中教师、学生、教学内容、教学方法、教学设备等因素的评价。题干只体现了教学评价的一个方面，因而错误。

（共8分。判断4分，判断“说法正确”本题不得分；理由4分，答出教学评价的概念2分，教学评价包含的各因素1分，结合题干具体解释1分）

23. 教育具有自身的发展规律，不受社会发展的制约。

（1）这种说法是错误的。（2）教育具有自身的发展规律，但这不意味着教育完全独立于社会的发展。在社会历史发展的过程中，教育的目的与制度、内容与方法、规模与速度，无不受到一定社会的生产力、经济政治与文化等因素的制约。因此，本题说法错误。

（共8分。判断4分，判断“说法正确”本题不得分；理由4分，答出“教育不完全独立于社会发展”2分，针对教育受社会生产力、经济政治、文化制约进行解释说明2分）

24. 后继学习对先前学习产生负迁移作用。

（1）这种说法是错误的。（2）逆向迁移是指后继学习对先前学习产生的影响。而负迁移是指一种学习对另一种学习产生阻碍作用。题干中所说的“后继学习对先前学习产生作用”属于逆向迁移，而后继学习既可能促进先前学习（即正迁移），也可能对先前学习产生阻碍作用（即负迁移）。因此，题干认为后继学习只能对先前学习产生负迁移作用的说法过于绝对，是错误的。

（共8分。判断4分，判断“说法错误”得4分，判断“说法正确”不得分；理由4分，答出逆向迁移的概念1分，负迁移的概念1分，结合题干具体阐述“后继学习对先前学习可能产生正迁移、负迁移两种作用”2分）

25. 气质由遗传决定。

（1）这种说法是正确的。（2）气质是表现在心理活动的强度、速度、灵活性与指向性等方面的一种稳定的心理特征，即我们平时所说的脾气、秉性。气质是先天的，由遗传因素决定，受生理影响较大。因此，题干说法正确。

（共8分。判断4分，判断“说法正确”得4分，判断“说法错误”本题不得分；理由4分，答出气质的概念2分，具体阐述“气质属于先天”2分）

三、简答题（参考答案）

26. 简述教学工作的基本环节。

（1）备课；（2）上课；（3）作业的布置与反馈；（4）课外辅导；（5）学业成绩的检查与评定。

（共10分。每点2分，答案完整得满分，答出“备课”“上课”“作业”“辅导”“学业成绩”等关键词可酌情给6～8分）

27. 班主任培养班集体的主要方法有哪些？

(1)确定班集体的发展目标；(2)建立得力的班集体核心；(3)建立班集体的正常秩序；(4)组织形式多样的教育活动；(5)培养正确的舆论与良好的班风。

（共10分。每点2分，答案完整得满分，答出“目标”“核心”“秩序”“活动”“舆论、班风”等关键词可酌情给6～8分）

28. 简述建构主义学习理论的主要观点。

(1)知识观：建构主义在一定程度上对知识的客观性和确定性提出质疑，强调知识的动态性。

(2)学习观：建构主义在学习观上强调学习的主动建构性、社会互动性和情境性三方面。

(3)学生观：建构主义非常强调学习者本身已有的经验结构，认为学习者在学习新信息、解决新问题时往往可以基于相关的经验，依靠其认知能力形成问题的解释。教学不能无视学生的已有经验，而是要把学生现有的知识经验作为新知识的生长点，引导学生从原有的知识经验中发展出新的知识经验。

（共10分。答案完整得满分，答出“知识观”“学习观”“学生观”及相关内容可酌情给6～8分）

29. 培养学生创造性的主要途径有哪些？

(1)培养创造性认知能力；(2)注重创造性个性的塑造；(3)创设有利的社会环境；(4)培养创造型的教师队伍。

（共10分。答案完整得满分，答出“创造性认知能力”“创造性个性塑造”“有利的社会环境”“创造性教师队伍”及相关内容可酌情给6～8分）

四、材料分析题（参考答案）

30. 材料中的“我”贯彻了疏导原则、教育影响的一致性和连贯性原则、依靠积极因素，克服消极因素原则（长善救失原则）、因材施教原则（从学生实际出发）、集体教育与个别教育相结合原则和知行统一原则（理论联系实际原则）。

(1)疏导原则是指进行德育时要循循善诱、以理服人，从提高学生认识入手，调动学生的主动性，使他们积极向上。材料中的“我”语重心长地找王伟谈心，因势利导，循循善诱，贯彻了该原则。

(2)教育影响的一致性与连贯性原则是指在德育工作中，教育者应主动协调多方面教育力量，有计划、有系统、前后连贯地教育学生，发挥教育的整体功能，培养学生正确的思想品德。材料中的“我”定期对王伟进行家访,与其父母进行沟通和交流,并针对王伟的情况提供给王伟父母恰当的建议,充分发挥家庭教育的力量,这贯彻了该原则。

(3)依靠积极因素,克服消极因素原则(长善救失原则)是指在德育工作中,教育者要善于依靠、发扬学生自身的积极因素,调动学生自我教育的积极性,克服消极因素,以达到长善救失的目的。材料中,“我”创造条件,让王伟担任学校清洁区卫生评分员,同学们还让他画黑板报的报头和插图,既培养了王伟的责任心,又发挥了他的长处,使其获得了自信,这贯彻了该原则。

(4)因材施教原则(从学生实际出发)是指教育者在德育过程中,应根据学生的年龄特征、个性差异以及品德发展现状,采取不同的方法和措施。材料中的“我”面对王伟的问题,通过家访了解王伟出现问题的原因,并采取了开主题班会、跟王伟谈心、让王伟担任卫生评分员等一系列针对性的措施,来帮助王伟改掉沉迷网络的不良习惯,这贯彻了该原则。

(5)集体教育与个别教育相结合原则是指在德育过程中,教育者要善于组织和教育学生热爱集体,并依靠集体教育每个学生,同时通过对个别学生的教育,来促进集体的形成和发展,从而把集体教育和个别教育有机地结合起来。材料中的“我”通过召开主题班会,利用集体的力量提高了王伟的思想认识,并且也使全班学生提高了思想认识。此外,通过班级同学的帮助和王伟自己的努力,一个学期下来,王伟不再沉迷于网络,学习和思想都有了很大的进步。这都表明“我”贯彻了该原则。

(6)知行统一原则(理论联系实际原则)是指教育者在进行德育时,既要重视对学生进行系统的思想道德的理论教育,又要重视组织学生参加实践锻炼,把提高认识和行为养成结合起来,使学生做到言行一致。针对王伟沉迷网络游戏的问题,材料中的“我”召开关于网络游戏的主题班会,使王伟认识到旷课上网的行为不对。然后,“我”又与王伟约定让他坚持不上网,每坚持一天他就会收到一位同学的鼓励,而王伟最终也不再沉迷网络游戏,这表明“我”贯彻了该原则。

(共18分。每点3分,答出“疏导原则”“教育影响的一致性和连贯性原则”“依靠积极因素,克服消极因素原则(长善救失原则)”“因材施教原则(从学生实际出发)”“集体教育与个别教育相结合原则”“知行统一原则(理论联系实际原则)”六条原则并结合材料对每条原则加以分析,答案完整得满分)

31. (1)教师期望效应也叫罗森塔尔效应,即教师的期望或明或暗地传送给学生,会使学生按照教师所期望的方向来塑造自己的行为。具体来说,教师期望效应具有激励、调整、转化、支援性作用。材料体现了以下几条:

①激励作用。教师以激励的教育方式诱导学生产生内驱力,从而把教师的教育教学要求内化为学生的自觉行动,便会使学生获得生动、活泼、主动的发展。材料中,李老师鼓励、肯定上官文俐,认为她会像姐姐一样优秀,在这一期望的激励下,上官文俐积极主动地学习、为班级服务,努力使自己变得像姐姐一样优秀。这体现了教师期望对学生的激励作用。

②转化作用。每个学生都有一种内隐的潜质,即积极向上的要求、自我完善的愿望、自控和调节的适应能力。这种潜质一旦被教师的期望和爱心所激发,就会或快或慢,或迟或早地展现其积极的方面。材料中,李老师的鼓励和关注,激发了上官文俐积极向上、自我发展的愿望,促使上官文俐在创新竞赛中取得好成绩,还团结同学,积极为班级服务,展现出了自己积极的一面。这体现了教师期望的转化作用。

③调整作用。教师期望效应具有调整师生关系的功能,即当教师的期望与学生的思想认识达到同一"频率"的时候,师生之间就会产生认识、情感、思维等方面的"共鸣"。这种民主平等、思维共振、情感共鸣的师生关系,会使学生在师生交往中体验到平等、民主、尊重、信任,同时受到激励和鼓舞,形成积极的人生态度与情感体验。材料中,上官文俐受教师期望的激励,相信自己,并以积极、努力、认真的态度学习,团结同学,这体现了教师期望的调整作用。

(共10分。答出教师期望效应的概念及作用4分;结合材料分析激励、转化、调整三个作用6分)

(2)教师期望效应表明,教师的期望对学生的发展起着重要作用,教师在教学过程中要合理利用教师期望,引导学生成长。在教育过程中利用教师期望应当注意以下几点:

①教师应对学生抱以积极的期待,而非消极期待,尤其是对后进生,更要传递积极期待,在言语以及实际行动上给予学生鼓励支持。

②教师应对所有学生都抱以期待,要关注全体学生,而非个别学生。

③教师要有意识地告诉学生自己对他们的期望,并促使这种期望变为学生对自己的"自我期望"。

④教师应当让学生坚信,只要努力,期望一定能变成现实。

⑤教师要帮助学生制订实现期望的具体计划,把抽象的期望具体化、行动化,并让学生从中感受实现期望的乐趣,克服挫折,不断鼓励、支持学生朝期望的目标前进。必要时,教师还要为学生创造条件、培养学生实现期望的技能,帮助他们达到期望目标。

（共8分。答出“对学生报以积极期待”“关注全体学生”“帮助学生制订实现期望的计划”“将教师期望变成学生的自我期望”等至少四点教育启示，阐述合理可酌情给6～8分）

2020年下半年中小学教师资格考试真题试卷（七）

一、单项选择题

1. A 【解析】本题考查的是《学记》的地位。《学记》（收入《礼记》）是中国也是世界教育史上的第一部教育专著，成文大约在战国末期。故本题选A。

B项，《论语》记录了孔子及其弟子的言行，集中体现了孔子的教育思想和理论主张。

C项，昆体良的著作《论演说家的教育》（也称《雄辩术原理》）被誉为古代西方的第一部教学法论著。

D项，《理想国》是柏拉图的代表作，集中体现了其教育思想。

2. C 【解析】本题考查的是影响个体身心发展的主要因素。在影响人的发展的因素中，教育对人的发展特别是对年青一代的发展起着主导作用和促进作用。遗传素质是人的身心发展的物质前提，环境为人的发展提供了多种可能，个体主观能动性是人的身心发展的内在动力，也是促进个体发展从潜在的可能状态转向现实状态的决定性因素。综上所述，本题选C。

3. A 【解析】本题考查的是教育与社会的发展。生产力的发展促使经济结构产生各种变化，从而也决定了教育结构的变化。社会必须根据生产力发展水平以及在此基础上形成的经济结构，采取与之相适应的教育结构，生产出一定数量和质量的人才，才能满足生产力发展的需要。大力发展高等职业教育是我国生产力发展的需要，体现了生产力对教育结构的影响。故本题选A。B、C、D三项不符合题意，故排除。

4. D 【解析】本题考查的是现代学制的类型。分支型学制是介于单轨学制和双轨学制之间的一种学制，前段是单轨，后段分叉，既有上下级学校间的相互衔接，又有职业技术学校横向的相互联系，形成了立体式的学制。题干中的国家的学制类型属于分支型学制。故本题选D。

A项，美国的现代学制最初也是双轨学制，但是美国在历史上没有特权阶层，学术性的一轨没有得到充分发展，而群众性的新学校迅速发展起来，从而开创了从小学直至大学、形式上任何儿童都可以入学的单轨学制。这种学制有利于教育的普及，但教育参差不齐、效益低下、发展失衡，同级学校之间教学质量相差较大。

B项，双轨学制以英国的双轨学制为典型代表，法国、联邦德国等欧洲国家的学制都属这种学制。它的学校系统分为两轨：一轨是学术教育，为特权阶层子女所占有，学术性很强，学生可升到大学以上；另一轨是职业教育，为劳动人民的子弟所开设，属生产性的一轨。这两轨既不相通，也不相接，最初甚至也不对应。这种学制不利于教育的普及。

C项，多轨学制为干扰项，排除。

方法技巧：考生注意区分单轨学制、双轨学制和分支型学制的特点。

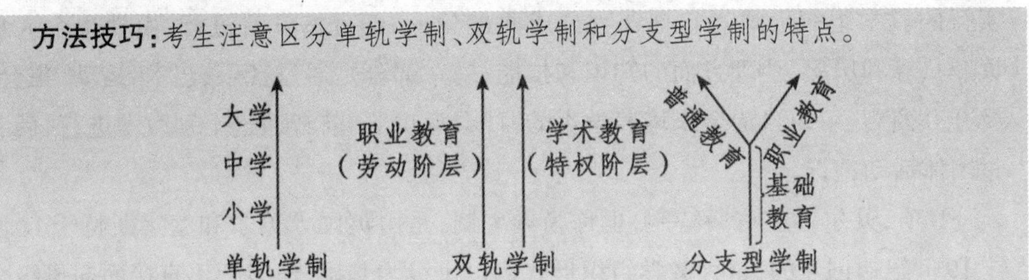

5. B 【解析】本题考查教育目的的价值取向。个人本位论认为教育的根本目的是人的本性和本能的高度发展。卢梭是个人本位论的代表人物，倡导自然教育。他认为，人生来具有良心、理性、自由，具有善良的天性，个人自由、幸福是人与生俱来的"自然权利"，教育的目的就是要培养具有独立人格的"自然人"，促进人的自然发展。卢梭的观念体现了个人本位论的内涵。本题选B。

A项，社会本位论认为确立教育目的的根据是社会的要求，个人的发展必须服从社会需要。教育的目的是为社会培养合格的成员和公民，社会价值高于个人价值。

C项，宗教本位论认为教育对人的肉体和精神都要关心，但主要关心的应当是灵魂。主张回归宗教教育，以培养青年对于上帝的虔诚信仰作为教育的最高目标。宗教本位论的代表人物是夸美纽斯。

D项，自然本位论为干扰项，排除。

6. D 【解析】本题考查的是综合实践活动课程的开设范围。《基础教育课程改革纲要（试行）》在课程结构方面提出，从小学至高中设置综合实践活动并作为必修课程，其内容主要包括：信息技术教育、研究性学习、社区服务与社会实践以及劳动与技术教育。故本题选D。A、B、C三项不符合题意，故排除。

7. B 【解析】本题考查的是课程的文本形式。课程的文本形式是指课程的书面表现形式，从宏观到微观，依次包括课程计划、课程标准、教材（教科书）。故本题选B。A、C、D三项不符合题意，故排除。

8. A 【解析】本题考查的是教学组织形式。特朗普制由美国教育家劳伊德·特朗普在20世纪50年代创立。它把大班上课、小组讨论、个人自学（个人独立研究）结合在一起，以灵活的时间单位代替固定统一的上课时间，以大约20分钟为计算课时的单位。题干所述体现了特朗普制的内涵。故本题选A。

B项，道尔顿制是由美国教育家柏克赫斯特创建的一种新的教学组织形式 。运用这种方法时 ，教师不再讲授，只为学生指定自学参考书、布置作业，由学生自学和独立完成作业后，向教师汇报学习情况和接受考查。

C项，文纳特卡制是美国人华虚朋于1919年在芝加哥市郊文纳特卡镇公立学校实行的教学组织形式。它把课程分成两部分：一部分按学科进行，由学生个人自学读、写、算和历史、地理方面的知识和技能；另一部分是通过音乐、艺术、运动、集会，以及开办商店、组织自治会来培养学生的"社会意识"。前者通过个别教学进行，后者通过团体活动进行。

D项，贝尔—兰喀斯特制，也称为导生制，是由英国人贝尔和兰喀斯特于18世纪末19世纪初创建的，这种教学组织形式仍以班级为基础，但教师不直接面向班级全体学生，教师先把教学内容教给年龄较大的学生，而后由他们中间的佼佼者——导生去教年幼的或成绩较差的其他学生。

9. B 【解析】本题考查的是教学评价。档案袋评价又称学生成长记录袋评价，是教师依据教学目标与计划，请学生持续一段时间主动收集、组织与省思学习成果的档案，以评定其努力、进步、成长情形的一种评价方法。档案袋评价侧重记录学生的成长过程，因此是一种形成性评价。故本题选B。

A项，诊断性评价是在学期开始或一个单元教学开始时，为了了解学生的学习准备状况及影响学习的因素而进行的评价。它包括各种通常所称的摸底考试。

C项，总结性评价也称为终结性评价，是在一个大的学习阶段、一个学期或一门课程结束时对学生学习结果的评价。

D项，标准性评价为干扰项，排除。

10. C 【解析】本题考查的是德育方法。品德评价法是通过对学生品德进行肯定或否定的评价而予以激励或抑制，促使其品德健康形成和发展的德育方法。它包括奖励、惩罚、评比和操行评定等。题干中，王老师把表现好、进步大的学生的照片贴在"明星墙"上以示奖励，给予学生肯定评价，这种德育方法是品德评价法。故本题选C。

A项，说服教育法又叫说理教育法，是通过语言说理，使学生明晓道理、分清是非、提高品德认识的德育方法。

B项，实际锻炼法是有目的地组织学生参加各种实际活动，使其在活动中锻炼思想，增长才干，培养优良的思想和行为习惯的德育方法。锻炼的方式主要包括执行制度、委托任务和组织活动等。

D项，情感陶冶法，有时也称陶冶教育法，是指教育者自觉创设良好的教育情境，潜移默化地使受教育者在道德和思想情操等方面受到感染、熏陶的方法。

11. D 【解析】本题考查的是德育原则。疏导原则是指进行德育时要循循善诱、以理服人，从提高学生认识入手，调动学生的主动性，使他们积极向上。疏导原则也就是循循善诱原则。题干中，孔子以经过加工的竹子能够射得更深来比喻经过教育的人能取得更高的成就，由此改变了子路的观点，让他认识到教育的作用。这符合疏导原则的内涵。故本题选D。

A项，教育影响的一致性和连贯性原则是指在德育工作中，教育者应主动协调多方面教育力量，统一认识和步调，有计划、有系统、前后连贯地教育学生，发挥教育的整体功能，培养学生正确的思想品德。

B项，理论联系实际原则是指教师在教学中，应使学生从理论与实际的结合中来理解和掌握知识，并引导他们运用新获得的知识去解决各种实际问题，培养他们分析问题和解决问题的能力。

C项，长善救失原则是指在德育工作中，教育者要善于依靠、发扬学生自身的积极因素，调动学生自我教育的积极性，克服消极因素，以达到长善救失的目的。

12. B 【解析】本题考查的是注意的品质。注意不稳定表现为注意的分散，也叫分心，是指注意离开了当前应当完成的任务而被无关的事物所吸引。题干中，建华在听课过程中玩手机或做小动作，其注意力并未集中在学习上，而是被其他事物所吸引，故属于注意分散。

A项，注意集中是指心理活动被停留在被指向对象的强度和紧张度。

C项，注意的分配是指人在进行两种或多种活动时能把注意指向不同对象的现象。

D项，注意的转移是根据新的任务，主动地把注意从一个对象转移到另一个对象或由一种活动转移到另一种活动的现象。

方法技巧：注意的分配、注意转移与注意分散不同。注意的分配是主动的、有目的的，注意力仍集中在当前任务上。注意的转移是主动的、有目的的、符合当前活动需要的过程。注意的分散却是受无关事物吸引，心理活动离开了当前的任务，是被动的、不符合当前活动需要的过程。

13. B 【解析】本题考查的是行为主义学习理论的应用。行为主义认为，人的学习行为倾向完全取决于某种行为与刺激因强化而建立的稳固联系，受到强化的行为比没受强化的行为更倾向于再次出现。行为主义常采用奖励、表扬或批评、惩罚等手段对行为进行强化。题干中，张老师用奖励来激发学生的学习动机，这属于对行为主义学习理论的应用。

A项，人本主义学习观强调“有意义的学习”。

C项，认知主义学习观重视理性，重视知识的传授和积累，强调学习认知过程。

D项，建构主义在学习观上强调学习的主动建构性、社会互动性和情境性三方面。

14. C 【**解析**】本题考查的是奥苏伯尔的学习动机分类。根据学校情境中的学业成就动机的不同，奥苏伯尔等人将动机分为认知内驱力、自我提高内驱力和附属内驱力。故D项排除。附属内驱力指个体为了获得长者（如家长、教师）的赞许或认可而表现出把工作、学习做好的一种需要。它既不直接指向学习任务本身，也不把学业成就看作赢得地位的手段，而是为了从长者或同伴那里获得赞许和接纳。题干中，晓磊努力学习是为了获得老师或家长的表扬，这体现的是附属内驱力，故选C。

A项，认知内驱力指个体要求了解、理解和掌握知识以及解决问题的需要。

B项，自我提高内驱力指个体因自己的学业成就而获得相应的地位和威望的需要。

方法技巧：在做此类题目时，考生应注意把握题干中的关键词，如追求知识乐趣的为认知内驱力，追求他人赞许的为附属内驱力，追求地位的为自我提高内驱力。

15. D 【**解析**】本题考查的是皮亚杰的认知发展阶段理论。形式运算阶段是儿童思维发展趋于成熟的阶段。认知发展处于这一阶段的儿童已具备抽象逻辑思维，能理解符号的意义、隐喻和直喻，对事物做一定的概括，其思维发展水平已接近成人的水平。题干中，梦佳能理解“物质决定意识，意识反作用于物质”的含义，这表明其已具有抽象逻辑思维，并出现了辩证思维，这符合形式运算阶段的特征，故选D。

方法技巧：考生在做皮亚杰的认知发展阶段理论方面的题时，可以根据下列表格进行理解与记忆。

阶段	年龄	特点
感知运动阶段	0～2岁	简单的动作方面的发展
前运算阶段	2～7岁	表象、符号方面的发展
具体运算阶段	7～11岁	能够借助实物和直观形象解决问题
形式运算阶段	11岁～成人	抽象逻辑思维方面的发展

16. B 【**解析**】本题考查的是自我意识的发展阶段。个体自我意识的发展经历了从生理自我到社会自我，再到心理自我的过程。故D项排除。心理自我是在青春期开始形成和发展的。处于该阶段的青年，他们的自我评价越来越客观、公正和全面，且

具有社会道德性，并在此基础上形成自我理想，追求最有意义和最有价值的目标。题干中的描述符合该阶段的特点，故选B。

A项，生理自我是自我意识最原始的形态。生理自我在3岁左右基本成熟。

C项，儿童在3岁以后，自我意识的发展进入社会自我阶段。社会自我至少年期基本成熟。

17. A 【解析】本题考查的是心理辅导方法。理性—情绪疗法认为，人的情绪是由他的思想决定的，合理的观念导致健康的情绪，不合理的观念导致负向的、不稳定的情绪。所以该疗法强调要通过改变不合理的信念来调节情绪。因此，题干中的教师采用的方法正是理性—情绪疗法，本题选A。

B项，系统脱敏法是指当某些人对某事物、某环境产生敏感反应（害怕、焦虑、不安）时，我们可以在当事人身上发展起一种不相容的反应，使其对本来可引起敏感反应的事物，不再发生敏感反应。

C项，阳性强化法的理论基础是行为主义理论，通过及时奖励目标行为，忽视或淡化异常行为，促进目标行为的产生。

D项，来访者中心疗法由罗杰斯创立。他认为在影响自我发展或自我实现的生活环境中，最主要的是人际关系。因此，他认为咨询成功的关键在于为来访者提供一种良好的人际关系和气氛，咨询师应当以真诚、无条件积极关注和共情的态度对待来访者。

18. D 【解析】本题考查的是普雷马克原理。凡是能增强行为频率的刺激或事件都叫作强化物。在选择强化物时，可以遵循普雷马克原理，又称为“祖母法则”，即用高频活动作为低频活动的有效强化物或者说用学生喜爱的活动去强化学生参与不喜爱的活动。在运用此原理时需注意，行为和强化的关系不能颠倒，必须先有行为，再有强化。根据普雷马克原理可知，最合理的安排是用玩游戏这个高频活动来强化写作业这一低频活动。即当孩子完成作业后，就奖励他玩游戏，以此增加孩子认真完成作业这一行为的出现频率。故本题选D。A、B、C三项为干扰选项，故排除。

19. C 【解析】本题考查的是柯尔伯格的道德发展理论。寻求认可取向阶段，又叫好孩子的道德定向阶段，这一阶段的儿童以人际关系和谐为导向，顺从传统的要求，符合大众的意见，谋求大家的称赞。在进行道德评价时，总是考虑到社会对一个“好孩子”的期望和要求，并总是按照这种要求去展开思维。题干中，晓旭认为听话的孩子就是好孩子，并以这种思维来要求自己，遵从老师和家长的要求，以获得称赞，其行为表现符合寻求认可阶段的特征，故选C。

方法技巧：柯尔伯格的道德发展理论属于高频考点，并且命题时更倾向于考查习俗水平和后习俗水平的阶段特点。

道德发展水平	道德发展阶段	特点
前习俗水平	服从与惩罚定向阶段	逃避惩罚
	相对功利取向阶段	以自我为中心
习俗水平	寻求认可取向阶段	考虑他人和大众,做"好孩子"
	遵守法规取向阶段	服从法规和社会规范
后习俗水平	社会契约取向阶段	不盲从规范准则、灵活考虑
	普遍伦理取向阶段	有自己的价值观、品德高尚

20. C 【解析】本题考查的是课堂气氛的类型。根据师生相互作用的方式不同,可以将课堂气氛划分为积极的课堂气氛、消极的课堂气氛、一般型课堂气氛和对抗的课堂气氛。其中,在消极的课堂气氛中,学生紧张拘谨、心不在焉、反应迟钝、小动作多。因此,题干中描述的课堂气氛属于消极型课堂气氛。

A项,在积极的课堂气氛中学生精神饱满,注意力集中,专心听讲,积极思维,反应敏捷,发言踊跃。

B项,在对抗的课堂气氛中学生随心所欲,各行其是;学生注意力指向无关对象;教师无法正常上课,时常被学生打断或不得不停下来维持课堂纪律,基本上是一种失控的课堂状态。

D项为干扰选项,故排除。

21. A 【解析】本题考查的是教学操作能力的概念。教学操作能力是指教师在教学中使用策略的水平,其水平高低主要看他们是如何引导学生掌握知识、积极思考、运用多种策略解决问题的。题干中,王老师在教学工作中善于采用各种教学策略,并取得了很好的教学效果,这反映了王老师教学操作能力突出。

B项,教学归因是指教师对学生学习结果的原因的解释和推测,这种解释和推测所获得的观念必然会影响其自身的教学行为。

C项,教学迁移是指一种教学对另一种教学的影响。

D项,教学反思是指教师以自己的教学活动为意识对象,对自己的教育理念、教学行为、决策以及由此所产生的结果进行认真的自我审视、评价、反馈、控制、调节、分析的过程。

二、辨析题(参考答案)

22. 母猴带着小猴爬树也是教育。

(1)这种说法是错误的。(2)教育的本质属性是育人,即教育是一种有目的地培养人的社会活动,这是教育区别于其他事物现象的根本特征。教育是人类所特有的一种有意识的社会活动,只存在于人类社会,动物界没有教育。故题干说法错误。

（共8分。判断4分，判断“说法正确”本题不得分；理由4分，答出教育的本质属性2分，解释说明“动物界没有教育”2分）

23. 对学生进行思想品德教育只是思想品德课老师的工作。

(1)这种说法是错误的。(2)思想政治课(思想品德课)与其他学科教学是学校有目的、有计划、系统地对学生进行德育的基本途径，对学生进行思想品德教育不仅靠思想品德课老师，还需要各个学科老师的努力。此外，社会实践活动，课外、校外活动，共青团、少先队组织的活动，校会、班会、周会、晨会、时事政策的学习，班主任工作等也是对学生进行思想品德教育的途径。由此可见，对学生进行思想品德教育需要统一多方面因素，形成教育合力，共同促进学生品德健康发展。故题干说法错误。

（共8分。判断4分，判断“说法正确”本题不得分；理由4分，答出“思想品德课是进行德育的基本途径”2分，具体阐述德育的其他途径1分，结合题干说明1分）

24. 顺向迁移就是正迁移。

(1)这种说法是错误的。(2)顺向迁移和正迁移是不同的概念。顺向迁移是指先前学习对后继学习产生的影响，正迁移是指一种学习对另一种学习的促进作用。顺向迁移可能是正迁移也可能是负迁移，因此，不能说顺向迁移就是正迁移。故题干说法错误。

（共8分。判断4分，判断“说法错误”得4分，判断“说法正确”不得分；理由4分，答出顺向迁移、正迁移的概念各1分，具体解释“顺向迁移可能是正迁移或负迁移”2分）

25. 思维定势对问题解决的影响可能是积极的，也可能是消极的。

(1)这种说法是正确的。(2)定势是指重复先前的操作所引起的一种心理准备状态。在定势的影响下，人们会以某种习惯的方式对刺激情境做出反应。它对问题解决既有积极影响，也有消极影响。积极影响表现在人们遇到相似的问题更加易于解决，而消极影响则表现在不利于创造性地解决问题。因此，题干说法正确。

（共8分。判断4分，判断“说法正确”得4分，判断“说法错误”不得分；理由4分，答出定势的概念2分，具体阐述“定势的积极影响和消极影响”2分）

三、简答题(参考答案)

26. 简述教育的文化功能。

(1)教育能够传承文化；(2)教育能够改造文化(选择、整理和提升文化)；(3)教育能够传播、交流和融合文化；(4)教育能够更新和创造文化。

（共10分。答案完整得满分，答出“传承”“改造”“传播”“创造”等关键词可酌情给6～8分）

27. 简述班主任工作的基本内容。

(1)了解和研究学生;(2)有效地组织和培养班集体;(3)协调校内外各种教育力量;(4)学习指导、学习活动管理和生活指导、生活管理;(5)组织课外、校外活动和指导课余生活;(6)建立学生档案;(7)操行评定;(8)班主任工作计划与总结;(9)个别教育工作;(10)班会活动的组织;(11)偶发事件的处理。

(共10分。每点1分,完整、准确答出"了解和研究学生""组织和培养班集体""协调各种教育力量""学习及生活的指导和管理""建立学生档案""操行评定""工作计划与总结""个别教育工作""组织班会活动""处理偶发事件"等十条给满分)

28. 简述能力发展的个体差异。

(1)智力类型差异,是指构成智力的各种因素存在质的差异,主要表现在知觉、记忆、想象、思维的类型和品质方面。(2)智力发展水平的差异,指的是个体之间或个体内部智力水平高低的不同程度。(3)智力表现早晚的差异。各种智力不仅在质或量的方面表现出明显的差异,而且智力表现的早晚也存在着明显的差异。

(共10分。完整答出"类型""发展水平""表现早晚"三个方面差异得满分)

29. 教师职业倦怠的主要特征有哪些?

(1)情绪耗竭,指个体情绪情感处于极度的疲劳状态,工作热情完全丧失;(2)去个性化,即刻意在自身和工作对象间保持距离,对工作对象和环境采取冷漠和忽视的态度;(3)个人成就感低,表现为消极地评价自己,贬低工作的意义和价值。

(共10分。答案完整得满分,答出"情绪耗竭""去个性化""个人成就感低"等关键词可酌情给6~8分)

四、材料分析题(参考答案)

30. (1)周老师贯彻了启发性原则、因材施教原则、直观性原则和量力性原则。

(共8分。每点2分,答出四个原则得满分)

(2)分析如下:

①启发性原则是指在教学活动中,教师要调动学生的主动性和积极性,引导他们通过独立思考、积极探索,生动活泼地学习,自觉地掌握科学知识,提高分析问题和解决问题的能力。材料中,周老师在课堂教学中采用多种形式的教学方法,调动了学生学习的积极性和主动性,激发了学生的学习兴趣;还提出问题让学生深入思考,并且让学生自己动脑动手找到解决问题的方法,这些举措体现了启发性原则。

②因材施教原则是指教师在教学中,要从课程计划、学科课程标准的统一要求出发,面向全体学生,同时又要根据学生的个别差异,有的放矢地进行有差别的教学,使每个学生都能扬长避短,获得最佳的发展。材料中,周老师对不同程度的学生提出不

同任务和要求,促进了全体学生的发展,体现了因材施教原则。

③直观性原则是指在教学活动中,教师应尽量利用学生的多种感官和已有的经验,通过各种形式的感知,使学生获得生动的表象,从而比较全面、深刻地掌握知识。材料中,周老师通过创设情境、使用多媒体进行教学等方式,使学生对知识理解得更加全面深刻,体现了直观性原则。

④量力性原则,也称可接受性原则,是指教学的内容、方法、分量和进度要适合学生的身心发展,使他们能够接受,但又要有一定的难度,需要他们经过努力才能掌握,以促进学生的身心发展。材料中,周老师对于不同程度学生设定了不同的学习任务,并在此基础上稍作拔高,学生完成状况良好,体现了量力性原则。

(共10分。答出启发性、因材施教、直观性、量力性四个原则的概念并结合材料分析,内容饱满、言之有理得满分)

31. (1)①存在问题:自我效能感是指人对自己能否成功从事某一成就行为的主观判断。题干中的学生由于近几次考试的连续失败,对自己的能力产生怀疑,从而造成自我效能感降低。

②产生原因:第一,个人自身行为的成败经验。材料中的学生由于近几次考试都没有考好,连续的失败体验导致其自我效能感降低,这是造成其自我效能感降低的一个最大因素。第二,言语暗示。材料中的学生会不由自主地多想,思考自己“是否能力不够”“是不是无法考出好成绩了”,这种消极的想法会加深其对自身能力的怀疑和焦虑情绪,导致自信心不足,自我效能感降低。第三,情绪唤醒。高水平的情绪唤醒使成绩降低而影响自我效能感。研究表明,焦虑水平过高的人往往低估自己的能力,疲劳和烦躁会使人感到难以胜任所承担的任务。材料中的学生由于多次的考试失败而产生了考试焦虑,过高的情绪唤醒也使该学生自我效能感降低,感觉难以胜任一些学习活动。

(共10分。答出自我效能感的概念2分,结合材料分析学生存在问题2分;答出影响学生自我效能感的因素并结合材料分析问题产生原因,每点2分)

(2)作为教师,可以通过以下几个方面来帮助该学生:①让学生更多地体验到成功,给学生提供难度适中的学习任务和要求,对学生进行成功性训练,丰富其成功经验。②指导学生使用正面的内在言语进行自我暗示,如“我能行”“我一定能考出好成绩”。③教给学生合适的方法,降低其情绪唤醒水平,如放松训练、认知改变、恰当控制动机水平等。④为学生提供适当的榜样。学生通过观察榜样示范的行为获得的间接经验会影响自我效能感。当学生看到与自己水平差不多的榜样取得了成功,就会增强自我效能感,认为自己也能完成同样的任务。⑤引导学生进行积极、正确的归因，即把成功与努力和能力相联系，将失败与努力不足相联系，并及时进行反馈。⑥有效地运用表扬，给予学生肯定性评价，鼓励学生产生再接再厉、积极向上的心态，增强自信。

（共8分。答案完整得满分，答出“丰富成功体验”“用正面的内在言语进行自我暗示”“教授合适的方法”“提供榜样”“引导学生正确归因”“有效运用表扬”等关键词可酌情给4～6分）

2019年下半年中小学教师资格考试真题试卷（八）

一、单项选择题

1. A **【解析】**本题考查的是《学记》的地位。《学记》（收入《礼记》）是中国也是世界教育史上的第一部教育专著，成文大约在战国末期。故本题选A。

B项，《论语》是儒家学派的经典著作之一，由孔子的弟子及其再传弟子编撰而成。《论语》记录了孔子及其弟子的言行，集中体现了孔子的教育思想和理论主张。

C项，《大学》是一篇论述儒家人生哲学的文章，也是儒家最有系统的一篇政治哲学文章。

D项，《中庸》是儒家阐述中庸之道的理论著作，与《大学》《论语》《孟子》并称为“四书”。

易错提示：考生易混淆“最早的教育著作”这个知识点，在做题时需注意题干中的关键字眼，如“我国最早”的教育著作对应《学记》，“西方最早”的教育著作对应《雄辩术原理》，由于《学记》的出现时间早于《雄辩术原理》，所以《学记》也是世界上最早的教育著作。

2. B **【解析】**本题考查的是影响个体身心发展的主要因素。影响个体身心发展的因素主要有遗传、环境、教育（学校教育）、个体主观能动性等。其中，环境为个体的发展提供了多种可能，在不同环境生活的人，其思想、品行、才能与习性等都会有明显的差异。“近朱者赤，近墨者黑”“蓬生麻中，不扶而直”以及“孟母三迁”的故事，都说明了社会环境对人的发展的影响。故本题选B。A、C、D三项不符合题意，故排除。

3. C **【解析】**本题考查的是教育与社会发展。人口、生产力水平、社会政治经济制度、文化等都会对教育的发展产生影响。其中，人口从数量、结构、分布、流动等方面制约着教育的发展。我国对农村中小学的布局结构进行了调整，主要反映的是人口变化对教育的影响。故本题选C。A、B、D三项不符合题意，故排除。

4. B **【解析】**本题考查的是我国教育的性质和方向。根据《中华人民共和国教育法》(2015年修订)第五条规定,教育必须为社会主义现代化建设服务、为人民服务,必须与生产劳动和社会实践相结合,培养德智体美劳全面发展的社会主义建设者和接班人。这条法律条文指出我国教育的性质和方向是为社会主义现代化建设服务、为人民服务。故本题选B。A、C、D三项不符合题意,故排除。

5. B 【解析】本题考查的是古代社会教育的特征。题干中不同级别官员的子孙进入不同的学校,说明社会地位不同接受的教育不同,体现了我国封建社会教育制度的等级性。故本题选B。

A项,教育的继承性既表现在一部分教育内容方面,如自然科学知识、语言文字知识等成为各个历史时期教育的共同内容,又表现在符合儿童和青少年认识规律的、具有继承性的教学原则、教学方法、教学组织形式等方面。

C项,教育的历史性是指在人类社会的不同时期,由于生产力发展水平不同,生产关系和政治制度不同,教育也就具有不同的性质、特点、内容和形式。

D项,教育的民族性是指教育是在具体的民族或国家中进行的,无论是在思想上还是在制度上,无论是在内容还是在方法手段等方面都有其民族性的特征。

易错提示:考生可结合下表区分教育的阶级性和等级性。

特征	典型表现
阶级性	在奴隶社会,我国出现了“学在官府”,唯官有学而民无学的局面,只有奴隶主子弟才能进入学校学习,奴隶仅仅被看成是会说话的工具,是奴隶主的私有财产,可以任意买卖,根本没有接受教育的权力
等级性	唐朝的中央官学设有“六学二馆”,规定弘文馆、崇文馆招收皇帝及一品大臣以上的子孙;国子学、太学、四门学分别招收三品、五品、七品以上文武官员的子孙;书学、算学、律学则招收“八品以下子孙及庶人通其学者”

6. A 【解析】本题考查的是课程类型。学科课程是指以文化知识(科学、道德、艺术)为基础,按照一定的价值标准,从不同的知识领域或学术领域选择一定的内容,根据知识的逻辑体系,将所选出的知识组织为学科的课程类型。题干中的“六艺”“七艺”以及物理、化学等课程属于学科课程。故本题选A。

B项,活动课程亦称经验课程,是指围绕学生的需要和兴趣、以活动为组织方式的课程形态,即以学生的主体性活动的经验为中心组织的课程。

C项,综合课程是指打破传统的分科课程的知识领域,组合两门以上学科领域而构成的一门学科。

D项,综合课程主要有三种形式,即融合课程、广域课程和核心课程。此外,也有说法认为综合课程分为四种形式,即相关课程、融合课程、广域课程和核心课程。其中，融合课程是指把有内在联系的学科的内容融合在一起而形成一门新的学科。例如，把动物学、植物学、微生物学、生理学、解剖学、遗传学融合为生物学。

7. C 【解析】本题考查的是基础教育课程改革的管理体制。为保障和促进课程对不同地区、学校、学生的适应性，实行有指导地逐步放权，基础教育课程改革实行国家、地方和学校的三级管理模式。故本题选C。A、B、D三项不符合题意，故排除。

8. D 【解析】本题考查的是“形式教育论”和“实质教育论”的相关知识。“形式教育”与“实质教育”的学说，是在教育的历史发展过程中形成的两种相对立的教育理论。概括说来，前者只强调训练学生的思维形式，忽视知识的传授，后者则只向学生传授对实际生活有用的知识，忽视对学生认识能力的训练。故本题选D。A、B、C三项不符合题意，故排除。

9. A 【解析】本题考查的是教学评价的基本类型。形成性评价是在教学过程中为改进和完善教学活动而进行的对学生学习过程及结果的评价。班主任王老师是在教学过程中对学生各方面的表现进行评价，客观地反映学生的进步与成长，故王老师所用的评价方式是形成性评价。故本题选A。B、C、D三项不符合题意，故排除。

10. D 【解析】本题考查的是德育方法。榜样示范法是用榜样人物的优秀品德来影响学生的思想、情感和行为的德育方法。榜样包括伟人的典范、教育者的示范、学生中的好榜样等。学校利用“每月一星”活动，将表现好、进步快的学生的照片贴在“明星墙”上，为大家树立榜样，号召大家向他们学习，这体现的德育方法是榜样示范法。故本题选D。A、B、C三项不符合题意，故排除。

11. A 【解析】本题考查的是德育过程的基本规律。德育过程是具有多种开端的对学生知、情、意、行的培养提高过程。德育过程一般以知为开端，以行为终结。但由于社会生活的复杂性、德育影响的多样性等因素，在德育具体实施过程中，又具有多种开端，可根据学生品德发展的具体情况，或从“导之以行”开始，或从“动之以情”开始，或从磨炼品德意志开始，最后达到使学生品德在知、情、意、行几方面和谐发展的目的。故本题选A。B、C、D三项不符合题意，故排除。

12. A 【解析】本题考查的是注意的分类。根据注意过程中有无预定目的和是否需要意志努力的参与，注意可以分为无意注意、有意注意和有意后注意三种，故B项排除。无意注意也称不随意注意，是没有预定目的、无需意志努力、不由自主地对一定事物所发生的注意。课堂上同学们的注意被突然飞进教室的小鸟所吸引，没有预定目的，也不需意志努力，属于无意注意。故答案选A。C、D三项不符合题意，故排除。

13. C 【解析】本题考查的是成败归因理论。美国心理学家韦纳对归因进行了系统的研究。他把人经历过事情的成败归结为六种原因：能力、努力程度、工作难度、运气、身心状况、外界环境；又把上述六项因素按各自的性质，分别归入三个维度：内部归因和外部归因、稳定性归因和非稳定性归因、可控制归因和不可控制归因。

努力属于内在的、不稳定的、可控制的因素。晓斌把自己学习成绩好归因于刻苦努力，这属于可控的内部归因。故答案选C。A、B、D三项不符合题意，故排除。

14. A 【解析】本题考查的是耶克斯—多德森定律。根据耶克斯—多德森定律，动机的最佳水平随着任务性质的不同而不同。在比较容易的任务中，行为效果(工作效率)随着动机的提高而上升；随着任务难度的增加，动机的最佳水平有逐渐下降的趋势。本题中，学生需要解决的是复杂困难的任务，此时动机的最佳水平应是中等偏下水平。故答案选A。B、C、D三项不符合题意，故排除。

方法技巧：关于耶克斯—多德森定律，考生需牢记以下几点。

曲线为倒U，最佳为中等；任务易上升，任务难下降。

15. C 【解析】本题考查的是记忆的分类。根据记忆的内容和经验的对象，可将记忆分为形象记忆、情景记忆、逻辑记忆、情绪记忆和动作记忆。其中，逻辑记忆是个体对以各种有组织的知识为内容的记忆。例如，对概念、定理、公式和规则等的记忆。题干中林菁对各种定律、公式、化学方程式的记忆就属于逻辑记忆。

A项，形象记忆是以感知过的事物形象为内容、以表象的形式储存在头脑中的记忆。

B项，情绪记忆是以曾经体验过的情绪或情感为内容的记忆。

D项，动作记忆是以过去的运动或动作为内容的记忆。

方法技巧：判断记忆类型的关键在于记忆的内容是什么。"事物形象"是形象记忆；"与亲身经历有关的事件"是情景记忆；"概念、定理、公式和规则"属于逻辑记忆；"情绪或情感"是情绪记忆；"运动或动作"属于运动记忆。

16. D 【解析】本题考查的是柯尔伯格的道德发展阶段理论。普遍原则的道德定向阶段(普遍伦理取向阶段)以价值观念为导向，有自己的人生哲学，对是非善恶的判断有独立的价值标准，思想超越了现实道德规范的约束，行为完全自律。这一阶段的认识突破了既存的规章制度，不是从具体的道德准则，而是从道德的本质上去进行思考与判断。题干中，张丽在进行道德判断时更多地考虑道德的本质，不受现实中各种规章制度的约束，说明其道德发展水平较高，已达到普遍伦理取向阶段。故答案选D。A、B、C三项不符合题意，故排除。

17. B 【解析】本题考查的是性格。性格是指人的较稳定的态度与习惯化了的行为方式相结合而形成的心理特征。题干中的勤奋努力、细致严谨、诚实可信是后天形成的性格特征。

A项，能力是直接影响人的活动效率，促使活动顺利完成的个性心理特征。

C项，气质是表现在心理活动的强度、速度、灵活性与指向性等方面的一种稳定的心理特征，即我们平时所说的脾气、秉性。

D项，情绪是人对客观事物的态度体验及相应的行为反应。

18. A 【**解析**】本题考查的是强迫症。强迫观念是指当事人身不由己地思考他不想考虑的事情，强迫行为（动作）指当事人反复去做他不希望执行的动作。赵峰明知离高考很远，但就是控制不住自己的想法，这是强迫观念的体现。故答案选A。B、C、D三项不符合题意，故排除。

19. A 【**解析**】本题考查的是中学生的情绪特点。情绪的两极性是指每一种情绪都能找到与之对立的情绪。在快感度、紧张度、激动度和强度上，情绪都表现出互相对立的两极。题干中，谢晶因受到表扬而兴奋不已，又因同学的议论而非常苦恼，情绪体验反差强烈，波动性强，这反映了她的情绪具有两极性。B、C、D三项为干扰选项，故排除。

20. D 【**解析**】本题考查的是教师成长的阶段。福勒和布朗根据教师的需要和不同时期所关注的焦点问题不同，把教师的成长划分为关注生存、关注情境和关注学生三个阶段。处于关注学生阶段的教师能考虑学生的个别差异，认识到不同发展水平的学生有不同的需要，做到因材施教。所以，能否自觉关注学生是衡量一个教师是否成熟的重要标志之一。故答案选D。A、B、C三项不符合题意，故排除。

21. B 【**解析**】本题考查的是替代强化。替代强化是指观察者因看到榜样的行为被强化而受到强化。题干中王建看到冯军因认真听课而受到表扬，也表现出认真听课的行为，这体现了替代强化。

二、辨析题（参考答案）

22. 教材编写的直接依据是课程计划。

（1）这种说法是错误的。（2）教材是根据学科课程标准系统阐述学科内容的教学用书，它是知识授受活动的主要信息媒介，是课程标准的进一步展开和具体化。课程标准是指在一定课程理论指导下，依据培养目标和课程方案，以纲要形式编制的关于课程的性质与价值、目标与内容、教学实施建议以及课程资源开发等方面的指导性文件。课程标准是编写教科书和教师进行教学的直接依据，也是衡量各科教学质量的重要标准。因此题干的说法错误。

（共8分。判断4分，判断"说法正确"本题不得分；理由4分，答出教材、课程标准概念各1分，具体阐述"教材编写的直接依据是课程标准"2分）

23. 遗传在人的发展中起决定作用。

(1)这种说法是错误的。(2)遗传素质是人的身心发展的前提,为人的发展提供了可能性,但不能决定人的发展。影响人身心发展的因素还有环境、教育(学校教育)和个体主观能动性等。环境为个体的发展提供了多种可能,而教育对人的身心发展起主导作用,主观能动性是人的身心发展的内在动力,也是促进个体发展从潜在的可能状态转向现实状态的决定性因素。这些因素彼此关联、相互配合,共同发挥作用,促进人的身心发展。因此题干的说法错误。

(共8分。判断4分,判断“说法正确”本题不得分;理由4分,答出“遗传素质不决定人的发展”2分,阐述影响人身心发展的其他因素及其作用2分)

24. 问题解决不受情绪影响。

(1)这种说法是错误的。(2)问题解决的影响因素有问题的情境和表征方式、定势与功能固着、原型启发、已有知识经验、情绪与动机等。因此,情绪对问题解决有一定影响,肯定、积极的情绪状态有利于问题的解决,而否定、消极的情绪状态则会阻碍问题的解决。所以,题干的说法错误。

(共8分。判断4分,判断“说法错误”得4分,判断“说法正确”本题不得分;理由4分,答出问题解决的影响因素2分,解释情绪对问题解决的双重影响2分)

25. 心理健康的标准是相对的。

(1)这种说法是正确的。(2)心理健康标准的相对性表现在三个方面:①社会文化环境的相对性,在不同的历史时期,不同的文化下,心理健康的标准并不相同。②心理健康与心理异常的划分不是绝对的,两者之间没有严格的界限,只有程度上的差异。③对于不同的个体,心理健康的标准也有所不同,因为个体在各种心理品质上差异很大,以同样的标准衡量可能有失偏颇。因此,心理健康的标准不是刻板、固定的,而是具有相对性和可变性。因此,题干说法是正确的。

(共8分。判断4分,判断“说法正确”得4分,判断“说法错误”本题不得分;理由4分,从“社会文化环境”“心理健康与心理异常的划分”“不同的个体”三个方面分析作答,每点1分;总结阐述1分)

三、简答题(参考答案)

26. 一堂好课的基本标准有哪些?

(1)目的明确。(2)内容正确。(3)方法恰当。(4)组织严密。(5)语言清晰。(6)积极性高。

(共10分。答案完整得满分,答出“目的”“内容”“方法”“组织”“语言”“积极性”等关键词可酌情给6~8分)

27. 简述学校美育的基本任务。

(1)树立学生正确的审美观点,提高审美能力;(2)培养学生健康的审美情趣,对美的热爱和追求;(3)发展学生表现美和创造美的能力。其中,形成创造美的能力是美育的最高层次的任务。

(共10分。答案完整得满分,答出“审美观点”“审美情趣”“表现美和创造美的能力”等关键词可酌情给6~8分)

28. 简述元认知策略的种类。

元认知策略是指学生对自己整个学习过程的有效监视及控制的策略。元认知策略大致可分为:计划策略、监控策略、调节策略。(1)计划策略是指根据认知活动的特定目标,在认知活动开始之前计划完成任务所涉及的各种活动、预计结果、选择策略,设想解决问题的方法,并预估其有效性等。(2)监控策略是指在认知过程中,根据认知目标及时检测认知过程,寻找两者之间的差异,并对学习过程及时进行调整,以期顺利实现有效学习的策略。(3)调节策略是指在学习过程中根据对认知活动监视的结果,找出认知偏差,及时调整策略或修正目标;在学习活动结束时,评价认知结果,采取相应的补救措施,修正错误,总结经验教训等。

(共10分。答案完整得满分,答出元认知策略的概念及计划策略、监控策略、调节策略三个策略的具体内容可酌情给6~8分)

29. 简述品德的心理结构。

品德的心理结构包括四种相辅相成的基本心理成分:道德认知、道德情感、道德意志和道德行为。

(1)道德认知是指对行为规范及其意义的认识,是人的认识过程在道德上的表现。品德的核心是道德认知。

(2)道德情感是人的道德需要是否得到实现而引起的一种内心体验,也就是人在心理上所产生的对某种道德义务的爱憎、喜恶等情感体验。

(3)道德意志是个体自觉地调节道德行为,克服困难,以实现预定道德目标的心理过程。

(4)道德行为是道德形成的最终环节,是指个体在一定的道德意识支配下表现出来的对他人和社会的有道德意义的活动。

(共10分。答案完整得满分,答出“道德认知是对行为规范及其意义的认识”“道德情感是人的道德需要是否得到实现而引起的内心体验”“道德意志是克服困难,实现预定道德目标的心理过程”“道德行为是个体表现出来的活动”等关键点可酌情给6~8分)

四、材料分析题(参考答案)

30.(1)材料中老师主要贯彻了疏导原则,因材施教原则(从学生实际出发),依靠积极因素、克服消极因素的原则(长善救失原则),集体教育和个别教育相结合的原则。

(共8分。每点2分,答出"疏导原则""因材施教原则(从学生实际出发)""依靠积极因素,克服消极因素原则(长善救失原则)""集体教育和个别教育相结合的原则"四个原则得满分)

(2)具体分析如下:

①疏导原则是指进行德育时要循循善诱、以理服人,从提高学生认识入手,调动学生的主动性,使他们积极向上。针对王晓的问题,老师曾多次苦口婆心地进行劝说,并细心观察,引导王晓,帮助他成长,体现了对该原则的运用。

②因材施教原则(从学生实际出发)是指教育者在德育过程中,应根据学生的年龄特征、个性差异以及品德发展现状,采取不同的方法和措施,加强德育的针对性和实效性。材料中老师从王晓的特点出发,采取了有针对性的方法,如表扬、开展班级活动等,促进了王晓的思想品德发展,体现了对该原则的运用。

③依靠积极因素,克服消极因素的原则(长善救失原则)是指在德育工作中,教育者要善于依靠、发扬学生自身的积极因素,调动学生自我教育的积极性,克服消极因素,以达到长善救失的目的。材料中老师发现王晓在绘画方面的优点,请美术老师私下指导他,帮助他找回自信,不再自暴自弃,体现了对该原则的运用。

④集体教育和个别教育相结合原则是指在德育过程中,教育者要善于组织和教育学生热爱集体,并依靠集体教育每个学生,同时通过对个别学生的教育,来促进集体的形成和发展,从而把集体教育和个别教育有机地结合起来。材料中老师组织了班级活动来帮助王晓,让更多的学生参与其中。这个活动既促进了王晓的成长,也使其他学生更好地融入班集体中,促进了班集体的发展,体现了对该原则的运用。

(共10分。答出疏导、因材施教、长善救失、集体教育和个别教育相结合四个原则的概念,结合材料分析、内容饱满、阐述合理得满分)

31.(1)①复习时机要得当。要求学生做到及时复习;合理分配复习时间;间隔复习;循环复习。

②复习方法要合理。要求学生做到分散复习与集中复习相结合;复习方法多样化;运用多种感官参与复习;尝试回忆与反复识记相结合。

③复习次数要适宜。复习内容的数量要适当;提倡适当的过度学习。

④重视对记忆品质的培养。

⑤注意用脑卫生。劳逸结合,注意休息,避免用脑过度。

(共10分。完整、准确答出"复习时机""复习方法""复习次数""记忆品质""用脑卫生"等要点得满分)

(2)①复习时机不得当,没有及时复习,复习时间安排得不合理。首先,晓宁平时没有复习的习惯,还有一周就要期末考试了,他开始着急起来,说明没有及时复习。其次,晓宁只要有时间就去背书,背的内容也没有具体的计划安排,只讲究时间,不关心学习效率。

②复习方法存在问题,复习方法单一,没有做到复习方法多样化。晓宁认为反复背诵是最好的复习方法,而研究表明反复背诵的记忆效果是最差的。

③复习次数也不适宜,复习内容过多。晓宁背外语单词,背课文,背数学、物理公式和化学方程式等,复习内容过多。

④没有注意劳逸结合。晓宁从晚上背到深夜,早晨四、五点就起床接着背,以致到了头昏脑涨的地步,没有注意用脑卫生。

(共8分。答出晓宁复习中存在的问题,每点2分,问题1分,结合材料具体说明1分)

2019年上半年中小学教师资格考试真题试卷(九)

一、单项选择题

1. A 【解析】本题考查的是赫尔巴特及其教育思想。赫尔巴特是传统教育学派的代表人物,他提出的"三中心"即教师中心、教材中心、课堂中心。故本题选A。B、C、D三项不符合题意,故排除。

易错提示:赫尔巴特和杜威的"三中心论"考生注意识记并区分。

人物	地位	三中心论
赫尔巴特	传统教育理论代表人物	教师中心、课堂中心、教材中心
杜威	现代教育理论代表人物	儿童中心(学生中心)、活动中心、经验中心

2. C 【解析】本题考查的是赞可夫及其教育理论。发现学习理论是布鲁纳提出的,教学过程最优化理论是巴班斯基提出的,范例教学理论是瓦·根舍因提出的,赞可夫倡导的是教学与发展理论。故本题选C。

3. A 【解析】本题考查的是教育目的的价值取向。个人本位论认为,确立教育目的的根据是人的本性,教育的目的是培养健全发展的人,发展人的本性,挖掘人的潜能，增进受教育者的个人价值，个人价值高于社会价值，而不是为某个社会集团或阶级服务。卢梭认为“儿童的自然”决定教育目的，这是个人本位论的体现。故本题选A。

B项，社会本位论认为确立教育目的的根据是社会的要求，个人的发展必须服从社会需要。教育的目的是为社会培养合格的成员和公民，使受教育者社会化，社会价值高于个人价值，教育质量和效果可以用社会发展的各种指标来评价。

C项，国家本位论的出发点在于国家的利益。这种从国家利益出发、以国家需要为中心的观点是典型的国家本位论。

D项，“生活本位论”的教育目的观认为教育要为未来的生活作准备，或认为教育即生活本身，注重的是使受教育者怎样生活。突出的代表人物是英国著名的教育家斯宾塞。

4. D **【解析】**本题考查的是教育的社会属性。教育作为一种培养人的社会活动，有其自身独特的发展规律和能动性，并不是全部都随着社会的改变而改变，它有自身的相对独立性，在一定范围内、一定程度上独立于政治、经济等其他社会现象。题干所述是教育相对独立性的表现。故本题选D。A、B、C三项不符合题意，故排除。

5. C **【解析】**本题考查的是个体身心发展的规律。人的发展变化既体现出量的积累，又表现出质的飞跃。当某些代表新质要素的量积累到一定程度时，就会导致质的飞跃，从而表现出发展的阶段性。前后相邻的阶段是有规律地更替的，在一段时期内，发展主要表现为数量的变化，经过一段时间后，发展由量变到质变，从而发展水平达到一个新的阶段，出现新的特征，这表明人的发展具有阶段性。故本题选C。A、B、D三项不符合题意，故排除。

易错提示：考生易混淆个体身心发展的阶段性和不平衡性，在理解这两个特征时需注意，掌握阶段性规律的关键是“不同年龄阶段表现出不同的总体特征”，掌握不平衡性规律的关键是“同一方面在不同年龄阶段的发展速度和不同方面的发展速度都是不平衡的”。

6. C **【解析】**本题考查的是现代学制的类型。西欧双轨制以英国的双轨制为典型代表，法国、联邦德国等欧洲国家的学制都属于这种学制。这种学制的学校系统分为两轨：一轨是学术教育，另一轨是职业教育。这两轨既不相通，也不相接，最初甚至也不对应。故本题选C。A、B、D三项不符合题意，故排除。

7. B **【解析】**本题考查的是教育的经济功能。教育的经济功能体现在教育再生产劳动力、教育再生产科学知识两方面。其中，教育再生产劳动力体现在：(1)教育能使潜在的生产力转化为现实的生产力；(2)教育可以提高劳动力的质量和素质；(3)教育可以改变劳动力的形态;(4)教育可以使劳动力得到全面发展,提高劳动转换能力。题干所述说明投资教育可以提高生产力水平,体现的是教育对生产力的促进作用,反映了教育的经济功能。故本题选B。

A项,教育的政治功能主要体现在以下几方面:(1)教育培养出社会政治经济制度所需要的人才;(2)教育通过传播思想、形成舆论作用于一定的政治经济制度;(3)教育促进民主化进程,但对社会政治经济制度不起决定作用。

C项,教育的文化功能主要体现在以下几方面:(1)教育能够传承文化;(2)教育能够改造文化(选择、整理和提升文化);(3)教育能够传播、交流和融合文化;(4)教育能够更新和创造文化。

D项,教育的生态功能主要体现在以下几方面:(1)树立建设生态文明的理念;(2)普及生态文明知识,提高民族素质;(3)引导建设生态文明的社会活动。

8. A 【解析】本题考查的是课程类型。学科课程是指以文化知识(科学、道德、艺术)为基础,按照一定的价值标准,从不同的知识领域或学术领域选择一定的内容,根据知识的逻辑体系,将所选出的知识组织为学科的课程类型。题干中的数学、语文、英语等课程属于学科课程。故本题选A。B、C、D三项不符合题意,故排除。

9. B 【解析】本题考查的是基础教育课程改革的内容。我国新课改规定小学阶段以综合课程为主,初中阶段设置分科与综合相结合的课程,高中阶段以分科课程为主。故本题选B。A、C、D三项不符合题意,故排除。

10. D 【解析】本题考查的是德育原则。因材施教原则是指教育者在德育过程中,应根据学生的年龄特征、个性差异以及品德发展现状,采取不同的方法和措施,加强德育的针对性和实效性。“一把钥匙开一把锁”这句话就是指要根据学生的不同情况采取不同的教育措施,这体现的是因材施教原则。故本题选D。A、B、C三项不符合题意,故排除。

11. B 【解析】本题考查的是德育方法。品德评价法是通过对学生品德进行肯定或否定的评价而予以激励或抑制,促使其品德健康形成和发展的德育方法。它包括奖励、惩罚、评比和操行评定等。故本题选B。A、C、D三项不符合题意,故排除。

12. A 【解析】本题考查的是注意的分类。有意注意也称随意注意,是指有预定目的,也需要意志努力的注意。学生带着问题有目的性地听课,这种注意方式属于有意注意。故答案选A。B、C、D三项为干扰选项,故排除。

13. C 【解析】本题考查的是遗忘及其规律。遗忘的进程是不均衡的,其趋势是先快后慢、先多后少,呈负加速,并且到一定的程度就几乎不再遗忘了。故答案选C。A、B、D三项不符合题意,故排除。

14. D 【解析】本题考查的是学习策略的类型。精细加工策略是指把新信息与头脑中的旧信息联系起来从而增加新信息意义的深层加工策略。它常被描述成一种理解记忆的策略,其要旨在于建立信息间的联系。做笔记策略是使用较为普遍的精细加工策略。题干中晓春上课时把老师的讲解内容用自己的语言写在课本上,运用的是做笔记的策略。故答案选D。A、B、C三项不符合题意,故排除。

15. A 【解析】本题考查的是团体警觉。团体警觉是指老师在讲演和讨论时,用来维持所有学生注意力的提问策略。题干中钱老师通过提问让学生将注意力维持在教学活动中,这采用的课堂管理方式是团体警觉。故答案选A。B、C、D三项不符合题意,故排除。

16. A 【解析】本题考查的是气质类型。胆汁质的人以精力旺盛、粗枝大叶、表里如一、刚强、易感情用事为特征。属于这一气质类型的人通常脾气暴躁,容易冲动,情绪反应强烈。整个心理活动笼罩着迅速而突发的色彩。根据题干中对方华的描述,方华的气质类型属于胆汁质,故A项正确。

B项,多血质的特征有:反应迅速、有朝气、活泼好动、动作敏捷、情绪不稳定。

C项,黏液质的特征有:稳重,但灵活性不足;踏实,但有些死板;沉着冷静,但缺乏生气。

D项,抑郁质的特征有:敏锐、稳重、体验深刻、外表温柔、怯懦、孤独、行动缓慢。

17. B 【解析】本题考查的是维果斯基的发展理论。维果斯基认为,儿童有两种发展水平:一是儿童的现有水平,即由一定的已经完成的发展系统所形成的儿童心理机能的发展水平;二是可能(即将)达到的发展水平,也就是通过教学所获得的潜力。这两种水平之间的差异,就是最近发展区。也就是说,最近发展区是儿童在有指导的情况下,借助成人的帮助所能达到的解决问题的水平与独自解决问题所达到的水平之间的差异,实际上是两个邻近发展阶段间的过渡状态。

A项,教学支架即在学生试图解决超出当前知识水平的问题时给予支持和指导,帮助其顺利通过最近发展区,使之最终能够独立完成任务。

C项,奥苏伯尔提出“先行组织者”概念,即先于某个学习任务本身呈现的引导性学习材料。

D项为干扰选项,故排除。

18. C 【解析】本题考查的是强迫症。强迫症是一种以强迫症状为主的神经症,典型表现是当事人反复去做他不希望执行的动作,明知没有必要,但就是控制不住自己,如果不这样想、不这样做,就会感到极端焦虑。题干中郭阳重复洗手,明知没有必要,但就是控制不住自己的行为,就是典型的强迫症的表现。

A项，抑郁症是以持久的情绪低落为特征的神经症。

B项，焦虑症是以与客观威胁不相适应的焦虑反应为特征的神经症。

D项，恐怖症是对特定的无实在危害的事物与场景的非理性惧怕。

19. B 【解析】本题考查的是教师期望效应。教师期望效应也叫罗森塔尔效应或皮格马利翁效应，即教师的期望或明或暗地传送给学生，会使学生按照教师所期望的方向来塑造自己的行为。该效应强调教师期望对学生的影响，因此，在实际教学中教师对学生应该给予积极的期望。故答案选B。A、C、D三项不符合题意，故排除。

20. A 【解析】本题考查的是各流派的学习理论。行为主义学习理论流派中，桑代克的联结—试误学习理论认为，学习的过程是一种渐进的、盲目的、尝试错误的过程，因此题干所述是行为主义流派的观点。

B项，认知派学习理论认为，有机体获得经验的过程是通过积极主动的内部信息加工活动形成新的认知结构的过程。

C项，人本主义心理学主张心理学者应关心人的价值和尊严，研究对人类进步富有意义的问题，反对贬低人性的生物还原论和机械决定论。

D项，建构主义学习理论的主要内容有知识观、学习观和学生观等。建构主义在知识观上强调知识的动态性，在学习观上强调学习的主动建构性、社会互动性和情境性三方面，在学生观上强调学习者本身已有的经验结构。

21. D 【解析】本题考查的是教学效能感。教学效能感是指教师对自己影响学生行为和学习结果的能力的一种主观判断。题干中李老师认为自己能教好学生，就是对自己教学能力的一种主观判断。故答案选D。A、B、C三项不符合题意，故排除。

二、辨析题(参考答案)

22. 教育在人的身心发展中起决定作用。

(1)这种说法是错误的。(2)影响人的身心发展的因素是多方面的。遗传素质是人的身心发展的物质前提，环境为个体的发展提供了多种可能，而教育作为特殊的环境对人的身心发展起主导作用，个体因素是人的身心发展的内在动力，也是促进个体发展从潜在的可能状态转向现实状态的决定性因素。故题干的说法错误。

(共8分。判断4分，判断“说法正确”本题不得分；理由4分，答出“教育对人的身心发展起主导作用”2分，阐述其他因素及其作用2分)

23. 教学的任务就是向学生传授知识。

(1)这种说法是错误的。(2)教学的一般任务包括：①引导学生掌握科学文化基础知识和基本技能，这是教学的首要任务。②发展学生智能，特别是培养学生的创新精神和实践能力。③发展学生体能，提高学生身心健康水平。④培养学生高尚的审美情趣和审美能力。⑤培养学生良好的道德品质和个性心理特征,形成科学的世界观。这五项基本任务是相互联系、相互促进的,其中使学生掌握基础知识、形成基本技能是基础,发展智能是核心,发展体能是保证,思想品德是方向,良好的个性心理品质是理想目标。因此,题干的说法错误。

(共8分。判断4分,判断"说法正确"本题不得分;理由4分,答出"教学的任务"3分,针对题干分析说明1分)

24. 学习动机与学习效果成正比。

(1)这种说法是错误的。(2)①总体而言,在一般情况下,学习动机与学习效果的关系是一致的。学习动机越强,有机体对学习活动的积极性就越高,学习效果就越佳,表现为学习动机可以促进学习,提高成绩。②对一项具体的学习活动而言,学习动机与学习效果的关系并不是那么简单。只有当学习动机的强度处于最佳水平时,才能产生最好的学习效果。"耶克斯—多德森定律"表明,动机的最佳水平随着任务性质的不同而不同。一般来讲,最佳水平为中等强度的动机。所以,在一项具体的学习活动中,动机水平与行为效果呈倒U型曲线。综上所述,学习动机与学习效果并不完全成正比,题干说法错误。

(共8分。判断4分,判断"说法错误"得4分,判断"说法正确"不得分;理由4分,答出一般情况下两者成正比1分,具体阐述"耶克斯—多德森定律"3分)

25. 品德形成受情感的影响。

(1)这种说法是正确的。(2)品德又称道德品质,是个体依据一定的社会道德准则规范自己行动时所表现出来的稳定的心理倾向和特征。学生的思想品德由知、情、意、行四个心理因素构成。知即道德认知,情即道德情感,意即道德意志,行即道德行为。学生思想品德的形成与发展的过程,即这四个心理因素的形成与发展的过程。德育过程也就是培养四种品德的心理因素并使之协调发展的过程。因此,品德的形成受情感的影响,题干说法正确。

(共8分。判断4分,判断"说法正确"得4分,判断"说法错误"本题不得分;理由4分,答出品德的概念1分,品德心理因素1分,形成与发展过程2分)

三、简答题(参考答案)

26. 简述我国当前教育方针的基本内容。

"教育必须为社会主义现代化建设服务、为人民服务,必须与生产劳动和社会实践相结合,培养德智体美劳全面发展的社会主义建设者和接班人。"这是我国当前的教育方针。

（共10分。答案完整得满分，答出“为社会主义现代化建设服务”“为人民服务”“与生产劳动和社会实践相结合”“全面发展”“社会主义建设者和接班人”等关键词可酌情给6～8分）

27. 教学过程有哪些基本规律？

(1)直接经验与间接经验相统一的规律(间接性规律)；(2)掌握知识与发展智力相统一的规律(发展性规律)；(3)教师主导作用与学生主体作用相统一的规律(双边性规律)；(4)传授知识与思想品德教育相统一的规律(教育性规律)。

（共10分。答案完整得满分，答出“间接性规律”“发展性规律”“双边性规律”“教育性规律”等关键词可酌情给6～8分）

28. 简述知觉的基本特征。

(1)知觉的选择性。知觉的选择性是指当面对众多的客体时，知觉系统会自动地将刺激分为对象和背景，并把知觉对象优先地从背景中区分出来。(2)知觉的理解性。知觉的理解性是指人以知识经验为基础对感知的事物进行加工处理，并用语词加以概括、赋予说明的加工过程。(3)知觉的整体性。知觉的整体性是指人根据自己的知识经验把直接作用于感官的客观事物的多种属性整合为统一整体的过程。(4)知觉的恒常性。知觉的恒常性是指客观事物本身不变，但知觉条件在一定范围内发生变化时，人的知觉映像仍相对不变。

（共10分。答案完整得满分，答出“知觉的选择性”“知觉的理解性”“知觉的整体性”“知觉的恒常性”等关键词可酌情给6～8分）

29. 简述发散思维的基本特征。

发散思维具有流畅性、灵活性(变通性)和独创性(独特性)等特点。(1)流畅性。流畅性是指在限定时间内产生观念数量的多少。(2)灵活性(变通性)。灵活性是指摒弃以往的习惯思维方法而开创不同方向的能力。(3)独创性(独特性)。独创性是指产生不寻常的反应和不落常规的能力，以及重新定义或按新的方式对所见所闻加以组织的能力。

（共10分。答案完整得满分，答出“流畅性是限定时间内产生观念数量的多少”“灵活性是开创不同方向的能力”“独创性是不落常规的能力”等关键词可酌情给6～8分）

四、材料分析题(参考答案)

30. (1)该班主任主要贯彻了以下德育原则：

①疏导原则。该原则是指进行德育时要循循善诱、以理服人，从提高学生认识入手，调动学生的主动性，使他们积极向上。该班主任发现后进生更喜欢奖状后，因势

利导,鼓励和启发学生写下并发挥自己的长处,努力表现自己,最终使学生通过自己的努力都得到了奖状,体现了对疏导原则的运用。

②因材施教原则。该原则是指教育者在德育过程中,应根据学生的年龄特征、个性差异以及品德发展现状,采取不同的方法和措施,加强德育的针对性和实效性。该班主任在收到学生的信后,考虑到学生对奖状的需求和实际发展情况,鼓励学生在自己擅长的领域表现自己,并给学生布置不同的任务以激励他们不断进步,体现了对因材施教原则的运用。

③依靠积极因素,克服消极因素的原则(长善救失原则)。该原则是指在德育工作中,教育者要善于依靠、发扬学生自身的积极因素,调动学生自我教育的积极性,克服消极因素,以达到长善救失的目的。班主任客观看待学生的优点和不足,创造条件,将后进生学习的积极性调动起来,启发学生克服缺点、发扬优点,体现了对该原则的运用。

④集体教育和个别教育相结合原则。该原则是指在德育过程中,教育者要善于组织和教育学生热爱集体,并依靠集体教育每个学生,同时通过对个别学生的教育,来促进集体的形成和发展,从而把集体教育和个别教育有机地结合起来。班主任通过对进步的学生提出进一步的要求来促进全班学生的共同发展体现了这一点。

⑤尊重信任学生与严格要求学生相结合的原则。该原则是指在德育过程中,教育者既要尊重信任学生,又要对学生提出严格的要求,把严和爱有机地结合起来,使教育者的合理要求转化为学生的自觉行动。该班主任在对后进生的教育中,既做到了尊重学生,又从学生的年龄特征和品德发展状况出发,提出了适度的要求,这体现了对该原则的运用。

(共10分。五个德育原则每点2分,答案完整得满分;每个德育原则的定义描述准确1分,结合材料阐述合理1分)

(2)该班主任主要采用了以下德育方法:

①实际锻炼法。实际锻炼法是有目的地组织学生参加各种实际活动,使其在活动中锻炼思想,增长才干,培养优良的思想和行为习惯的德育方法。班主任鼓励学生表现自己,并对学生提出各种活动要求,这体现的是对实际锻炼法的运用。

②品德评价法。品德评价法是通过对学生品德进行肯定或否定的评价而予以激励或抑制,促使其品德健康形成和发展的德育方法 。它包括奖励、惩罚、评比和操行评定等。班主任为进步的学生颁发奖状,鼓励他们获得“月明星”的称号,这体现的是对品德评价法的运用。

③自我修养法。自我修养法(即个人修养法)是在教师引导下学生经过自觉学

习、反思和自我改进，使自身品德不断完善的一种方法。班主任通过奖状激发学生自我教育的愿望，培养了学生的自我教育能力，使学生通过自己的不断努力取得了较大的进步，这体现的是自我修养法。

（共8分。答案完整得满分；答出“实践锻炼法”“品德评价法”“自我修养法”等关键词并结合材料阐述合理可酌情给4～6分）

31.（1）随着年龄的增长，学生情绪的社会性成分不断增加。中学以后，由于生活条件的变化和教育要求的提高，情感内容进一步深化。材料中晓辉的表现反映了他的情绪发展特点为：①情绪反应强烈，易动感情。中学生常常因为一点小事情，或者振奋，显得激动、热情；或者动怒、怄气，与人争吵，甚至打架。如晓辉与同学交往经常为一点儿小事发脾气，导致同学关系紧张。②出现反抗情绪与逆反心理。中学生的逆反心理往往发生在父母或教师等成人遇事“爱唠叨”，说话过头，限制了他们的求知欲、好奇心、交友结伴的时候。如只要父母过问晓辉的学习，他就很抵触。③情绪变化的两极性明显。如晓辉觉得自己的情绪来得快，变得也快，在学校，取得好成绩时就非常高兴，遇到一点挫折又极度苦恼。

（共10分。答案完整得满分；答出“情绪反应强烈”“出现反抗情绪与逆反心理”“情绪变化两极性明显”等要点并结合材料分析，可酌情给6～9分）

（2）对晓辉问题的指导建议：①教会晓辉形成适宜的情绪状态。②丰富晓辉的情绪体验。③引导晓辉正确看待问题（调整认知）。④教会晓辉情绪调节的方法。如认知调节法、合理宣泄法（自我排解）、意志调节法、转移注意法、幽默法。⑤通过实际锻炼提高晓辉的情绪调节能力。

（共8分。答出“形成适宜情绪状态”“丰富情绪体验”“调整认知”“教授情绪调节方法”“通过实际锻炼提高情绪调节能力”等至少四点建议，阐述合理，每点2分）

2018年下半年中小学教师资格考试真题试卷（十）

一、单项选择题

1. B **【解析】**本题考查的是个体身心发展的动因。社会环境为个体的发展提供了多种可能，使遗传提供的发展可能变成现实。“染于苍则苍，染于黄则黄”出自《墨子·所染》，意思是“（丝）染了青颜料就变成青色，染了黄颜料就变成黄色”，引申的意思是环境的熏陶、社会风气的感染，会对人的思想、品质产生重要的影响。因此题干所述体现的是环境决定论的观点。故本题选B。A、C、D三项不符合题意，故排除。

2. A **【解析】**本题考查的是教育的相对独立性。教育在一定范围内、一定程度上独立于政治、经济等其他社会现象。教育具有自身的不平衡性，这种不平衡性在多数情况下表现为教育落后于生产力和社会政治、经济制度的变革，在少数情况下表现为教育超越于同时代生产力发展的水平和社会政治经济的发展。依据题干所述，旧社会制度下，可能会出现新的教育思想和内容；新社会制度下，教育又可能落后于当前社会的发展水平，这体现的是教育的相对独立性。故本题选A。B、C、D三项不符合题意，故排除。

3. B 【解析】本题考查的是夸美纽斯的教育著作及其教育思想。夸美纽斯提出了普及教育的思想，论述了班级授课制。他出版的《大教学论》被认为是近代第一本教育学著作。故本题选B。

A项，赫尔巴特被认为是“现代教育学之父”或“科学教育学的奠基人”。他的《普通教育学》的出版(1806年)标志着规范教育学的建立，这本书也被认为是第一本现代教育学著作。

C项，斯宾塞是19世纪英国著名的哲学家、社会学家、教育理论家，其教育代表作《教育论》是由题为《智育》《德育》《体育》《什么知识最有价值》四篇论文汇集而成的。

D项，英国教育家洛克认为，教育的目的就是培养绅士，而这种培养只能通过家庭教育，由此提出了“绅士教育论”。在其著作《教育漫话》(1693年)一书中，他详细论述了绅士教育的内容。

方法技巧：在教育学发展过程中，有很多“最早”“第一”的著作，对此考生需要准确识记，切忌混淆。

《学记》——中国及世界最早的教育专著。

《大教学论》——近代第一本教育学著作。

《雄辩术原理》——西方最早的教育著作。

《普通教育学》——第一本现代教育学著作。

4. C 【解析】本题考查的是我国现代学制的建立。“废科举，兴学堂”是从清末开始实行的。故本题选C。A、B、D三项不符合题意，故排除。

5. A 【解析】本题考查的是巴班斯基的教育理论。维果斯基提出了最近发展区理论；建构主义教学理论的代表人物有皮亚杰；瓦·根舍因提出了范例教学理论；巴班斯基提出了教学过程最优化理论。故本题选A。B、C、D三项不符合题意，故排除。

6. D 【解析】本题考查的是德育方法。自我修养法(即个人修养法)是在教师引导下学生经过自觉学习、反思和自我改进，使自身品德不断完善的一种方法。自我修养一般包括立志、学习、反思、箴言、慎独等。因此，题干的描述所体现的是自我修养法。故本题选D。A、B、C三项不符合题意，故排除。

7. C 【解析】本题考查的是全面发展教育中的体育。学校体育是一种教育活动，它以在校学生为教育对象，突出特点是教育性和基础性。故本题选C。A、B、D三项不符合题意，故排除。

8. C 【解析】本题考查的是课程类型。校本课程即学校课程，是学校在确保国家课程和地方课程有效实施的前提下，针对学生的兴趣和需要，结合学校的传统和优势以及办学理念，充分利用学校和社区的课程资源，自主开发或选用的课程。题干中的"侗族织锦课程"是侗寨中学组织的，所以是校本课程。故本题选C。A、B、D三项不符合题意，故排除。

9. B 【解析】本题考查的是教学评价的基本类型。诊断性评价是在学期开始或一个单元教学开始时，为了了解学生的学习准备状况及影响学习的因素而进行的评价。题干中李老师在开学时所进行的摸底考试就属于诊断性评价。故本题选B。A、C、D三项不符合题意，故排除。

方法技巧：诊断性评价、形成性评价和总结性评价是易混点，考生可结合下表内容进行对比记忆。此外，考生在理解这三种评价时，可结合这三种评价的实施时期来区分。

评价类型	概念要点	主要手段
诊断性评价	在学期开始或一个单元教学开始时，为了了解学生的学习准备状况及影响学习的因素而进行	摸底考试
形成性评价	在教学过程中为改进和完善教学活动而进行	口头提问和书面测验
总结性评价	在一个大的学习阶段、一个学期或一门课程结束时对学生学习结果的评价	期中、期末考试

10. D 【解析】本题考查的是教学过程的基本规律。在教学过程中，要充分发挥教师的主导作用，而教师主导作用是针对能否引导学生积极学习与上进而言的。教师主导作用发挥得越好，学生学习的主动性、积极性越高。所以，学生的主体性调动得怎样，学习的效果怎样，是衡量教师主导作用发挥得好坏的主要标志。故本题选D。A、B、C三项不符合题意，故排除。

11. A 【解析】本题考查的是德育途径。学校德育实施的途径主要有思想品德课(思想政治课)与其他学科教学，社会实践活动，课外、校外活动，共青团、少先队组织的活动，校会、班会、周会、晨会、时事政策的学习，班主任工作。其中思想品德课(思想政治课)与其他学科教学是学校德育实施的最基本途径。故本题选A。B、C、D三项不符合题意，故排除。

12. B 【解析】本题考查的是班杜拉的社会学习理论中的替代强化。替代强化是指观察者因看到榜样的行为被强化而受到强化。题干中陈冬看到自己的朋友因为学习成绩优异受到校长的嘉奖，也加倍努力学习，这种强化属于替代强化。

A项，直接强化是指观察者因表现出观察行为而受到强化。

C项，自我强化是指对自己表现出的符合或超出标准的行为进行自我奖励。

D项为干扰选项，故排除。

13. A 【解析】本题考查的是动机斗争的类型。双趋冲突是从自己同时都很喜爱的两个事物中仅择其一的心理状态。题目当中李哲同时喜欢足球赛和演唱会两个事物，但是只能选一个，故他面临的是双趋冲突。

方法技巧：动机斗争(冲突)常结合实例进行考查，通常可以根据题意，运用以下关键词组进行区分。

双趋冲突：表述中含有“既想……又想……，但不可兼得”的含义。

双避冲突：表述中含有“既怕……又怕……”的含义。

趋避冲突：表述中含有“既想……又怕……”的含义。

多重趋避冲突：表述中的冲突因素为两个以上。

14. D 【解析】本题考查的是思维的种类。发散思维，是指人们解决问题时，思路朝着各种可能的方向扩散，从而求得多种答案，如“一题多解”“一事多写”“一物多用”等。

A项，动作思维是以实际动作为支柱的思维过程。

B项，直觉思维是未经逐步分析就迅速对问题答案做出合理的猜测、设想或突然领悟的思维。

C项，辐合思维是指人们根据已知的信息和利用熟悉的规则，产生符合逻辑的结论从而解决问题。

15. B 【解析】本题考查的是埃里克森的人格发展阶段理论。韩波是中学生，正处于埃里克森人格发展阶段中的自我同一性对角色混乱阶段(12～18岁)，这一阶段的发展任务是培养自我同一性，思考的常是“我是谁”“我想要成为什么样的人”等涉及自我认知、职业定向的问题。故答案选B。A、C、D三项不符合题意，故排除。

16. A 【解析】本题考查的是中学生的情绪特点。情绪和情感的两极性是指每一种情绪和情感都能找到与之对立的情绪和情感。题干中的晓涛情绪波动性强，大起大落，时常处于两种极端的变化之中，这表明他的情绪具有两极性。故答案选A。B、C、D三项不符合题意，故排除。

17. C 【解析】本题考查的是抑郁症。抑郁症的表现：(1)情绪消极、悲观、颓废、淡漠、失去满足感和生活乐趣；(2)消极的认识倾向，低自尊、无能感，从消极方面看事物，好责难自己，对未来不抱多大希望；(3)动机缺失、被动、缺少热情；(4)躯体疲劳、失眠、食欲不振等。题干中张博的症状符合抑郁症的特征。故答案选C。A、B、D三项不符合题意，故排除。

18. A 【解析】本题考查的是情绪的分类。依据情绪发生的强度、持续性和紧张度的不同，可以把情绪状态划分为心境、激情和应激三种。心境是一种微弱的、持续时间较长的，带有弥漫性的情绪状态。题干中的曲鸣在遇到一件令人开心的事情后，之后的一段时间他做什么事都很愉快，其情绪状态维持的时间长，具有弥漫性，他表现出的情绪状态属于心境。故答案选A。

B项，激情是一种爆发式的、猛烈而持续时间短暂的情绪状态。

C项，应激是出乎意料的紧迫情况所引起的急速而高度紧张的情绪状态。

D项为干扰选项，故排除。

19. B 【解析】本题考查的是道德情感。道德情感从表现形式上看，主要包括三种：直觉的道德情感、形象性的道德情感和伦理性的道德情感。故A、C两项排除。形象性的道德情感是与具体的道德形象相联系的情感体验。它分为由直接感知的具体道德形象(如身边的榜样)所引起的情感体验，以及由想象某些具有道德意义的人或事而激起的情感体验。题干中的徐燕看到一个同学帮助坐轮椅的老人上斜坡路而非常激动，属于看到了具体的道德形象而引起的情感体验。故这种道德情感属于形象性道德情感体验。

D项，伦理性的道德情感，即个体意识到社会道德要求和意义所产生的情感体验。

20. D 【解析】本题考查的是教师的认知特征。一般认为，教师的教学能力可以分成教学认知能力、教学操作能力和教学监控能力。故B项排除。教学操作能力是指教师在教学中使用策略的水平，其水平高低主要看他们是如何引导学生掌握知识、积极思考、运用多种策略解决问题的，它是教师课堂教学能力的集中体现。题干中的刘老师在课堂教学过程中善于引导学生，能运用多种策略解决问题，这表明他具有良好的教学操作能力。

A项，教学认知能力是指教师对所教学科的定理、法则和概念等的概括化程度，以及对所教学生的心理特点和自己所使用的教学策略的理解程度。

C项，教学监控能力是指教师为了保证教学达到预期目的而在教学的全过程中，将教学活动本身作为意识对象，不断对其进行积极主动的计划、检查、评价、反馈、控制和调节的能力。

21. C 【解析】本题考查的是教师的领导方式。教师的领导方式对学生的学习，尤其是对品行方面的学习和发展，都会产生重要的影响。仁慈专断型教师的行为特点包括:(1)不认为自己专断独行;(2)表扬、关心学生;(3)口头禅:我喜欢这样做/你能让我这样做;(4)以“我”为班级一切的工作标准。题干中的朱老师在关心学生的同时又严格要求学生,对学生提出了各种要求,让学生按照自己的要求去做,这符合仁慈专断型领导方式的特征。故答案选C。A、B、D三项不符合题意,故排除。

二、辨析题(参考答案)

22. 教育对人发展的作用总是积极的。

(1)这种说法是错误的。(2)教育的功能按照作用的方向,可以分为正向功能和负向功能。正向功能指教育有助于社会进步和个体发展的积极影响和作用。负向功能指教育阻碍社会进步和个体发展的消极影响和作用。所以教育对人的发展既有积极作用,也有消极作用。因此,题干说法错误。

(共8分。判断4分,判断“说法正确”本题不得分;理由4分,答出教育的正向功能、负向功能各1分,阐述教育对人的发展有积极、消极双重作用2分)

23. 总体而言,学校课程内容主要由间接经验构成。

(1)这种说法是正确的。(2)课程内容的基本性质是知识,它具有直接经验和间接经验两种形态。任何形式的课程都必须包括一定的直接经验和间接经验。间接经验即理论化、系统化的书本知识,它是人类认识的基本成果,间接经验具体包括在各种形式的科学中。长期以来,人们普遍认为,间接经验应该占主要地位,应该是课程内容的主体,因此在课程内容设置中,间接经验也往往占主要地位。故学校课程内容主要由间接经验构成。

(共8分。判断4分,判断“说法错误”本题不得分;理由4分,答出课程内容的两种形态1分,答出间接经验的内涵1分,具体解释“学校课程内容主要由间接经验构成”2分)

24. 根据皮亚杰的理论,在良好的外界环境作用下,学生的认知发展可以从前运算阶段直接跨越至形式运算阶段。

(1)这种说法是错误的。(2)皮亚杰认为认知发展是一个构建的过程,是个体在与环境的相互作用中实现的。他把人的认知发展划分成顺序不变的四个阶段,分别是:感知运动阶段(0～2岁)、前运算阶段(2～7岁)、具体运算阶段(7～11岁)、形式运算阶段(11岁～成人)。教育可以适当缩短每个阶段的时间,但是不能实现阶段之间的跨越。因此,题干中的说法错误。

(共8分。判断4分,判断“说法错误”得4分,判断“说法正确”本题不得分;理由4分,答出认知发展四阶段2分,具体阐述“不能跨越”2分)

25. 学习材料的难度越大，越难以产生迁移。

(1)这种说法是错误的。(2)学习迁移是指一种学习对另一种学习的影响。影响学习迁移的因素包括相似性、原有的认知结构、对学习情境的理解、学习的心理准备状态、智力与能力、教师的指导等。学习材料的难度并不是影响学习迁移的主要因素，故题干说法错误。

(共8分。判断4分，判断“说法错误”得4分，判断“说法正确”本题不得分；理由4分，答出学习迁移的概念1分，影响学习迁移的因素2分，总结说明“难度并非影响学习迁移的主要因素”1分)

三、简答题(参考答案)

26. 简述教育的政治功能。

(1)教育培养出社会政治经济制度所需要的人才；(2)教育通过传播思想、形成舆论作用于一定的政治经济制度；(3)教育促进民主化进程，但对社会政治经济制度不起决定作用。

(共10分。答案完整得满分，答出“人才”“传播思想、形成舆论”“民主化进程”等关键词可酌情给6～8分)

27. 简述贯彻科学性和思想性相统一教学原则的基本要求。

(1)教师要保证教学的科学性；(2)教师要结合教学内容的特点进行思想品德教育；(3)教师要通过教学活动的各个环节对学生进行思想品德教育；(4)教师要不断提高自己的业务能力和思想水平。

(共10分。答案完整得满分，答出“科学性”“思想品德教育”“业务能力和思想水平”等关键词可酌情给6～8分)

28. 简述弗洛伊德的人格发展阶段理论。

弗洛伊德的人格发展理论又称为人格性欲阶段理论，因为这个理论中人格阶段的划分方式是根据性兴奋的不同部位所提出的，整个理论将人格的发展划分为五个阶段。

(1)口唇期(0～18个月)。此时嘴唇、口舌是最主要的性兴奋点。如果这个时期个体获得的刺激不够或者是过头，就会在以后的生活过程中形成“口唇期人格”。

(2)肛门期(18个月～约3岁)。这一时期肛门成为最主要的动情点，而且这一时期刚好是小孩子如厕的训练时期，如果这一时期受到创伤，则会形成“肛门期人格”。

(3)性器期(3～6岁)。此时，儿童已经注意到性器官的不同，并且伴随着以性器官作为性兴奋点的行为。弗洛伊德特别强调这一时期，此时男孩子面临着俄狄浦斯情结，又称恋母情结，并出现了阉割焦虑。同时，女孩子也面临着相似的问题。

(4)潜伏期(6岁～青春期)。性欲表现不再那么明显。

(5)生殖期(青春期以后)。此时的儿童对异性抱有浓厚的兴趣。如果前面几个阶段的发展正常,此时他们将具有正常的性机能。

(共10分。完整、准确答出五个阶段及每个阶段的特征得满分;少答或答错一条扣2分)

29. 简述促进知识获得和保持的方法。

(1)促进知识获得主要包括知识直观和知识概括两个方面。

提高知识直观的效果的方法:①灵活选用实物直观和模像直观;②加强词和形象的配合;③运用感知规律,突出直观对象的特点;④培养学生的观察能力;⑤让学生充分参与直观过程。

有效地进行知识概括的方法:①配合运用正例和反例;②正确运用变式;③科学地进行比较;④启发学生进行自觉概括。

(2)促进知识保持的方法:①明确记忆目的,增强学习主动性;②理解学习材料的意义,建立知识之间的内在联系;③对学习材料进行精细加工,促进对知识的理解;④运用组块化学习策略,合理组织学习材料;⑤运用多重信息编码方式,提高信息加工处理的质量;⑥重视复习方法,防止知识遗忘。

(共10分。从知识直观、知识概括两个方面答出促进知识获得的方法任意五条得5分,答出促进知识保持的方法任意五条得5分)

四、材料分析题(参考答案)

30. (1)确定班集体的发展目标。目标是集体发展的方向和动力。班集体的发展目标一般可分为近期、中期、远期三种,目标的提出应由易到难,由近到远,逐步提高。在实现班集体目标的过程中,教师要充分调动班级成员的积极性,使实现目标的过程成为教育与自我教育的过程。材料中,班主任通过制订近期目标——搞好课堂纪律和抓好班级建设;中期目标——争取成为学校优秀班集体;远期目标——力求全面提高学生成绩和素质,这一系列目标的制订符合规律,有利于调动班级成员的积极性。

(2)建立得力的班集体核心。建立班集体的核心队伍,首先教师要善于发现和培养积极分子。这就需要教师在了解学生的基础上,及时发现并选拔出热心为集体服务、团结同学且具有一定管理能力的学生干部;其次,教师应把对积极分子的使用与培养结合起来。材料中的生活委员常常自习课带头讲话,班主任虽然撤换掉她,但是仍然耐心教育她,帮助她改正自身的坏习惯,并在原班委的基础上,对班委进行适当调整,建立了得力的班集体核心。

(3)建立班集体的正常秩序。班集体的正常秩序包括必要的规章制度、共同的生

活准则以及一定的生活规律。材料中,班主任深入到了学生中间,争取大多数同学的支持,并制定了《班级管理常规》,严格实行德育考核,奖罚结合,并定期向家长汇报,建立了班集体的正常秩序。

(4)组织形式多样的教育活动。班级教育活动主要由日常性的教育活动与阶段性的教育活动两大部分组成,所涉及的内容有主题教育活动、文艺体育活动、社会公益活动等。材料中,班主任组织了“学雷锋日”“环保日”“篮球赛”“社会调查”等一系列班级活动,既有主题活动,又有实践活动,灵活多样。

(5)培养正确的舆论与良好的班风。班集体的舆论是班集体生活与成员意愿的反映。正确的班集体舆论是一种巨大的教育力量,对班集体每个成员都有约束、激励的作用,是教育集体成员的重要手段。材料中,在班主任组织的一系列活动中,同学们逐渐形成了良好的集体荣誉感,也有了明辨是非、善恶、美丑的能力。

(6)班主任还可以通过个别教育工作指导学生,尤其是后进生。①关心爱护后进生,尊重他们的人格,帮助其树立自信心;②培养和激发学习动机。材料中,班主任通过找后进生个别谈心、道德谈话、个别辅导促进了学生转变。同时,班级中赖明同学爱打架,但是爱好体育活动,于是班主任鼓励赖明同学参加篮球比赛,并推选他为篮球队长,最后带领班级在体育运动中取得了好成绩,赖明同学取得了大家的信任,也从班级“反叛者”变成了“主人翁”。

(共18分。每种方法3分,方法描述正确1分,方法的解释准确、充分1分,结合材料阐述合理1分)

31. (1)马英的这一心理现象是青少年学生在异性交往中的正常现象,是学生性心理发展特点的反映,教师应加以引导,缓解其焦虑心理。

处于性心理发育成熟过程中的青少年性意识发展大体经历了异性疏远期、爱慕期和恋爱期三个阶段。其中,爱慕期是性意识表现和发展的一个重要阶段。在爱慕期,青少年的性意识有感情隐秘的特点,表现为在与异性接触时的感情交流是隐晦的、含蓄的,常常以试探的形式进行。男女青少年常常会把异性对自己的好感当作对自己的倾心,把自己对异性的爱慕感情当作“爱情”,从而造成不必要的精神苦恼。

马英的心理和表现符合性意识发展的爱慕期的特点,她表现出了对异性的好奇和爱慕,上课时,她不由自主地看周勇在干什么,下课后,她的目光也总是跟随周勇的身影;她认为自己对周勇的好奇和关注是喜欢对方,担心被父母发现,担心自己的学习成绩会因此下降,从而造成心理上的忧虑。

(10分。答出心理现象体现学生性心理发展特点2分,性意识三个阶段并分析爱慕期学生特点3分,结合材料分析爱慕期表现5分)

(2)①培养健康的交往意识。让马英认识到异性交往是正常的、必然的,也是必要的,无须紧张、害怕、回避。②培养健康的交往态度。让马英知道在交往中,彼此之间要相互尊重,平等待人。③培养正确的交往行为。言行要适度,自然大方,既不过分拘谨,也不过分随便;既不过分冷淡,也应避免过分亲昵;不哗众取宠,也要学会控制情绪。④加强情感教育。让马英懂得什么是爱,如何感受爱,表达爱;如何区分友情和爱情。⑤正确应对恋爱现象。与马英共同探讨恋爱的利弊,引导马英将爱慕升华为成长的动力。同时加强马英的责任意识和自我保护意识的教育。

(共8分。答出至少四点建议,每点2分;建议阐述合理1分,结合材料说明1分)

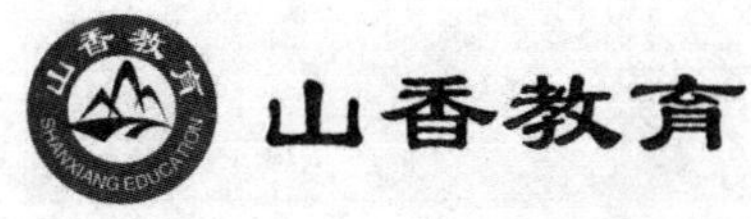

国家教师资格考试

历年真题详解及预测试卷

教育知识与能力·中学(预测答案本)

目 录

国家教师资格考试预测试卷(十一)

一、单项选择题

1. A 【解析】题干大意为:樊迟向孔子请教如何种庄稼,孔子说自己不如老农;樊迟又请教如何种菜,孔子说自己不如老菜农。樊迟出去以后,孔子评价樊迟是小人。上位者重视礼仪,老百姓就没有敢不恭敬的;上位者爱好道义,老百姓就没有敢不服从的;上位者爱好诚信,老百姓就没有敢不诚实的。如果能够做到这一点,那么,四方的老百姓就会背负幼子前来投靠,何必要自己来种庄稼呢?这表明孔子轻视生产劳动,教育偏重社会人事、文事。所以,樊迟问稼的故事体现了我国古代教育基本上与生产劳动相脱离的特点。

方法技巧:考生需要特别注意,当题干中出现引言时,往往解题的关键就在引言所表达的含义中。如本题中,孔子所表达的意思是上位者做好礼、义、信等事,百姓就会主动来投靠,没必要自己种庄稼。所以,在孔子看来,上位者应当学习如何修身立德,重视礼义信,而不是学习如何种庄稼,这就体现了我国古代教育轻视生产劳动、教育与生产劳动相脱离的特点。

2. A 【解析】人力资本理论的倡导者尤其重视教育投资的作用,他们认为教育不仅是一种消费活动,更是一种投资活动。在各种人力投资形式中,教育投资是最有价值的。教育作为一种投资活动,对个人而言,教育可以使个人增加知识和技能,提高个人收益;就社会而言,教育可以为社会培养人才,提高生产率,促进社会经济的发展。故题干所述观点体现了人力资本理论,故本题选A。

B项,劳动力市场理论认为劳动力市场可以划分为主要劳动力市场和次要劳动力市场。主要劳动力市场的劳动力受教育水平是比较高的,受教育程度与工资水平的正比例关系基本上是成立的。相反,在次要劳动力市场,劳动力受教育水平是比较低的,受教育程度与工资水平的正比例关系是不成立的。

C项,教育万能论认为人完全是教育的产物,片面地夸大了教育在人的发展中的作用。

D项,教育独立论的主要代表人物是中国近代教育家蔡元培。教育独立的基本要求可大致归结为:(1)教育经费独立。政府指定固定的款项专作教育经费,不能移作他用。建立独立的教育会计制度等。(2)教育行政独立。设立专管教育的行政机构,不附设于政府部门,由懂教育的专业人士主持。教育总长不得因政局的变动而频繁变动。(3)教育学术和内容独立。教育方针应保持稳定,不受政治的干扰。能自由编辑、出版、选用教科书。(4)教育脱离宗教而独立。

3. D 【解析】美国心理学家吴伟士(伍德沃斯)提出了"相乘说",他认为人的发展等于遗传和环境的乘积。若设遗传为长,环境为宽,那么发展就等于二者所构成的长方形的面积。因此,题干所述内容为"相乘说"的观点。

方法技巧:辐合论,也称为二因素论。这种观点肯定先天遗传因素和后天环境对儿童发展的重要作用,而且二者的作用各不相同,且不能相互替代。该理论的两个代表人物及观点如下。

施泰伦(德国)——合并原则:发展=遗传+环境;

吴伟士(美国)——相乘说:发展=遗传×环境。

4. A 【解析】我国确立教育目的的理论依据是马克思主义关于人的全面发展学说理论。所谓人的全面发展是指人的劳动能力,即人的体力和智力的全面、和谐、充分地发展,还包括人的道德的发展。故本题选A。

5. A 【解析】我国学制改革和发展的基本方向就是重建和完善分支型学制,即通过发展基础教育后的职业教育走向分支型学制,再通过高中综合化走向单轨学制。

6. B 【解析】直观性原则是指在教学活动中,教师应尽量利用学生的多种感官和已有的经验,通过各种形式的感知,使学生获得生动的表象,从而比较全面、深刻地掌握知识。题干中的教师通过播放视频的方式进行教学,有利于学生直观地感受到月夜的美,获得感性经验。这体现了直观性教学原则。

7. D 【解析】道尔顿制是由美国教育家柏克赫斯特创建的一种新的教学组织形式。运用这种方法时,教师不再讲授,只为学生指定自学参考书、布置作业,由学生自学和独立完成作业后,向教师汇报学习情况和接受考查。故本题选D。

8. A 【解析】目标评价模式是美国课程评价专家泰勒针对20世纪初形成并流行的常模参照测验的不足而提出的。这种模式以目标为中心展开。故本题选A。

B项,目的游离评价模式是由美国学者斯克里文针对目标评价模式的弊病而提出来的。他主张把评价的重点从"课程计划预期的结果"转向"课程计划实际的结果"上来。

C项,CIPP评价模式是美国教育评价家斯塔弗尔比姆倡导的课程评价模式。该模式包括以下四个步骤:(1)背景评价;(2)输入评价;(3)过程评价;(4)成果评价。

9. D 【解析】根据评价采用的标准,教学评价可以分为绝对性评价、相对性评价和个体内差异评价。其中,个体内差异评价是对被评价者的过去和现在进行比较,或将评价对象的不同方面进行比较。题干中的小明认为自己这一次的数学考试成绩跟上一次相比有进步,是将自己的过去和现在进行比较,属于个体内差异评价。故本题选D。

10. D 【解析】文艺复兴时期的著名教育家埃拉斯莫斯最先提出"班级"一词。D项正确。夸美纽斯最早提出班级授课制并对其进行系统的理论阐述,布鲁纳最先提出了发现式教学法,罗杰斯最早提出了非指导性教学。

11. D 【解析】马卡连柯的话体现了严格要求与尊重信任相结合的原则。尊重信任与严格要求是辩证统一的,是制约德育效果的两个相辅相成的必要条件,尊重和信任是严格要求的前提,正如苏联教育家马卡连柯所说:"要尽量多地要求一个人,也要尽可能地尊重一个人。"

12. B 【解析】学习的元认知策略是指学生对自己整个学习过程的有效监视及控制的策略。元认知策略大致可分为三种:(1)计划策略;(2)监控策略;(3)调节策略。其中,调节策略是指在学习过程中根据对认知活动监视的结果,找出认知偏差,及时调整策略或修正目标;在学习活动结束时,评价认知结果,采取相应的补救措施,修正错误,总结经验教训等。肖强在阅读中遇到有难度或不熟悉的材料时,能放慢阅读速度,运用的就是元认知策略中的调节策略。

13. D 【解析】明适应是在光刺激由弱变强的情况下发生的感受性降低的过程。题干中强调从暗处来到光亮处,故属于视觉的明适应。

方法技巧:区分明适应与暗适应的重点在于最终进入什么样的环境,进入暗的环境产生的适应叫作暗适应;相反,进入明亮的环境产生的适应叫作明适应。

14. C 【解析】序列化是指能够根据大小、体积、重量或其他特性对一系列要素进行心理上的排序。具体运算阶段的儿童能够顺利完成排列大小的任务。题干中的女孩将动物玩具从最高到最矮进行排序,说明她已经具有序列化的特征。故这个女孩的认知发展水平最低处于具体运算阶段。

15. D 【解析】埃里克森认为,人格的发展是一个逐渐形成的过程,人的一生可以分为八个发展阶段。小张今年初二,这一阶段的个体开始面临自我概念问题的困扰,也开始考虑"我是谁"这一问题,体验着角色同一与角色混乱的冲突。因此,当前小张的主要发展任务是建立同一性,防止角色混乱。

16. B 【解析】学习是个体在特定情境下由于练习或反复经验而产生的行为或行为潜能的相对持久的变化。然而值得注意的是,并非所有的行为变化都是由学习产生的,如生理成熟、疲劳、药物等因素亦可引起行为的变化。根据选项描述可知,A项属于感觉适应,C项属于生理成熟,D项属于药物的作用,因此,A、C、D三项都不属于学习。B项,谈虎色变是通过生活经验和学习建立起来的行为,因此谈虎色变属于学习行为。故答案选B。

方法技巧:在做此类试题时,考生在判断一项活动是不是学习时可以从两方面出发。一是根据学习的定义直接选出正确选项;二是利用学习的“五非原则”,即非本能、非成熟、非疲劳、非药物、非病,排除错误选项。

17. A 【解析】道德感是根据一定的道德标准评价人的思想、意图和言行时所产生的主观体验。它表现在对待国家、集体、工作、事业、学习以及人与人之间的关系等各个方面,如爱国主义情感、集体主义情感、责任感、事业心、荣誉感、自尊心等。“先天下之忧而忧,后天下之乐而乐”体现了爱国主义情感,故属于道德感。

18. C 【解析】高原现象是指学生在学习过程中出现一段时间的学习成绩和学习效率停滞不前,甚至学过的知识感觉模糊的现象。

19. C 【解析】强迫症是一种以强迫症状为主的神经症,以强迫观念和强迫行为为主要临床表现。强迫行为指当事人反复去做他不希望执行的动作。题干中,学生小曼反复检查自己的试卷、作业、书包的行为表明她可能患有强迫症。

20. B 【解析】有效地利用正反论据是通过有效的说服提高学生道德认知的技巧之一。对于理解能力有限的低年级学生,教师最好只提供正面论据,以免学生产生困惑、无所适从。对于理解能力较强的高年级学生,教师可以考虑提供正反两方面的论据,使学生产生客观、公正的感觉,从而相信教师所言,改变态度。题干中的老师说服理解能力较强的高年级学生时,最好提供正反证据(正反论据)。

21. A 【解析】玛勒斯等人认为职业倦怠主要表现为三个方面:

(1)情绪耗竭,指个体情绪情感处于极度的疲劳状态,工作热情完全丧失;

(2)去人性化,即刻意在自身和工作对象间保持距离,对工作对象和环境采取冷漠和忽视的态度;

(3)个人成就感低,表现为消极地评价自己,贬低工作的意义和价值。

马老师丧失工作热情、感觉自己极度疲劳,这是情绪耗竭的典型表现。

易错提示:考生易混淆教师职业倦怠的特征。在做题时,考生应注意根据关键词判断考查的是哪一个特征。如情绪低落,没有热情对应情绪耗竭;冷漠忽视,保持距离对应去人性化;消极评价,没有价值对应个人成就感低。

二、辨析题(参考答案)

22. 安排教师上课是学校教育的中心工作。

(1)这种说法是错误的。(2)教学是学校教育的中心工作,学校教育工作必须坚持“教学为主,全面安排”的原则。教学包括五个基本环节,其中,上课是整个教学工作的中心环节，是教师教和学生学的最直接的体现，是提高教学质量的关键。综上所述，题干说法错误。

23. 教师和家长应尽量为学生提供各种各样的活动和交往，来促进学生品德发展。

(1)这种说法是正确的。(2)德育过程是组织学生的活动和交往，统一多方面教育影响的过程。组织活动和交往是德育过程的基础。一个人的品德发展是其与外在环境交互作用的结果。个体只有在活动中才能形成和发展自己的品德。有目的地根据德育目标和思想品德的形成规律设计实施活动，能加快个体品德发展的速度，对学生品德发展方向起规范和保证作用。由此可见，教师和家长应尽量为学生提供各种各样的活动和交往，来促进学生品德发展。

24. 根据成就动机理论，力求成功者一般会选择成功概率约为90%的任务。

(1)这种说法是错误的。(2)阿特金森把个体的成就动机分为两类：力求成功的动机和避免失败的动机。力求成功者的目的是获取成就，即通过各种活动努力提高自尊心和获得心理上的满足，成功概率为50%的任务是他们最有可能选择的。避免失败者则往往通过各种活动防止自尊心受伤害和产生心理烦恼，倾向于选择非常容易或非常困难的任务。因此，题干说法错误。

25. 品德的核心是道德认知。

(1)这种说法是正确的。(2)道德认知是个体道德的基础，是道德情感、道德意志产生的依据，对道德行为具有定向的意义，是行为的调节机制。品德的核心是道德认知。因此，题干说法正确。

三、简答题(参考答案)

26. 简述20世纪后期教育改革和发展的特点。

(1)教育的终身化；(2)教育的全民化；(3)教育的民主化；(4)教育的多元化；(5)教育技术的现代化；(6)教育全球化；(7)教育信息化；(8)教育具有科学性。

方法技巧：20世纪后期教育改革和发展的特点可借助以下口诀进行记忆。忠(终)全民，多代课(科)，全球信息都知道。

27. 简述确定课程目标的依据。

(1)学习者的需要(对学生的研究)；(2)当代社会生活的需求(对社会的研究)；(3)学科知识及其发展(对学科的研究)。

28. 简述课堂纪律的类型。

课堂纪律分为四类，即教师促成的纪律、集体促成的纪律、任务促成的纪律、自我促成的纪律。

(1)教师促成的纪律，即在教师的指导帮助下形成的班级行为规范。

(2)集体促成的纪律，即在集体舆论和集体压力的作用下形成的群体行为规范。

(3)任务促成的纪律，即某一具体任务对学生行为提出的具体要求。

(4)自我促成的纪律，简单说就是自律，即在个体自觉努力下由外部纪律内化而成的个体内部约束力。

29. 简述影响态度与品德学习的一般条件。

(1)外部条件：①家庭；②学校教育；③社会因素；④同伴群体。

(2)内部条件：①认知失调；②态度定势；③道德认知。

四、材料分析题(参考答案)

30. 该班主任的做法违背了尊重信任学生与严格要求学生相结合的原则、疏导原则、正面教育与纪律约束相结合的原则、教育影响的一致性和连贯性原则等，我们要引以为戒。

(1)尊重信任学生与严格要求学生相结合的原则是指在德育过程中，教育者既要尊重信任学生，又要对学生提出严格的要求，把严和爱有机地结合起来，使教育者的合理要求转化为学生的自觉行动。材料中，该班主任用无记名方式评选了3名“坏学生”，其用意是严格要求学生，让学生引以为戒，以此对学生进行教育，但是没有做到尊重信任学生，反而达不到期望的效果。

(2)疏导原则是指进行德育时要循循善诱、以理服人，从提高学生认识入手，调动学生的主动性，使他们积极向上。材料中，该班主任没有对违反纪律的学生讲明道理、疏通思想，而是直接批评和警告，不仅挫伤学生自尊心，也使学生对学习失去了兴趣和信心，这是错误的行为。

(3)正面教育与纪律约束相结合的原则是指德育工作既要正面引导，说服教育，启发自觉，调动学生接受教育的内在动力，又要辅之以必要的纪律约束，并使两者有机结合起来。材料中，班主任没有对班级里的“坏学生”进行正面教育，更没有启发学生的自觉，而是对学生进行了侮辱性的惩罚，这不符合德育的正面教育与纪律约束相结合的原则。

(4)教育影响的一致性和连贯性原则是指在德育工作中，教育者应主动协调多方面教育力量，统一认识和步调，有计划、有系统、前后连贯地教育学生，发挥教育的整体功能，培养学生正确的思想品德。材料中，班主任在对“坏学生”的教育中，没有主动与家长联系、沟通，没有协调多方面的教育力量。当家长主动询问事情缘由时，该班主任仍我行我素，认为自己的做法并无不妥之处，还直言“你的孩子是班上最坏的孩子”，这样的做法不仅不能促进家校的良好协作，反而只会激化矛盾，不符合教育影响的一致性和连贯性原则。

31.（1）李某的症状属于考试焦虑症。考试焦虑是一种复杂的情绪现象，是在一定的应试情境下，受个体认知评价能力、人格倾向与其他身心因素制约，以担忧为基本特征，以防御或逃避为行为方式，通过一定程度的情绪反应所表现出来的心理状态。其表现是：随着考试临近，心情极度紧张；考试时注意力不集中，知觉范围变窄，思维刻板，表现慌乱，无法发挥正常水平。材料中，李某在考试前会产生紧张的情绪，注意力难以集中，并伴随有一定的躯体症状，这说明李某患有考试焦虑症。

（2）针对李某的问题，教师应该：①采用肌肉放松、系统脱敏等方法，帮助李某放松身体，舒缓紧张、焦虑的情绪；②采用认知矫正程序，指导李某在考试中使用正向的自我对话，如“我能应付这个考试”，增强其信心；③锻炼李某的性格，提高其挫折应对能力和心理承受能力；④鼓励李某往最好处做，不要计较最后结果，以正确的态度面对考试；⑤引导李某调整好考前情绪，并教授他一些调节情绪的方法。

国家教师资格考试预测试卷（十二）

一、单项选择题

1. B　**【解析】**《学记》阐述了“教学相长”“尊师重道”“藏息相辅”“启发诱导”“长善救失”“学不躐等”“豫时孙摩”等教学原则。故本题选B。A项是荀子的“性恶论”的观点；C项是明末清初思想家王夫之的言论；D项是孔子的言论。

2. B　**【解析】**捷克教育家夸美纽斯在其著作《大教学论》中首先对班级授课制进行研究并确定了班级授课制的基本轮廓。

3. A　**【解析】**杜威十分重视教育对于儿童个体自主发展的影响，提出了“教育无目的论”。杜威认为“教育的过程，在它自身以外没有目的，它就是它自己的目的。”“我们探索教育目的时，并不是要到教育过程以外去寻找一个目的，使教育服从这个目的”。

4. C　**【解析】**内发论强调内在因素，如“需要”“成熟”，强调人的身心发展的力量主要源于人自身的内在需要，身心发展的顺序也是由身心成熟机制决定的。即在人的身心发展过程中起决定作用的是遗传素质。题干中霍尔的话是典型的内发论观点。

5. B　**【解析】**永恒主义课程理论的主要代表人物是赫钦斯。杜威是儿童中心课程理论的代表人物，巴格莱是要素主义课程理论的代表人物，布鲁纳是结构主义课程理论的代表人物。故本题选B。

6. B 【解析】地方课程是教育行政部门以国家课程为基础,依据当地的政治、经济、文化、民族等发展的需要而开发设计的课程。它是一种为突出地方特色与地方文化,满足地方发展需要而设置的课程,具有区域性、本土性的特点。A市组织开发的课程,满足了本市发展实际需要,充分体现了本土特色,属于地方课程。故本题选B。

7. D 【解析】实质教育论起源于古希腊和古罗马,代表人物是德国的赫尔巴特和英国的斯宾塞。形式教育论起源于古希腊,代表人物是英国的洛克、瑞士的裴斯泰洛齐。故本题选D。

8. C 【解析】了解和研究学生是班主任工作的前提和基础,是做好班级各项教育工作的先决条件,也是班级教育过程中有效开展各项工作必不可少的基本环节。李老师为了有效开展工作,首先应该了解和研究学生。

9. B 【解析】演示法是指教师通过展示实物、教具和示范性的实验来说明、印证某一事物和现象,使学生掌握新知识的一种教学方法。题干中的老师通过做实验让学生了解有关电荷的知识,采用的教学方法是演示法。

方法技巧:部分考生看到题目中有"实验"二字就认为题目考查的是实验法,从而造成误选。在复习过程中,演示法中的实验演示与实验法容易造成混淆,考生可结合以下内容进行理解。

实验演示——教师做实验,学生看;

实验法——学生做实验,教师指导。

10. D 【解析】德育过程是一个长期的、反复的、逐步提高的过程。这是因为学生正处于成长期,世界观尚未形成,思想不成熟,品德发展容易出现反复。这就要求教育者要正确认识和对待这种现象,持之以恒、耐心细致地教育学生,引导学生在反复中逐步前进。"屡教不改"是指多次教育仍不改正,这体现了德育过程的长期性、反复性,D项正确。

11. D 【解析】正面教育与纪律约束相结合原则是指德育工作既要正面引导,说服教育,启发自觉,调动学生接受教育的内在动力,又要辅之以必要的纪律约束,并使两者有机结合起来。题干中,张老师不仅通过开班会强调守时的重要性,还组织学生建立了班规,用纪律约束同学们,这体现了正面教育与纪律约束相结合原则。

12. B 【解析】刚刚能感觉到的最小刺激强度叫绝对感觉阈限。题干中强调刚刚能够听得见时的音量,故属于绝对感觉阈限。

A项,绝对感受性是指人对最小的客观刺激强度的感受能力。

C项,差别感受性是指对两个刺激物强度差别的感觉能力。

D项，刚刚引起差别感觉的两个同类刺激物之间的最小差别量就叫差别感觉阈限。

13. B 【解析】场依存型的学生对客观事物的判断常以外部线索为依据，其态度和自我认知易受周围环境或背景（尤其是权威人士）的影响，往往不易独立地对事物做出判断，而是人云亦云，从他人处获得标准；行为常以社会为定向，社会敏感性强，爱好社交活动。根据题干所述，小贝的认知风格最可能属于场依存型。

方法技巧：考生在做此类题目时，要注意把握每种认知方式的关键词，结合题干答题。“独立、内部”对应场独立型；“外部、人云亦云”对应场依存型。

14. C 【解析】美国心理学家韦纳把人经历过事情的成败归结为六种原因，即能力、努力程度、工作难度、运气、身心状况、外界环境。其中，学习能力属于内部、稳定、不可控的因素。

15. C 【解析】心理学家根据信息保持时间的长短，将记忆分为感觉记忆（瞬时记忆）、短时记忆（工作记忆）和长时记忆。故记忆的第一个过程是感觉记忆。

16. B 【解析】注意的转移是根据新的任务，主动地把注意从一个对象转移到另一个对象或由一种活动转移到另一种活动的现象。题干中，学生自觉、主动地将注意力转移到之后的课程学习中，这体现的是注意的转移。

方法技巧：做此类试题时，考生应注意以下关键点，当出现“一边……，一边……”“同时”等词时，多体现注意的分配；当出现先干什么之后又主动干什么等例子时，多体现注意的转移。

17. C 【解析】双避冲突是指从希望回避的两种事物中必取其一的心理状态。题干中的学生害怕寒冷不想起床，但又害怕上学迟到，这种既想逃避寒冷又想逃避上学迟到的心理冲突属于双避冲突。

18. C 【解析】机体对与条件刺激相似的刺激做出条件反应，属于刺激的泛化。学生不能很好地区分“在”和“再”、“末”和“未”等读音或字形相似的刺激就属于刺激的泛化。

19. D 【解析】公正阶段的公正观念是从可逆的道德认知中脱胎而来的。他们开始倾向于主持公正、公平等。儿童不再刻板地按固定的规则去判断，在依据规则判断时应该考虑到同伴的一些具体情况，从关心和同情的角度出发去判断。故答案选D。

20. D 【解析】艾里斯提出了一个解释人的行为的ABC理论。ABC理论中的A指个体遇到的主要事实、行为、事件；B指个体对A的信念、观点；C指事件造成的情绪结果。

21. C 【解析】本题考查教师的领导方式。放任型的老师认为学生爱怎样就怎样;很难做出决定,对学生管理没有明确目标;不鼓励学生,也不反对学生;不参加学生的活动,也不提供帮助或方法。从题干中的“不干预”“不闻不问”可知,这种领导方式是放任型,故答案选C。

二、辨析题(参考答案)

22. 动物界和人类社会一样,也存在教育活动。

(1)这种说法是错误的。(2)教育的本质属性是育人,即教育是一种有目的地培养人的社会活动,这是教育区别于其他事物现象的根本特征。教育是人类所特有的一种有意识的社会活动,动物界不存在教育活动。因此,题干说法错误。

23. 加强知识的学习就能获得优秀的思想道德品质。

(1)这种说法是错误的。(2)知识是思想品德形成的基础,思想品德修养水平的提高是学生学习知识的动力。教师在教学中要防止两种倾向:①脱离知识进行思想品德教育,这会使思想品德教育成为无源之水、无本之木,不仅不利于学生品德修养水平的提高,而且还影响系统知识的教学。②只强调传授知识,忽视思想品德教育。不能认为学生学习了知识以后,思想品德水平自然会随之提高。因为教学的教育性必须经过教师给学生施加积极影响,必须通过启发、激励,使学生对所学知识产生积极的态度时,才能得以实现。在教学过程中要注意把二者有机结合起来。故题干说法错误。

24. 负强化和惩罚在本质上是相同的。

(1)这种说法是错误的。(2)惩罚与负强化在本质上有所不同,负强化是通过厌恶刺激的排除来增加反应在将来发生的概率,而惩罚则是通过厌恶刺激的呈现来降低反应在将来发生的概率。故题干说法错误。

25. 长期过度学习容易造成疲劳,所以应该注意过度学习的程度。

(1)这种说法是正确的。(2)过度学习是指学习达到恰能背诵之后再继续学习。实验证明:过度学习达到50%,即学习的熟练程度达到150%时,学习的效果最好;超过150%时,效果并不递增,很可能引起厌倦、疲劳而成为无效劳动。故题干说法正确。

三、简答题(参考答案)

26. 简述文化对教育发展的影响和制约。

(1)文化对教育具有价值定向作用;(2)文化发展促进学校课程的发展;(3)文化影响教育目的的确立;(4)文化影响教育内容的选择;(5)文化影响着教育教学方法的使用。

27. 简述课外活动的意义。

(1)课外活动有利于学生开阔眼界,获得知识;(2)课外活动是对青少年实施因材施教,发展个性特长的广阔天地;(3)课外活动有利于发展学生智力,培养各种能力;(4)课外活动是进行德育的重要途径。

28. 简述引起和保持有意注意的条件。

(1)加深对目的任务的理解。(2)合理组织活动。(3)培养稳定的间接兴趣;(4)排除内外因素的干扰,提高意志力水平。

29. 简述影响问题解决的主要因素。

(1)问题情境与表征方式;(2)定势与功能固着;(3)原型启发;(4)已有知识经验;(5)情绪与动机。此外,个体的认知结构、个性特征以及问题的特点等也会影响问题的解决。

四、材料分析题(参考答案)

30. 谢老师主要采用了演示法、谈话法、发现法、讲授法和讨论法。

(1)演示法是指教师通过展示实物、教具和示范性的实验来说明、印证某一事物和现象,使学生掌握新知识的一种教学方法。演示所使用的工具分为四大类:实物、标本、模型、图片的演示;图表、示意图、地图的演示;实验演示;幻灯片、电影、录像的演示。谢老师播放短视频、用PPT展示动植物的图片,运用的是演示法。

(2)谈话法也叫问答法,它是教师按一定的教学要求向学生提出问题让学生回答,通过问答、对话的形式来引导学生思考、探究,获取或巩固知识,促进学生智能发展的方法。谢老师提出一系列的问题让学生自己发现问题、分析问题,运用的是谈话法。

(3)发现法又称探索法、研究法,是指学生在教师指导下,对所提出的课题和所提供的材料进行分析、综合、抽象和概括,自行发现并掌握相应的原理和结论的一种教学方法。谢老师先是提出一系列问题,启发学生自己去发现、分析问题,然后在讲解完课堂内容之后组织学生讨论并绘制食物网,解决之前提出的问题,从而提高学生分析问题、解决问题的能力。这一系列过程运用的是发现法。

(4)讲授法是教师运用口头语言系统连贯地向学生传授知识、技能,发展学生智力的教学方法。谢老师讲解食物链和食物网的概念,运用的是讲授法。

(5)讨论法是全班或小组成员在教师的指导下,围绕某一中心问题发表自己的看法和见解,从而进行相互学习的一种方法。谢老师将全班学生分为4个小组,要求他们讨论并绘制食物网,运用的是讨论法。

31. 辛老师是分别从归属与爱的需要、尊重需要和自我实现的需要这三个方面制定教育措施的，具体表现为：

（1）辛老师根据归属与爱的需要制定教育措施。归属与爱的需要，也称社交需要，是指每个人都有被他人或群体接纳、爱护、关注、鼓励及支持的需要。材料中，辛老师为小丁组建"学习帮帮团"帮助他学习；开展以"我们是一个友爱和谐的家"为主题的班会课，让同学们接纳小丁。这些措施满足了小丁归属与爱的需要。

（2）辛老师根据尊重需要制定教育措施。尊重需要是在生理、安全、归属与爱的需要得到基本满足后产生的对自己社会价值追求的需要，包括自尊和受到别人的尊重两个方面。具体表现为认可自己的实力与成就、自信、独立、渴望受到赏识与评价、重视威望和名誉等。材料中，辛老师让小丁当班级宣传委员，发挥他画画的特长；对小丁取得的进步给予赞赏；没有当众训斥小丁在课堂上做小动作的行为，而是委婉地提示。这些措施满足了小丁的尊重需要。

（3）辛老师根据自我实现的需要制定教育措施。自我实现的需要，是充分发挥个人潜能、才能的心理需要，也是一种创造和自我价值得到体现的需要。材料中，辛老师利用课余时间和小丁谈心，以励志的榜样故事鼓舞他树立理想，实现人生价值，最终使小丁树立了自信心。

国家教师资格考试预测试卷（十三）

一、单项选择题

1. C **【解析】**马丁·路德是普及义务教育的理论先驱，他明确提出并系统阐述了义务教育的主张。受马丁·路德的影响，普及义务教育的实践活动在近代德国起步最早。德国是颁布义务教育法令最早的国家，也是世界上最早普及义务教育的国家。本题选C。

2. B **【解析】**陶行知一生为改革和发展中国的教育事业鞠躬尽瘁，做出了不可磨灭的贡献。毛泽东称颂他为"伟大的人民教育家"，宋庆龄赞誉他为"万世师表"。故本题选B。

A项，蔡元培是我国近代著名的民主革命家和教育家。他为中华民族的进步和发展，为我国的教育事业，尤其是高等教育事业的改革和发展，做出了重大贡献。毛泽东评价他为"学界泰斗，人世楷模"。

C项，杨贤江是我国第一位系统传播马克思主义教育理论的教育理论家，他以李浩吾为化名出版的《新教育大纲》（1930年）是我国第一部马克思主义的教育学著作。

D项，陈鹤琴是中国近代学前儿童教育理论和实践的开创者，他倡导“活教育”，创办了中国第一所实验幼稚园——鼓楼幼稚园。

3. C 【解析】社会政治经济制度决定受教育权。在一个社会里，要哪些人受教育，受什么样的教育，教育的结果如何，都是由社会关系中占统治地位的社会力量决定的。在资本主义社会中，人与人之间政治经济上的不平等也客观决定了受教育权利和机会上的实际不平等。题干所述劳动人民的子女接受大学教育的机会远少于资本家的子女，正是体现了政治经济制度对受教育权利的制约。

4. A 【解析】学校体育的基本组织形式是体育课。增强学生体质是学校体育的根本任务，这是学校体育与学校其他活动最根本的区别。

5. A 【解析】社会本位论认为，确立教育目的的根据是社会的要求，个人的发展必须服从社会需要。教育以社会的稳定和发展为最高宗旨。荀况认为教育不应从人的本性而应从“礼”这一社会需要出发，因为“人之性恶”，须以“礼义”加以教化，如顺从人本性的发展，必然产生社会暴乱。故题干所述体现了社会本位的教育目的价值取向。

6. C 【解析】校本课程是学校在确保国家课程和地方课程有效实施的前提下，针对学生的兴趣和需要，结合学校的传统和优势以及办学理念，充分利用学校和社区的课程资源，自主开发或选用的课程。该职业高中结合学生实际情况，自行编制的具有鲜明职业教育特点的课程属于校本课程。

7. A 【解析】常模参照性评价又称为相对性评价，是运用常模参照性测验对学生的学习成绩进行的评价。它主要依据学生个人的学习成绩在该班学生成绩序列或常模中所处的位置来评价和决定他的成绩的优劣，而不考虑是否达到教学目标的要求。题干描述的是常模参照性评价（相对性评价）的概念，故本题选A。

8. A 【解析】知行统一原则是指教育者在进行德育时，既要重视对学生进行系统的思想道德的理论教育，又要重视组织学生参加实践锻炼，把提高认识和行为养成结合起来，使学生做到言行一致。题干中，冯老师既向学生讲授理论知识，又组织学生通过“我和爸爸比童年”的活动了解改革开放以来社会的发展变化，其做法体现了知行统一原则。

9. B 【解析】形成性评价是在教学过程中为改进和完善教学活动而进行的对学生学习过程及结果的评价。它包括在一节课或一个课题的教学中对学生的口头提问和书面测验。题干中，张老师在课堂上以练习题的形式考查学生的学习结果，符合形成性评价的内涵。

10. B 【解析】了解和研究学生是班主任工作的前提和基础，因此，班主任在与小芳谈心时，首先要了解小芳不参加课外活动的原因，只有了解原因之后，才能有的放矢，找出合适的谈心角度，更好地处理此问题。

11. B 【解析】榜样示范法是用榜样人物的优秀品德来影响学生的思想、情感和行为的德育方法。题干中班主任以小明为例，希望同学们都能够向他学习，体现的是榜样示范法。

12. C 【解析】感觉对比是同一感受器接受不同的刺激，而使感受性发生变化的现象。红色或者黄色的警示线和其他区域同时作用于人的视觉，形成感觉对比，以提高人们对危险区域的警惕性，这符合感觉对比的规律。

13. C 【解析】再造想象是依据词语或符号的描述、示意在头脑中形成与之相应的新形象的过程。例如，学生听教师对课文生动形象地描述时，头脑中出现的有关事物的形象。因此，题干中学生在学习古诗时头脑中呈现出相关景象属于再造想象。

14. B 【解析】中学生的心理发展具有独立性。中学生身体的迅速发育与成熟引起的心理重大变化之一，就是感到自己长大成人了。这种“成人感”使中学生强烈要求自主独立，对成人过多的干涉表示反感，甚至开始以批评的眼光看待父母和老师，要求给予更多的自由，把他们看成大人，让他们独立做事。

15. C 【解析】上位学习又称总括学习，是在学生掌握一个比认知结构中原有概念的概括和包容程度更高的概念或命题时产生的。上位学习遵循从具体到一般的归纳概括过程。题干中，教师引导学生根据长方体、正方体、圆柱体等具体实例归纳总结出“体积”的概念，新获得的概念的概括和包容程度较高，故属于上位学习。

16. C 【解析】美感是人们根据一定的审美标准对自然或社会现象及其在艺术上的表现予以评价时所产生的情感体验。题干中，人们在欣赏绘画作品时产生的愉悦感就属于美感。

17. B 【解析】根据共同要素说，如果两种学习活动含有共同成分，无论学习者是否意识到这种成分的共同性，都会产生迁移。故题干中的观点属于共同要素说。

方法技巧：理解学习迁移理论可从以下方面着手，形式训练说强调心理官能的训练；共同要素说强调共同的要素；经验类化说（概括化理论）强调对经验、原理的概括；关系转换说强调对关系的理解和顿悟。

18. C 【解析】抑郁症的表现有：(1)情绪消极、悲伤、颓废、淡漠、失去满足感和生活的乐趣；(2)消极的认识倾向，低自尊、无能感，从消极方面看事物，好责难自己，对未来不抱多大希望；(3)动机缺失、被动，缺少热情；(4)躯体上疲劳、失眠、食欲不振等。由此可判断，小东最可能患有抑郁症。

19. B 【解析】在好孩子的道德定向阶段中，儿童的价值以人际关系的和谐为导向，顺从传统的要求，符合大众的意见，谋求大家的称赞。在进行道德评价时，总是考虑到社会对一个“好孩子”的期望和要求，并总是按照这种要求去展开思维。林浩为了得到父母的表扬而积极主动地帮助他人，由此可知他正处于习俗水平中的好孩子的道德定向阶段。

20. A 【解析】科宁等人总结了可以很好地预防问题的四个方面：明察秋毫、一心多用、关注整体和转换管理。其中，明察秋毫是指教师要让学生知道，他注意到了课堂里发生的每一件事，甚至没漏下任何一件。“明察”的教师会尽量避免被少数几个学生吸引或只与他们交流，他们经常扫视教室，与学生保持目光接触，有些老师甚至在黑板上做板书时都知道谁在搞小动作，脑后仿佛长有一双眼睛。

21. D 【解析】教师期望效应也叫罗森塔尔效应或皮格马利翁效应，即教师的期望或明或暗地传送给学生，会使学生按照教师所期望的方向来塑造自己的行为。这一效应强调教师的期望对学生的发展具有重要影响，教师在教学中应对学生抱有积极的期望。

二、辨析题（参考答案）

22. 人的身心发展在整个生命过程中是均衡和匀速的。

（1）这种说法是错误的。（2）个体身心发展具有不平衡性（不均衡性），主要表现在两个方面：一方面是指身心发展的同一方面的发展速度，在不同的年龄阶段是不平衡的；另一方面是个体身心发展的不同方面发展速度也不相同。研究表明，青少年身心的不同方面所达到的某种发展水平或成熟的时期是不平衡的，有的方面可能在较早年龄就达到较高水平，而有的方面则晚些。因此，个体的身心发展速度有快有慢，是不均衡和不匀速的，题干说法错误。

23. 学生是学习的主体，任何教学手段都必须通过学生起作用。

（1）这种说法是正确的。（2）在教学过程中，学生不仅是教师施教的客体，而且是认识和发展的主体。学生在教师的主导作用下进行的学习，并不是一种消极被动的过程，而是随着教师的教做出积极的自我调整和控制的过程。只有在学生积极主动参与教学活动时，教师的指导、调节才能起到应有的作用。因此，任何教学手段必须通过学生才能起作用。故题干说法正确。

24. 刺激泛化和刺激分化是互补的过程。

（1）这种说法是正确的。（2）机体对与条件刺激相似的刺激做出条件反应，属于刺激的泛化。如果只对条件刺激做出条件反应，而对其他相似刺激不做反应，则出现了刺激的分化。刺激泛化和刺激分化是互补的过程。泛化是对事物的相似性的反应，分化则是对事物的差异性的反应。泛化能使我们的学习从一种情境迁移到另一种情境;而分化则能使我们对不同的情境做出不同的恰当反应,从而避免盲目行动。因此,题干说法正确。

25. 按照皮亚杰的认知发展阶段理论,儿童只有发展到形式运算阶段才能解决数学应用题。

(1)这种说法是错误的。(2)具体运算阶段的儿童,其思维具有可逆性、守恒性等特点,能够运用逻辑思维解决具体问题,但必须依赖于实物和直观形象的支持才能进行逻辑推理和运用逻辑思维解决问题,不能够进行纯符号运算。因此,具体运算阶段的儿童已经能解决部分数学应用题。故题干说法错误。

三、简答题(参考答案)

26. 简述观察研究法的实施步骤。

(1)界定研究问题,明确观察目的和意义;(2)编制观察提纲,进入研究情境;(3)实施观察,收集、记录资料;(4)分析资料,得出研究结论。

27. 简述学业成绩评定的基本要求。

(1)客观公正,必须严格遵循评定标准;(2)方向明确,要向学生指出学习上的优缺点和努力的方向;(3)鼓励学生创新,在评定中,不仅要看答案,而且要看思路,重视学生思维的创造性。

28. 简述自我效能感的作用。

(1)决定人们对活动的选择,以及对活动的坚持性;(2)影响人们在困难面前的态度;(3)自我效能感不仅影响新行为的习得,而且影响已习得行为的表现;(4)自我效能感还会影响活动时的情绪。

29. 培养学生良好态度与品德的方法有哪些?

(1)有效的说服;(2)树立良好的榜样;(3)利用群体约定;(4)价值辨析;(5)给予适当的奖励和惩罚。除上述所介绍的方法外,角色扮演、小组道德讨论等方法对于良好态度与品德的形成和改变都是非常有效的。

方法技巧:关于培养态度与品德的方法,考生可采用以下口诀帮助记忆。嫁(价值辨析)给(给予奖励和惩罚)有(有效的说服)理(利用群体约定)数(树立榜样)。

四、材料分析题(参考答案)

30. (1)徐老师贯彻了如下德育原则:

①疏导原则。疏导原则是指进行德育时要循循善诱、以理服人,从提高学生认识入手,调动学生的主动性,使他们积极向上。材料中,徐老师面对缺乏生活自理技能和生活常识的刘同学,没有直接进行批评教育,而是引导学生帮助他,既让刘同学摆

脱了尴尬的局面，又让他学到了生活自理技能和生活常识，这一教育过程贯彻了疏导原则。

②因材施教原则（从学生实际出发）。因材施教原则是指教育者在德育过程中，应根据学生的年龄特征、个性差异以及品德发展现状，采取不同的方法和措施，加强德育的针对性和实效性。材料中，徐老师对刘同学和赵同学在实践基地活动中表现出的不同问题采取了不同的教育方式和措施，贯彻了因材施教原则。

③知行统一原则（理论联系实际原则）。知行统一原则是指教育者在进行德育时，既要重视对学生进行系统的思想道德的理论教育，又要重视组织学生参加实践锻炼，把提高认识和行为养成结合起来，使学生做到言行一致。材料中，在发现班级学生不能说出所有蔬菜的名称时，徐老师建议基地辅导员给同学们开设现场讲座，帮助学生认识家乡的农作物，说明徐老师既重视实践锻炼，也重视提高学生的认识水平，贯彻了知行统一原则。

④集体教育和个别教育相结合原则。在德育过程中，教育者要善于组织和教育学生热爱集体，并依靠集体教育每个学生，同时通过对个别学生的教育，来促进集体的形成和发展，从而把集体教育和个别教育有机地结合起来。材料中，针对个别学生缺乏生活常识的情况，徐老师结合全班学生的实际情况，建议基地辅导员给同学们开设现场讲座，对全班同学进行教育，贯彻了集体教育和个别教育相结合原则。

⑤尊重信任学生与严格要求学生相结合的原则。在德育过程中，教育者既要尊重信任学生，又要对学生提出严格的要求，把严和爱有机地结合起来，使教育者的合理要求转化为学生的自觉行动。材料中，针对赵同学违反纪律偷带手机的行为，徐老师对她进行了批评教育，体现了徐老师对学生的严格要求；但同时徐老师也肯定了赵同学带手机的初衷，并委以重任，体现了对学生的尊重信任。这一过程贯彻了尊重信任学生与严格要求学生相结合的原则。

⑥依靠积极因素、克服消极因素的原则（长善救失原则）。在德育工作中，教育者要善于依靠、发扬学生自身的积极因素，调动学生自我教育的积极性，克服消极因素，以达到长善救失的目的。材料中，徐老师充分发挥了赵同学喜欢拍照这一优点，对她进行教育，最终既增强了赵同学的纪律性，也提高了她学习的积极性。徐老师对赵同学的教育贯彻了依靠积极因素、克服消极因素的原则，取得了良好的效果。

（2）徐老师对赵同学的教育运用了以下德育方法：

①说服教育法。说服教育法又叫说理教育法，是通过语言说理，使学生明晓道理、分清是非、提高品德认识的德育方法。材料中，针对赵同学违反纪律偷带手机的

行为,徐老师对她进行了批评教育,最终使赵同学认识到了自己的错误,运用了说服教育法。

②品德评价法。品德评价法是通过对学生品德进行肯定或否定的评价而予以激励或抑制,促使其品德健康形成和发展的德育方法。它包括奖励、惩罚、评比和操行评定等。材料中,徐老师对赵同学偷带、偷玩手机的行为进行了批评教育,运用了品德评价法。

③实际锻炼法。实际锻炼法是有目的地组织学生参加各种实际活动,使其在活动中锻炼思想,增长才干,培养优良的思想和行为习惯的德育方法。材料中,徐老师安排赵同学负责基地活动的拍照并且最终成功举办活动成果展,从而使赵同学的纪律性和学习的积极性都明显增强,这一过程运用了实际锻炼法。

31.(1)材料中的两位老师在长期的工作压力下出现了职业倦怠。教师职业倦怠的产生主要有以下几方面原因:①社会因素,即教师职业的声望压力;②职业因素,即教师担当的多种角色所产生的角色职责压力、角色冲突、学生问题、升学考试压力等;③工作环境,即教师与学生、家长、领导、同事之间的人际关系压力,学校的考评、聘任制度所带来的压力;④个人因素,即教师个人的认知方式和应对紧张的策略与心理压力产生密切相关。

(2)①提高心理调适能力。培养正确的压力观;改善自我观念;正确应对挫折与压力;建立积极的思维方式和内在对话;采取合理有效的工作方式,学会休闲。

②优化学校环境。实行人性化管理,增强教师的职业满意感;重视教师心理健康教育,增强教师的自我调适感;开展丰富多彩的活动,增强教师的人际和谐感;健全教师心理健康的校内保障体系。

③构建社会支持网络。社会各界要对教师的角色期待进行合理的定位。国家应切实采取措施提高教师的经济待遇和社会地位。教育部门应探索有效的教师教育培训体系,将职前和职后培训有机结合,为教师提供职业发展的机会。

国家教师资格考试预测试卷(十四)

一、单项选择题

1. B 【解析】斯宾塞在《什么知识最有价值》中提出"科学知识最有价值"这一观点。故本题选B。

A项,夸美纽斯是中世纪捷克杰出的教育家,其主要提出了"泛智教育"等思想。

C项，杜威是实用主义教育学的代表人物，他提出儿童中心论，认为教学活动要根据儿童的兴趣进行。

D项，博比特在1918年出版的《课程》一书，标志着课程作为专门研究领域的诞生。

2. C 【**解析**】个体身心发展的个别差异性，是指个体之间的身心发展以及个体身心发展的不同方面之间，存在着发展程度和速度的不同。个体身心发展的个别差异性要求教育要因材施教，充分发挥每个学生的潜能和积极因素，有的放矢地选择适宜、有效的教育途径和方法手段，使每个学生都能得到最大的发展。题干中，小刚的身体素质好和小军的数学分析能力好，体现了个体身心发展具有个别差异性。

易错提示：个体身心发展的个别差异性和不平衡性（不均衡性）是易混点，考生可参考以下内容进行理解，不平衡性主要是指同一个体，而个别差异性则主要指不同个体。此外，个别差异性也表现在群体间，如男女性别的差异。

3. A 【**解析**】遗传素质是人的身心发展的前提，为人的发展提供了可能性，但不能决定人的发展。题干中，"一个人的成就同智力的高低并无极大的相关"说明遗传素质仅仅为人的发展提供了可能性，但对人的发展不起决定作用。

4. D 【**解析**】外铄论（环境决定论）的主要代表人物包括荀子、洛克、华生等。故答案选D。柏拉图倡导人分三等论，他还提出了"学习即回忆"的观点，即人出生时头脑中就已具备知识，学习就是对已有知识的回忆。弗洛伊德认为人的性本能是最基本的自然本能。孟子认为人的本性是善的，"万物皆备于我"。这些观点均属于遗传决定论。所以，ABC三项排除。

方法技巧：内发论与外铄论的代表人物，考生可结合口诀识记。

（1）内孟四尔弗。内发论：①孟，孟子；②四尔，威尔逊、高尔顿、格塞尔、霍尔；③弗，弗洛伊德。

（2）外出寻找落花生。外铄论：①寻，荀子；②落，洛克；③花生，华生。

5. D 【**解析**】个别教学制是古代学校的主要教学形式。中国春秋时期的私学和汉代以后的书院，都是对集于一处的学生逐个进行教学。近代实施班级授课制以来，在一部分教学中有时还继续采用个别教学形式，如在中医、音乐、美术、研究生等教学中。

6. A 【**解析**】教材是根据学科课程标准系统阐述学科内容的教学用书，它是知识授受活动的主要信息媒介，是课程标准的进一步展开和具体化。教材可以是印刷品（包括教科书、教学指导用书、补充读物、图表等），也可以是音像制品（包括幻灯片、电影、录音带、录像带、磁盘、光盘等）。题干中的课件、视频、投影、模型等属于教材。

7. A 【解析】“课程”一词在我国始见于唐宋期间。唐朝孔颖达在《五经正义》里为《诗经·小雅·巧言》中“奕奕寝庙，君子作之”一句注疏：“维护课程，必君子监之，乃依法制也。”这是“课程”一词在汉语文献中的最早显露。故本题选A。

8. A 【解析】操行评定是以教育目的为指导思想，以“学生守则”为基本依据，对学生一个学期内的学习、劳动、生活、品行等方面进行的小结与评价。题干所述符合操行评定的内涵。

9. B 【解析】实际锻炼法是有目的地组织学生参加各种实际活动，使其在活动中锻炼思想，增长才干，培养优良的思想和行为习惯的德育方法。锻炼的方式包括执行制度、委托任务和组织活动等。题干中的学校通过开展“当一次环卫工”主题教育活动，来提高学生爱护公共环境卫生的意识，体现了对实际锻炼法的运用。

10. D 【解析】在教学中，学生是学习的主人，具有主观能动性，教师要充分发挥学生主体参与教学的能动性。题干中，周老师充分发挥学生在学习过程中的主动性和积极性，激发学生的学习兴趣，营造宽松、和谐的学习氛围，体现了学生主体作用的发挥，这也是周老师的教学取得成功的内因。

11. C 【解析】导向性原则是指进行德育时要有一定的理想性和方向性，以指导学生向正确的方向发展。在我国，德育工作要把无产阶级的政治方向放在首位，对学生的德育要求要同共产主义目标相联系。故本题选C。

12. B 【解析】流畅性是指在限定时间内产生观念数量的多少。在短时间内产生的观念越多，流畅性越强。

变通性是指摒弃以往的习惯思维方法而开创不同方向的能力。对同一问题所想出不同类型答案越多者，变通性越高。

独创性是指产生不寻常的反应和不落常规的能力，以及重新定义或按新的方式对所见所闻加以组织的能力。

题干中该学生在单位时间内列举出很多例证，说明其思维的流畅性好；但提出的例证都在建筑材料范围之内，说明其变通性差。

13. D 【解析】对问题解决起启发作用的事物叫原型。原型启发是指从其他事物上发现解决问题的途径和方法。人们发明出电子嗅觉器正是受到狗鼻子这一原型的启发。

14. B 【解析】自我提高内驱力是指个体因自己的学业成就而获得相应地位和威望的需要。题干小磊为了赢得在班级中的地位和满足自尊需要而刻苦学习，这种学习动机属于自我提高内驱力。

15. C 【解析】合理宣泄是指通过创设一种情境，使受挫者能自由抒发受压抑的情绪。当人受到不良刺激而产生消极情绪时,应让不良情绪充分得以宣泄,通过合理的宣泄来减轻心理负担,恢复心理平静。题干中,张亮通过运动来缓解不良情绪就属于合理宣泄法。

16. A 【解析】沉思型的学生在解决认知任务时,总是谨慎、全面地检查各种假设,在确认没有问题的情况下才会给出答案。这种类型的学生解答认知问题的速度虽然慢,但错误率很低。根据题干所述,小丽总是在认真思考后才举手回答问题,答案也较为准确,这说明小丽的认知风格属于沉思型。

17. D 【解析】多重趋避冲突即对含有吸引与排斥两种力量的多种目标予以选择时所发生的冲突。大学毕业生择业时面对多种选择的冲突是这类冲突的典型实例。

18. D 【解析】根据皮亚杰的认知发展阶段理论,处于形式运算阶段的儿童的思维特征有:(1)命题之间的关系;(2)假设—演绎推理;(3)类比推理;(4)抽象逻辑思维;(5)可逆与补偿;(6)反思能力;(7)思维的灵活性;(8)形式运算思维的逐渐发展。故题干中学生的认知发展处于形式运算阶段。

19. D 【解析】心理健康是个体心理活动在自身及环境条件许可范围内所能达到的最佳功能状态。它至少包括两层含义:一是无心理疾病;二是有一种积极发展的心理状态。

20. C 【解析】后习俗水平的特点是:个体不只是自觉遵守某些行为规则,还认识到法律的人为性,并在考虑全人类的正义和个人尊严的基础上形成某些超越法律的普遍原则。这一水平包括两个阶段:社会契约的道德定向阶段和普遍原则的道德定向阶段。处于普遍原则的道德定向阶段的人认为,和种种可考虑的事情相比,没有什么比人类的生命更有价值。因此,认为尊重人的生命比遵守僵硬的社会规范更为重要的道德发展阶段是后习俗水平。

21. D 【解析】非正式群体是学生自发形成或组织起来的群体。它包括因志趣相投、感情融洽,或因邻居、亲友、老同学等关系以及其他需要而形成的学生群体。非正式群体的特点是:大都自愿组合,三五成群,人数不等,一般偏小;成员性情相近,志趣相投,有共同的需要;由较有威信与能力者领头;活动由大家商量确定或由领头人根据大家需要而定,易调动成员的积极性;交往与活动频繁,有活力。即B、C两项属于非正式群体的特点。非正式群体是学生进行学习、娱乐、生活和交往所必需的,可以弥补正式集体活动之不足。每个学生在集体活动之余,都需要过一些非正式的小群体生活。这不仅是个人的需要,而且使班集体生活充满友谊与欢乐。故A项属于非正式群体积极作用的表现。当然,非正式群体也有盲目消极的一面。例如,有的过分热衷于小群体活动而不关心班集体,不愿担负班级工作、参加集体活动;有的具有排他性，在班上闹不团结；有的则迷恋于吃喝玩乐，甚至制造恶作剧，不务正业，违法乱纪。因此，D项属于非正式群体盲目消极作用的表现。

二、辨析题（参考答案）

22. 在我国，义务教育就是基础教育。

（1）这种说法是错误的。（2）义务教育是指依据法律规定，适龄儿童和青少年都必须接受的，国家、社会、家庭必须予以保证的国民基础教育。依据《中华人民共和国义务教育法》的规定，我国实施九年义务教育。而基础教育是指实施普通文化科学知识的教育，是提高我国民族素质的奠基工程，为学生提供进一步学习的基础、学会做人的基础和学会生存的基础等的教育。我国的基础教育包括学前教育和普通中小学教育。综上所述，义务教育和基础教育二者不能等同，故题干说法错误。

23. 课程标准是对学校课程的总体规划，它规定了学校应设置的学科、学科开设的顺序及课时分配，并对学期、学年、假期进行划分。

（1）这种说法是错误的。（2）课程计划是根据一定的教育目的和培养目标，由教育行政部门制定的有关学校教育和教学工作的指导性文件。它具体规定了教学科目的设置（课程设置）、学科顺序（课程开设顺序）、课时分配（教学时数）、学年编制和学周安排。课程标准是课程计划中每门学科以纲要的形式编写的、有关学科教学内容的指导性文件，是课程计划的分学科展开。它规定了学科的教学目标、任务，知识的范围、深度和结构，教学进度以及有关教学方法的基本要求，是编写教科书和教师进行教学的直接依据，也是衡量各科教学质量的重要标准。题干中表述的是课程计划的具体内容，故题干说法错误。

方法技巧：考生在区分课程计划和课程标准时，可从以下方面进行思考：课程计划主要指向学校，课程标准主要指向学科。

24. 遗忘总是不利于学习的。

（1）这种说法是错误的。（2）遗忘是与保持相反的心理过程，是指对识记过的材料不能回忆或再认，或者表现为错误的回忆或再认。奥苏伯尔的同化说认为遗忘是知识的组织和认知结构简化的过程。当人们学到了更高级的概念与规律之后，就可以以此来代替低级的观念，使低级观念简化，从而减轻记忆负担。这是一种积极的遗忘。故遗忘并非总是不利于学习的，题干说法错误。

25. “月明星稀”体现了感觉的相继对比。

（1）这种说法是错误的。（2）感觉对比可分为：①同时对比。几个刺激物同时作用于同一感受器会产生同时对比现象。②继时对比。刺激物先后作用于同一感受器会产生继时对比现象。“月明星稀”是月亮和星星同时作用于眼睛产生的现象，故属于同时对比。因此，题干说法错误。

三、简答题(参考答案)

26. 简述劳动技术教育的任务。

(1)培养学生的劳动观点、劳动习惯和学习生产技术的兴趣；(2)使学生初步掌握现代生产技术的基础知识和基本技能，学会使用一般的生产工具；(3)掌握组织生产和管理生产的初步知识与技能。

27. 简述班主任了解和研究学生的内容。

班主任了解和研究学生要从班级群体和班级个体两方面入手：

(1)了解和研究班级群体：①班级成员的基本构成；②班级群体的学业状况；③班级群体的发展状况；④班级日常行为表现。

(2)了解和研究班级个体：①学生的基本情况；②学生的社会关系；③学生的学业和品德状况；④学生的品德形成与社会性发展状况。

28. 简述维持课堂纪律的策略。

(1)建立有效的课堂规则；(2)合理组织课堂教学；(3)做好课堂监控；(4)培养学生的自律品质。

29. 简述贾德的概括化理论。

概括化理论也称经验类化(泛化)说，由美国心理学家贾德提出，其主要观点是：一个人只要对自己的经验进行了概括，就可以完成从一个情境到另一个情境的迁移。他认为先前的学习之所以能迁移到后来的学习中，是因为在先前学习中获得了一般原理，这种一般原理可以部分或全部地运用于后面的学习中。对原理了解、概括得越好，迁移效果也越好。

四、材料分析题(参考答案)

30. (1)材料中教师在教学中运用的教学原则有：

①直观性原则。直观性原则是指在教学活动中，教师应尽量利用学生的多种感官和已有的经验，通过各种形式的感知，使学生获得生动的表象，从而比较全面、深刻地掌握知识。材料中教师将若干正方形分给学生，让学生拼出长方形，是利用直观性教学原则的表现。

②启发性原则。启发性原则是指在教学活动中，教师要调动学生的主动性和积极性，引导他们通过独立思考、积极探索，生动活泼地学习，自觉地掌握科学知识，提高分析问题和解决问题的能力。材料中教师让学生自己拼出长方形，并参考课本公

式求出长方形的面积,有利于充分调动学生学习的主动性,这是运用启发性教学原则的表现。

(2)材料中教师在教学中运用的教学方法有:

①谈话法。谈话法也叫问答法,它是教师按一定的教学要求向学生提出问题让学生回答,通过问答、对话的形式来引导学生思考、探究,获取或巩固知识,促进学生智能发展的方法。材料中教师"请学生起来回答,并让学生说出这样求的原因",是运用谈话法的表现。

②读书指导法。读书指导法是指教师指导学生通过阅读教科书和其他参考书,以获得知识、巩固知识、培养学生自学能力的一种方法。材料中教师"引导学生阅读课本",是运用读书指导法的表现。

③发现法。发现法又称探索法、研究法,是指学生在教师指导下,对所提出的课题和所提供的材料进行分析、综合、抽象和概括,自行发现并掌握相应原理和结论的一种教学方法。材料中教师"将若干正方形分给学生,让学生拼出长方形,并引导学生参考课本公式求出长方形的面积",是运用发现法的表现。

31.(1)材料中两位同学的对话,反映了中学生青春期心理发展的以下特点:①出现反抗情绪与逆反心理。中学生的逆反心理往往发生在父母或教师等成人遇事"爱唠叨",说话过头,限制了他们的求知欲、好奇心、交友结伴的时候。在材料中,丁明和冯亮都对父母的管教感到厌烦,对父母的要求采取相反的态度和行为。②情绪变化具有两极性。在材料中,丁明和冯亮情绪波动很大,有时候高兴起来,觉得无所不能;难过起来,又绝望过度。这反映的是情绪的两极性。③性意识出现。在材料中,冯亮在面对女同学时感到异常紧张和兴奋,这是性意识出现的特点。④情绪体验丰富,关注自我形象。在材料中,丁明和冯亮特别担心自己的形象不够好,特别在意别人对自己的评价。

(2)作为老师,我会从以下方面指导他们:①教会学生形成适宜的情绪状态。②丰富学生的情绪体验。丁明演讲时很紧张,冯亮与女同学相处时感到紧张又害羞。针对丁明,可以创造一些关于演讲的活动情境,丰富其情绪体验,做到临场不乱。针对冯亮,可以在班级举办一些集体活动,引导其与异性同学正常来往。③引导学生正确看待问题。丁明、冯亮很关注个人形象,在意外界对自己的评价,可以引导他们从多角度看待自己,发现身上的优点与长处,增强其信心。④教会学生情绪调节的方法。教师的教最终是为了学生能够学会调节自己的情绪,因此,传授学生一些调节情绪的方法是必不可少的。⑤通过实际锻炼提高学生的情绪调节能力。

国家教师资格考试预测试卷(十五)

一、单项选择题

1. A 【**解析**】亚里士多德是古希腊百科全书式的哲学家,其教育思想反映在他的著作《政治学》中。《民主主义与教育》是杜威的著作,《理想国》是柏拉图的著作,《大教学论》是夸美纽斯的著作。

2. A 【**解析**】教育的历史性指在人类社会的不同时期,由于生产力发展水平不同,生产关系和政治制度不同,教育也就具有不同的性质、特点、内容和形式。题干中,原始社会和现代社会的教育内容不同,说明不同时期的教育有着不同的内容,这体现了教育的历史性。

3. B 【**解析**】1902年,我国正式颁布了第一个现代学制"壬寅学制",又称《钦定学堂章程》。该学制以日本学制为蓝本,由当时的管学大臣张百熙起草,虽然正式颁布但没有实行。"癸卯学制"也承袭了日本的学制,它是中国近代教育史上第一部由国家颁布的并在全国实行的学制系统。本题选B。

易错提示:我国"最早颁布""最早实施"的现代学制是容易混淆的知识点,壬寅学制是中国近代教育史上最早由国家正式颁布的学制系统,虽然正式颁布,但并未实行,癸卯学制是中国近代教育史上第一部由国家颁布的并在全国实行的学制系统。二者区别在于是否实施,考生应注意辨别。

考生可用顺口溜的形式进行识记:人(壬)来颁布、鬼(癸)来实施。

4. D 【**解析**】行动研究法是指实际工作者(如教师)基于解决实际问题的需要,与专家、学者及本单位的成员共同合作,将实际问题作为研究的主题,进行系统的研究,以解决实际问题的一种研究方法。题干中的郑老师对教学过程中使用小组讨论法出现的问题进行了反思,发现了存在的问题并设计实施了问题解决方案,最终解决了这一问题。因此,郑老师采用的教育研究方法主要是行动研究法。

5. A 【**解析**】间接经验与直接经验相结合规律(间接性规律)主要是指:教学活动是学生认识客观世界的过程,要以间接经验为主、直接经验为辅,将二者有机结合起来。学生学习间接经验要以直接经验为基础,教师要根据教学需要充分利用和丰富学生的直接经验。题干中张老师在教学中充分利用学生已有经验,增加学生学习新知识所必需的感性认识,体现出他遵循了教学过程的间接性规律。故答案选A。

6. D 【**解析**】洛克反对天赋观念,提出了"白板说"。他明确指出:"我们日常所见的人中,他们之所以或好或坏,或有用或无用,十分之九都是他们的教育所决定的。

人之所以千差万别，便是由于教育之故。”他认为人只有靠教育才能成为人，人完全是教育的结果。

7. A 【解析】要素主义课程理论的主要观点包括：课程的内容应该是人类文化的“共同要素”，传授人类种族传递下来的共同经验和文化精神；学科课程是向学生提供经验的最佳方法；重视系统知识的传授，以学科课程为中心。题干所述是要素主义课程理论的观点，故本题选A。

8. A 【解析】遗传素质是人的身心发展的前提，为人的发展提供了可能性，但不能决定人的发展。人的身心发展必须以正常的遗传素质为基础，发展才有可能。没有这个前提，任何发展都不可能。或者某些遗传素质有缺陷，某种发展可能就永远不能实现。先天失明的人很难成为画家，天生体弱的人很难成为运动健将，体现的正是这个道理。

9. C 【解析】组织和培养班集体是班主任工作的中心环节。班主任应有计划、有组织地在短时间内有效地组建班集体。故本题选C项。了解和研究学生是班主任工作的前提和基础，是做好各项班级教育工作的先决条件，也是班级教育过程中有效开展各项工作必不可少的基本环节。建立学生档案与开展班会活动是班主任工作的内容，A、B、D三项不符合题意。

10. D 【解析】实际锻炼法是有目的地组织学生参加各种实际活动，使其在活动中锻炼思想，增长才干，培养优良的思想和行为习惯的德育方法。锻炼的方式主要包括执行制度、委托任务和组织活动等。学生通过参加校园实践活动来培养工作责任感和集体主义品质，这体现的是德育方法中的实际锻炼法。

11. B 【解析】教育影响的一致性和连贯性原则是指在德育工作中，教育者应主动协调多方面教育力量，统一认识和步调，有计划、有系统、前后连贯地教育学生，发挥教育的整体功能，培养学生正确的思想品德。题干中老师和家长没有统一认识和步调，违背了教育影响的一致性和连贯性原则。

12. A 【解析】苛勒等人通过著名的黑猩猩实验，对学习的实质及原因做出了解释，认为从学习过程来看，学习是通过顿悟过程实现的。

13. D 【解析】精细加工策略是指把新信息与头脑中的旧信息联系起来从而增加新信息意义的深层加工策略。它常被描述成一种理解记忆的策略，其要旨在于建立信息间的联系。题干中，夏叶同学运用的学习策略是精细加工策略里的谐音联想法。

14. D 【解析】逆向迁移是后继学习对先前学习的影响。依据题干表述，李红先学习的是中文语法，后来才学习英语语法，后来学习的英语语法加深了她对之前学习的中文语法的理解，这属于逆向迁移。

15. A 【解析】结果期待是指人对自己的某一行为会导致某一结果的推测。题干中学生相信自己只要有认真听课的这种行为就可以获得一个好成绩，这是他对学习结果的期待。

易错提示：考生易混淆结果期待和效能期待的内涵。在做题时考生应根据关键语句确定考查方向，如强调对最终结果推测的为结果期待，强调对自己某一行为能力推测的为效能期待。举例来说，学生认为好好学习，就能取得优秀的成绩，这属于结果期待；但是认为自己做不到，就属于效能期待。

16. D 【解析】人格的独特性，指一个人的人格是在遗传、成熟、环境、教育等先后天因素的交互作用下形成的。不同的遗传环境、生存及教育环境，形成了各自独特的心理特点。世界上没有两片完全相同的树叶，也没有两个人格完全相同的人，这体现了人格的独特性。

17. D 【解析】詹姆士—朗格情绪学说是有关情绪的生理机制方面的第一个学说。美国心理学家詹姆士和丹麦生理学家朗格，都强调情绪的产生是植物性神经系统活动的产物。故他们的理论也被称为"情绪的外周理论"。詹姆士认为情绪是对身体变化的知觉，人们由于哭泣而悲伤，由于打斗而愤怒。朗格则认为情绪是内脏活动的结果。他们都认为情绪刺激引起身体的生理反应，而生理反应进一步导致情绪体验的产生。故答案选D。

18. B 【解析】系统脱敏法是指当某些人对某事物、某环境产生敏感反应（害怕、焦虑、不安）时，我们可以在当事人身上发展起一种不相容的反应，使其对本来可引起敏感反应的事物，不再发生敏感反应。例如：一个学生过分害怕猫，我们可以先让他先看猫的照片，谈论猫；再让他远远观看关在笼中的猫，让他靠近笼中的猫；最后让他摸猫、抱起猫，消除对猫的惧怕反应。

19. B 【解析】处于社会契约的道德定向阶段的个体的道德价值以法制观念为导向，有强烈的责任心和义务感，但不再把社会规则和法律看成是死板的、一成不变的条文，而是认识到法律或习俗的道德规范仅仅是一种社会契约，它由大家商定，可以改变，而不是固定僵死的。

20. D 【解析】道德意志是个体自觉地调节道德行为，克服困难，以实现预定道德目标的心理过程。道德意志强的人表现为能够排除内部障碍和外部困难，坚决执行道德动机引起的行为决定。题干中的那些孩子不能抵挡诱惑，正是道德意志薄弱的表现，因此应加强对其道德意志的培养。

21. B 【解析】任务促成的纪律，即某一具体任务对学生行为提出的具体要求。题干中的学生遵守纪律是为了拿到下个月的流动红旗，这是任务促成的纪律。

易错提示:考生易混淆课堂纪律的类型,在做题时考生应注意根据题干关键词进行判断。教师促成的纪律强调教师主导形成的纪律,如教师主动要求大家静一静;集体促成的纪律强调群体压力促成的纪律,如大家都在学习,小明也不说话了;自我促成的纪律强调个体自己约束自己;任务促成的纪律强调具体任务形成的纪律,如课堂讨论、当堂测验等。

二、辨析题(参考答案)

22. 教学的首要任务是引导学生掌握系统的科学文化基础知识,形成基本技能、技巧。

(1)这种说法是正确的。(2)教学的一般任务有:①引导学生掌握科学文化基础知识和基本技能。②发展学生智能,特别是培养学生的创新精神和实践能力。③发展学生体能,提高学生身心健康水平。④培养学生高尚的审美情趣和审美能力。⑤培养学生良好的道德品质和个性心理特征,形成科学的世界观。其中,教学的首要任务是使学生掌握系统的科学文化基础知识,形成基本技能、技巧,其他任务的实现都是在完成这一任务的过程中和基础上进行的。因此,题干说法正确。

23. 世界上不同民族的教育往往表现出不同的传统和特点,这主要是因为教育具有阶级性。

(1)这种说法是错误的。(2)教育的民族性指教育是在具体的民族或国家中进行的,无论是在思想上还是在制度上,无论是在内容还是在方法手段等方面都有其民族性的特征。教育的阶级性是阶级社会里教育的一种属性,主要指把受教育者培养为哪一个阶级的接班人,即教育为谁服务的问题。题干的表述,正是教育民族性的表现。因此,题干说法错误。

24. 学生在做题时,注意力高度集中在题目上,与解题无关的人和物都排除在外,这体现了注意的集中性。

(1)这种说法是正确的。(2)注意的集中性是指心理活动停留在被选择的对象上的强度或紧张度,它使心理活动离开一切无关的事物,并且抑制多余的活动,以保证注意的对象能得到比较鲜明和清晰的反映。人在注意力高度集中时,对目标物之外的其他事物就会“视而不见,听而不闻”了。因此,题干说法正确。

25. 注视一朵黄花约一分钟,之后将视线转向身边的白墙,那么在白墙上将看到一朵蓝花,这种现象属于感觉后效。

(1)这种说法是正确的。(2)在刺激作用停止后感觉暂时保留一段时间的现象称为感觉后效,即感觉后像。在各种感觉中,视觉的后效很显著,又称视觉后像。视觉后像有两种:正后像和负后像。其中,负后像是指与刺激物性质相反的后像。如果用眼睛注视一朵绿花约一分钟,然后将视线转向身边的白墙,那么在白墙上将看到一朵红花;如果先注视一朵黄花,那么后像将是蓝色的。因此,题干说法正确。

三、简答题(参考答案)

26. 简述基础教育课程改革的具体目标。

(1)实现课程功能的转变。(2)体现课程结构的均衡性、综合性和选择性。(3)密切课程内容与生活和时代的联系。(4)改善学生的学习方式。(5)建立与素质教育理念相一致的评价与考试制度。(6)实行三级课程管理制度。

27. 班主任怎样做好先进生的教育工作?

对于先进生的教育,班主任要注意:(1)严格要求,防止自满;(2)不断激励,弥补挫折;(3)消除嫉妒,公平竞争;(4)发挥优势,全班进步。

28. 简述班杜拉的社会学习理论的主要观点。

(1)班杜拉认为学习的实质是观察学习。班杜拉以儿童的社会行为习得为研究对象,形成了其关于学习的基本思路,即观察学习是人的学习最重要的形式。观察学习是个体只以旁观者的身份,观察别人的行为表现(自己不必实际参与活动),即可获得的学习。

(2)班杜拉对强化进行了重新解释,将强化分为直接强化、替代强化和自我强化。

29. 简述引起无意注意的条件。

(1)客观条件,即刺激物本身的特点。主要包括:①刺激物的强度;②刺激物之间显著的对比关系;③刺激物的活动和变化;④刺激物的新异性。

(2)主观条件,即人本身的状态。主要包括:①个体的需要和兴趣;②个体的情绪和精神状态;③个体的知识经验和期待。

四、材料分析题(参考答案)

30. (1)班主任对小辉的教育过程中贯彻的原则有:

①长善救失原则。长善救失原则即依靠积极因素、克服消极因素原则,是指在德育工作中,教育者要善于依靠、发扬学生自身的积极因素,调动学生自我教育的积极性,克服消极因素,以达到长善救失的目的。材料中,在所有人都认为小辉调皮的时候,新班主任并没有简单地做出定论,而是在全面了解后,对小辉的父亲说小辉很聪明,要找到发挥他聪明才智的方法。这表明新班主任用一分为二的观点,全面分析,客观地评价学生的优点和不足。

②尊重信任学生与严格要求学生相结合的原则。尊重信任学生与严格要求学生相结合的原则是指在德育过程中,教育者既要尊重信任学生,又要对学生提出严格的要求,把严和爱有机地结合起来,使教育者的合理要求转化为学生的自觉行动。材料

中,新班主任在了解小辉的过程中,从生活上关心他,学习上帮助他,并尝试与他进行朋友式的交流。这表明新班主任能够尊重信任小辉,后来新班主任又对小辉提出严格要求并进行正确的指导,体现了尊重信任学生与严格要求学生相结合的原则。

(2)①贯彻长善救失原则的基本要求:教育者要用一分为二的观点,全面分析,客观地评价学生的优点和不足;教育者要有意识地创造条件,将学生思想中的消极因素转化为积极因素;教育者要提高学生自我认识、自我评价的能力,启发他们自觉思考,克服缺点,发扬优点。

②贯彻尊重信任学生与严格要求学生相结合的原则的基本要求:教育者要有强烈的事业心、责任感以及尊重热爱学生的态度;教育者应根据教育目的和德育目标,对学生严格要求,认真管理;教育者要从学生的年龄特征和品德发展状况出发,提出适度的要求,并坚定不渝地贯彻到底。

31.(1)根据材料分析可知:①李老师穿着漂亮的新衣服,用彩色粉笔装饰黑板边缘,这样做会分散学生对学习的注意力,而使学生更多地注意这些与学习无关的内容。②先宣布期中考试成绩会让学生接下来思考考试的结果而不是老师上课的内容,也不利于学生将注意力集中在课堂教学上。③在正式讲课过程中,李老师言语平静,这容易使学生产生疲劳。④立即点名批评开小差的学生的做法也会分散学生的注意力,并对课堂的连贯性有消极影响。

(2)①创造良好的教学环境。为了使学生在学习过程中不受外部无关刺激的干扰,应该创造一个安静、整洁的教学环境。②注重讲演、板书技巧和教具的使用。在讲课过程中,教师应该音量适中,语音、语调做到抑扬顿挫,遇到重点、难点还要加强语气,伴以适当的手势和表情。另外可以配合使用板书和教具。③注重教学内容的组织和教学形式的多样化。

国家教师资格考试预测试卷(十六)

一、单项选择题

1. C 【解析】苏格拉底是古希腊著名的哲学家、教育家,他认为教育的目的是要培养治国人才。苏格拉底是专家治国论者,他认为治国者必须有德有才,深明事理,具有各种实际知识,教育的首要任务是培养道德,伦理、道德问题是他整个思想体系的中心。故本题选C。

2. D 【解析】题干中《学记》这句话的意思是说错过了学习时机,事后补救,尽管勤奋努力也较难成功。这句话强调的是学习要抓住关键期,表明个体身心发展具有不平衡性。

3. A 【解析】马克思阐述了关于人的全面发展学说,这一学说的主要内容之一是,旧式分工造成了人的片面发展。马克思认为社会分工是导致人片面发展的根本原因。

4. B 【解析】隐性功能指伴随显性教育功能所出现的非预期性的功能。题干中,思想品德教师要求学生搜集有关坚强的古诗句和经典人物事例,本来的目的是帮学生更深刻地理解坚强意志的表现和含义,结果不仅让学生复习了语文课上的重点古诗句,还对于日后学生写相关的作文也大有裨益。这些功能是非预期性的,体现了教育的隐性功能。

5. A 【解析】2001年颁布的《基础教育课程改革纲要(试行)》明确规定实行国家、地方和学校三级课程管理体制。这样做是为了改变我国原有课程管理过于集中的状况,通过确立地方和学校参与课程改革的权力主体地位,完善课程管理体系,进一步增强课程对地方、学校及学生的适应性。

6. A 【解析】贯穿第八次基础教育课程改革的核心理念是:为了中华民族的复兴,为了每一位学生的发展。

7. B 【解析】绝对性评价又称为目标参照性评价(标准参照评价),是运用目标参照性测验对学生的学习成绩进行的评价。它主要依据教学目标和教材编制试题来测量学生的学业成绩,判断学生是否达到了教学目标的要求,而不以评定学生之间的差异为目的。题干中所说的“60分”就是目标参照,超过则合格,反之则不合格,故这种考试评价属于绝对性评价。

方法技巧:考生容易混淆相对性评价、绝对性评价和个体内差异评价。在理解这三个概念时,可把相对性评价理解为“看位置”,把绝对性评价理解为“看标准”,把个体内差异评价理解为“看自己”。

8. C 【解析】“求也退,故进之;由也兼人,故退之”讲的是:子路和冉有向孔子请教的是同一个问题——听到一个很好的主张,是不是应该马上去做呢?孔子针对二人性格特点做出了不同的回答。对于性格谦恭、做事犹豫不决的冉有,孔子教育他要做事果断,有好的主张立即去行动;对于逞强好胜、做事不够周全的子路,孔子教育他要多听取别人意见,三思而后行。孔子根据学生的不同特点进行有区别的教育,是因材施教原则的体现。

9. B 【解析】讨论法是全班或小组成员在教师的指导下,围绕某一中心问题发表自己的看法和见解,从而进行相互学习的一种方法。题干中,宋老师组织学生围绕义和团运动对近代中国历史进程的影响展开辩论，体现了对讨论法的运用。

10. B 【解析】德育过程通常由教育者、受教育者、德育内容和德育方法四个相互制约的要素构成。在德育过程中，受教育者既是德育的客体，又是德育的主体。

11. B 【解析】疏导原则是指进行德育时要循循善诱，以理服人，从提高学生认识入手，调动学生的主动性，使他们积极向上。“夫子循循然善诱人，博我以文，约我以礼，欲罢不能”的意思是：“夫子一步一步由浅入深地教育我，用文化知识让我的知识渊博，用礼仪规范约束我的行为，受到这样的教育，让我感到学习是很快乐的事，而对学习产生浓厚的兴趣，永远不想停止。”颜回的话说明教师对学生进行德育时，应遵循疏导原则。

12. B 【解析】桑代克观察到，在他的实验过程中，为了保证学习的发生，猫必须处于饥饿状态。如果猫吃得过饱，把它放进迷箱后，它很可能不会显示出任何学习逃出迷箱的行为，而是蜷缩在那里睡觉。所以，对学习的解释必须包括某种动机原则，这就是他所谓的准备律。即：联结的加强或削弱取决于学习者的心理准备和心理调节状态。学习者是否会对某种刺激做出反应，同他是否已做好准备有关。

13. A 【解析】明明知道某件事，但就是不能回忆出来的现象称为“舌尖现象”或“话到嘴边现象”。舌尖现象可以用提取失败说来解释。从信息加工的观点看，遗忘是一时难以提取出需要的信息，遗忘之所以发生是因为编码不准确，失去了检索线索或线索错误。一旦有了正确的线索，经过搜寻，所需要的信息就能提取出来，这就是遗忘的提取失败理论。

14. A 【解析】小艺将考试成绩下降的原因归因于发高烧，依据韦纳的成败归因理论，身心状况属于不稳定、内在、不可控的归因。

15. D 【解析】认知重组指对挫折情境的重新认识与评价。个体对挫折情景的认识评价如何，直接影响挫折感的产生。比如，题干中高考落榜是小强产生挫折的情景，如果改变对高考落榜的严重性的认识，并发现失败的原因是自己努力程度不够，可以继续努力，明年再考，这样就可以减轻挫折感。由此可知，正确答案为D。

16. C 【解析】操作熟练是动作技能掌握的高级阶段。通过动作练习形成的活动方式对各种变化的条件具有高度的适应性，动作的执行达到高度的程序化、自动化和完善化。这一阶段的动作的执行过程不需要意识的高度控制，可以将注意力分配给其他活动。操作熟练阶段在动作结构方面的特点是：各个动作之间的干扰消失，衔接连贯、流畅，高度协调，多余动作消失。题干所述是操作熟练阶段动作的特点。

17. B 【解析】概括化理论也称经验类化说，由美国心理学家贾德提出。他认为先前的学习之所以能迁移到后来的学习中，是因为在先前学习中获得了一般原理，这种一般原理可以部分或全部地运用于后续的学习中。对原理了解、概括得越好，迁移效果也越好。题干中强调将在一元一次方程的解法中获得的规则运用到一元一次不等式的问题解决中，这属于对数学规则、原理的迁移，符合经验类化说的观点。

18. D 【解析】黏液质的人以稳重，但灵活性不足；踏实，但有些死板；沉着冷静，但缺乏生气为特征。题干中小唯的表现符合黏液质的特征，故答案选D。

A项，胆汁质的人以精力旺盛、粗枝大叶、表里如一、刚强、易感情用事为特征。

B项，抑郁质的人以敏锐、稳重、体验深刻、外表温柔、怯懦、孤独、行动缓慢为特征。

C项，多血质的人以反应迅速、有朝气、活泼好动、动作敏捷、情绪不稳定为特征。

19. B 【解析】概括化要求是一种以偏概全的不合理的思维方式，它包括对自己和对他人的不合理评价。产生这种不合理信念的人在评价自己时，会以自己做的某一件事或某几件事的结果来评价自己整个人，评价自己作为人的价值，其结果常常会导致自责自罪、自卑自弃的心理及焦虑和抑郁情绪的产生。晓晓因为一次考试失利就认为自己很笨，产生自卑的心理，这种不合理信念是过分概括化。

20. C 【解析】组织策略是指将经过精加工提炼出来的知识点加以构造，形成更高水平的知识结构的信息加工策略。组织策略主要有两种：归类策略和纲要策略。其中，纲要策略也称提纲挈领，是掌握学习材料纲目的方法。纲要可以是用语词或句子表达的主题纲要，如以写小标题的形式概括重点；也可以是用符号、图式等形象表达的符号纲要。故学生运用思维导图加深对知识的理解和掌握，使用的是组织策略。

21. A 【解析】处于关注生存阶段的一般是新教师，他们非常关注自己的生存适应性，最担心的问题是“学生喜欢我吗”“同事们如何看我”“领导是否觉得我干得不错”等。因而，可能会把大量的时间都花在如何与学生搞好个人关系上。刚毕业的王老师希望得到学生的认可，想方设法与学生处理好关系，这表明他处于专业成长的关注生存阶段。

二、辨析题(参考答案)

22. 教学永远具有教育性。

(1)这种说法是正确的。(2)教学永远具有教育性，是指教学在传授和学习知识的同时，总有某种思想、观点和道德精神影响学生。这里的“教育”指的是道德教育、思想品德教育。“永远具有”指出了教学具有教育性不是一种暂时的、偶然的现象，而是一条规律。正如赫尔巴特所说：“我想不到有任何‘无教学的教育’，正如在相反方面，我不承认有任何‘无教育的教学’。”在教学过程中，学生的知、情、意同时介入，相互作用。教学永远具有教育性揭示了教学过程中教书与育人两个方面之间内在的必然的联系。

23. 德育过程是对学生知、情、意、行的培养与提高过程,从任何一个方面都可以开始进行品德教育。

(1)这种说法是正确的。(2)德育过程是具有多种开端的对学生知、情、意、行的培养提高过程。德育过程的一般顺序可以概括为:提高品德认识、陶冶品德情感、锻炼品德意志和培养品德行为习惯。德育过程一般以知为开端,以行为终结。但由于社会生活的复杂性、德育影响的多样性等因素,在德育具体实施过程中,又具有多种开端。德育过程既可以从提高道德认识开始,即"晓之以理";也可以从陶冶情感开始,即"动之以情";有时还可以从磨炼意志和训练行为开始,即"持之以恒""导之以行"。道德教育的开端可不拘于一格,需要具体问题具体分析,根据学生品德发展的具体情况选择适当的开端,最后达到使学生在知、情、意、行几方面和谐发展的目的。

24. 态度与品德形成过程的第二个阶段是认同。

(1)这种说法是正确的。(2)态度与品德的形成是一个从外到内的转化过程,是社会规范的接受和内化,大致经历依从、认同和内化三个阶段。故态度与品德形成过程的第二个阶段是认同。因此,题干说法正确。

25. 有时候,晶体智力随着年龄的上升而升高。

(1)这种说法是正确的。(2)晶体智力是以学得的经验为基础的认知能力。它受后天经验的影响较大,主要表现为运用已有知识和技能去吸收新知识和解决新问题的能力。晶体智力与教育、文化有关,但在个体差异上与年龄的变化没有密切关系,晶体智力不因年龄增长而降低,有些人甚至因知识经验的累积,晶体智力随着年龄的增长而升高。故题干说法正确。

三、简答题(参考答案)

26. 简述马克思主义教育学的主要观点。

马克思主义教育学又称社会主义教育学,其主要观点有:

(1)教育是一种社会历史现象,在阶级社会中具有鲜明的阶级性,不存在脱离社会影响的教育。

(2)教育起源于生产劳动。

(3)教育的根本目的是促进学生的全面发展。

(4)现代教育与生产劳动相结合不仅是发展社会生产力的重要方法,也是培养全面发展的人的唯一方法。

(5)在与社会的政治、经济、文化的关系上,教育一方面受其制约,另一方面又具有相对独立性,并反作用于政治、经济、文化。

(6)马克思主义唯物辩证法和历史唯物主义是教育科学研究的方法论基础。

27. 简述班级管理的功能。

(1)主要功能:有助于实现教学目标,提高学习效率。(2)基本功能:有助于维持班级秩序,形成良好的班风。(3)重要功能:有助于锻炼学生能力,学会自治自理。

28. 简述问题解决的基本步骤。

问题解决的基本步骤一般可分为以下四个阶段:(1)发现问题。从完整的问题解决过程来看,发现问题是其首要环节。(2)理解问题(明确问题)。(3)提出假设。提出假设是问题解决的关键阶段。(4)检验假设。

29. 简述影响学习迁移的因素。

影响学习迁移的因素主要有以下几点:(1)相似性;(2)原有的认知结构;(3)对学习情境的理解;(4)学习的心理准备状态;(5)学习策略的水平;(6)智力与能力;(7)教师的指导。

四、材料分析题(参考答案)

30. (1)材料中的张老师使用了演示法、谈话法、练习法和讲授法。

①演示法是指教师通过展示实物、教具和示范性的实验来说明与印证某一事物和现象,使学生掌握新知识的一种教学方法。材料中,张老师演示立定跳远的动作,使用了演示法。

②谈话法也叫问答法,它是教师按一定的教学要求向学生提出问题让学生回答,通过问答、对话的形式来引导学生思考、探究,获取或巩固知识,促进学生智能发展的方法。材料中,张老师通过问答的形式让学生掌握立定跳远的要点,使用了谈话法。

③练习法是指学生在教师的指导下运用知识去反复完成一定的操作或解决某类作业与习题,以加深理解和形成技能技巧的方法。练习法是中小学各科教学普遍采用的教学方法。材料中,张老师安排学生做立定跳远的练习,使用了练习法。

④讲授法是教师运用口头语言系统连贯地向学生传授知识、技能,发展学生智力的教学方法。材料中,张老师在示范动作时的语言讲述以及用青蛙举例对立定跳远动作要领的讲解,都属于对讲授法的运用。

(2)①教师在教学过程中处于组织者、引导者的地位,应充分发挥教师的主导作用。材料中的张老师通过向学生提出问题,引导学生去观察青蛙跳跃的动作,领会立定跳远的动作要领,发挥了教师引导者的角色作用。

②学生在教学过程中处于学习主体的地位,应充分发挥学生的主观能动性。材料中的张老师在讲解示范效果不佳的情况下,及时将学习的主动权交还给学生,让学

生去观察、去发现、去练习，发挥了学生的主体作用。

③发挥教师的主导作用并不意味着制约学生的主动性，教师的主导作用和学生的主体作用是相互促进的。只有教师、学生互相配合，才能收到最佳的教学效果。材料中的张老师没有在李和同学“捣乱”的时候发脾气，而是发挥教育机智利用这次意外，使课堂气氛活跃起来，并注意发挥学生的主动性，最后同学们很快就掌握了立定跳远的动作技能。这体现了教师主导作用和学生主体作用的辩证统一关系。

31. (1)对阳阳的学习产生影响的动机是附属内驱力。

附属内驱力是指个体为了获得长者们(如家长、教师)的赞许或认可而表现出把工作、学习做好的一种需要。它既不直接指向学习任务本身，也不把学业成就看作赢得地位的手段，而是为了从长者或同伴那里获得赞许和接纳。附属内驱力是一种间接的学习需要，属于外部学习动机。材料中阳阳喜欢英语课的原因是英语老师经常在课堂上表扬他，阳阳认为老师很器重自己，这说明其学习动机属于附属内驱力。

(2)附属内驱力这种外部学习动机具有诱发性、被动性，一旦自身的需要没有得到满足，就会丧失学习动机。材料中阳阳在升入初中更换新的英语老师后，由于新的英语老师不如原来的英语老师对他那样重视，他很快就失去了原来的学习劲头，英语成绩也开始下滑，这正说明了这一点。因此，附属内驱力这种外部动机对学生学习的影响体现在：

①决定着学生学习的方向。

②决定着学生学习的态度。

③对学生的学习成绩有很大影响。

国家教师资格考试预测试卷(十七)

一、单项选择题

1. D **【解析】**教育目的包括三个层次：国家的教育目的、各级各类学校的培养目标和教师的教学目标。教学目标是教育目的和培养目标在教学活动中的进一步具体化。所以，教学目标是教育目的的层次结构中最为具体化的。

2. A **【解析】**苏联教育家苏霍姆林斯基著有《帕夫雷什中学》《给教师的一百条建议》《把整个心灵献给孩子》等，其教育理论的核心内容是人的全面和谐发展教育思想。他的著作被称为“活的教育学”。故本题选A。

B项，苏联教育家巴班斯基著有《论教学过程最优化》，提出了教学过程最优化理论。

C项，苏联教育家马卡连柯著有《论共产主义教育》《教育诗》等，集体主义教育是其教育思想的核心。

D项，美国教育家布鲁纳是结构主义教育思想的代表人物，著有《教育过程》。布鲁纳强调学科的基本结构要与儿童认知结构相适应，重视学生能力培养，提出了结构主义教学理论，倡导发现式学习。

3. A 【解析】题干引文的意思是：国家拥有贤良的人多了，那么国家的统治就会坚实；国家拥有贤良的人少了，那么国家的统治就会薄弱。这表明教育可以培养政治人才，以补充社会管理层的需要，从而达到巩固国家统治的目的。故题干体现了教育的政治功能。

4. A 【解析】个体身心发展的顺序性是指人的身心发展是一个由低级到高级、由简单到复杂、由量变到质变的连续不断的发展过程。个体发展的顺序性是客观的、不以人的意志为转移的，教育工作要遵循这种顺序性，循序渐进地促进人的发展。题干所述的是“拔苗助长”的寓言故事，拔苗助长违背了个体身心发展的顺序性规律。

5. B 【解析】“癸卯学制”主要承袭了日本的学制，是中国近代教育史上第一部由国家颁布的并在全国实行的学制系统，成为中国近代教育走向制度化、法制化阶段的标志。该学制明文规定教育目的是“忠君、尊孔、尚公、尚武、尚实”，明显反映了“中学为体，西学为用”的思想。

6. C 【解析】隐性课程亦称潜在课程、隐蔽课程、无形课程、自发课程，是学校情境中以间接的、内隐的方式呈现的课程。隐性课程是所有学校文化要素的集合，涉及学校生活各个方面，在潜移默化中影响着学生。题干中，教学设施和校园文化都属于隐性课程。

7. B 【解析】设计教学法主张废除班级授课制和教科书，打破传统的学科界限，教师不直接向学生传授知识和技能，而是指导学生根据自己已有的知识和兴趣，自行组成以生活问题为中心的综合性学习单元。学生在自己设计、自己负责的单元活动中获得有关的知识和能力。

易错提示：道尔顿制和设计教学法是容易混淆的知识点。

(1)相同点

都属于个别教学制度；都一定程度削弱了教师的作用；不利于系统知识的掌握；对教师要求高等。

(2)不同点

①代表人物：设计教学法——美国教育家克伯屈(“设计教学法之父”)；道尔顿制——美国教育家柏克赫斯特。

②关于班级授课制：设计教学法——主张废除班级授课制；道尔顿制——改造班级授课制(最早提出对班级教学进行改造)。

③关于汇报和考查：设计教学法——不需要(学生根据自己已有的知识和兴趣，自行组成以生活问题为中心的综合性学习单元，学生在自己设计、自己负责的单元活动中获得有关的知识和能力)；

道尔顿制——需要(教师只为学生指定自学参考书、布置作业，由学生自学和独立完成作业后，向老师汇报学习情况和接受考查)。

④其他方面：设计教学法——重点是以活动课程代替学科课程；道尔顿制——两个重要原则是自由与合作。

8. D 【解析】班集体的形成与培养策略包括：(1)确定班集体的发展目标；(2)建立得力的班集体核心；(3)建立班集体的正常秩序；(4)组织形式多样的教育活动；(5)培养正确的舆论和良好的班风。其中，正确的舆论和良好的班风是班集体形成的重要标志。故本题选D。

9. C 【解析】循序渐进原则是指教师要严格按照科学知识的内在逻辑和学生的认知发展规律进行教学，使学生掌握系统的科学文化知识，能力得到充分的发展。朱熹提出的"读书之法，在循序而渐进，熟读而精思"意思是：读书的方法，要讲求循序渐进，积少成多，不仅要熟读书本而且要细心思考书中的道理。这句话是循序渐进这一原则的体现。

10. A 【解析】实质教育论以斯宾塞、赫尔巴特为代表，认为教学的主要任务在于传授给学生有用的知识，至于学生的智力则无需进行特别的培养和训练，主张与人类的世俗生活密切相关的实质学科(如物理、化学、天文、地理、法律)或实科课程最有价值。形式教育论以洛克、裴斯泰洛齐为代表，认为教学的主要任务在于发展学生的智力，至于学科内容的实用意义则是无关紧要的，主张形式学科(如希腊文、拉丁文、逻辑学、文学、数学等)或古典人文课程最有发展价值。故本题选A。

易错提示：实质教育论和形式教育论是容易混淆的知识点。在做题时，考生应注意抓住各自的关键词来做题。详见下表。

理论	代表人物	起源	理论基础	开设学科
形式教育论	洛克、裴斯泰洛齐	古希腊	官能心理学	希腊文、拉丁文、逻辑学、文学、数学等
实质教育论	斯宾塞、赫尔巴特	古希腊、古罗马	联想主义心理学	物理、化学、天文、地理、法律

11. B 【解析】知、情、意、行是构成思想品德的四个基本要素。知即品德认识，是

人们对是非善恶的认识和评价，以及在此基础上形成的品德观念，包括品德知识和品德判断两个方面。

B项小张不能辨别是非善恶表明小张缺乏对是非善恶的认识，即需要加强品德认识方面的教育。B项正确。

A项表明小亮已经具备了品德认识，但需要加强品德意志方面的教育；C项体现了小赵的品德情感；D项表明小罗需要加强品德意志方面的教育。

12. B 【解析】知觉的选择性是指当面对众多的客体时，知觉系统会自动地将刺激分为对象和背景，并把知觉对象优先地从背景中区分出来。周老师在教生字的时候将知觉对象(容易写错的笔画)从背景中突出出来(用彩色笔标记)，这是利用了知觉的选择性。

13. C 【解析】玛勒斯等人认为职业倦怠主要表现为三个方面：(1)情绪耗竭，指个体情绪情感处于极度的疲劳状态，工作热情完全丧失。(2)去人性化，即刻意在自身和工作对象间保持距离，对工作对象和环境采取冷漠和忽视的态度。(3)个人成就感低，表现为消极地评价自己，贬低工作的意义和价值。

14. D 【解析】个体自我意识的发展经历了从生理自我到社会自我，再到心理自我的过程。生理自我是自我意识最原始的形态，在3岁左右基本成熟。儿童在3岁以后，自我意识的发展进入社会自我阶段，社会自我至少年期基本成熟。心理自我是在青春期开始形成和发展的。

15. C 【解析】应激是出乎意料的紧迫情况所引起的急速而高度紧张的情绪状态。题干中，“急中生智”是在突发状态下产生的。当人们遇到突发情况时，为了应付瞬息万变的紧急情况，就得果断地采取决定，迅速地做出反应。应激正是在这种情境中产生的内心体验。

16. C 【解析】陈述性知识也叫描述性知识，是个人能用言语进行直接陈述的知识。这类知识主要用来回答事物“是什么”“为什么”“怎么样”等问题，是关于事物及其联系的知识，主要用来区别和辨别事物。

17. A 【解析】根据学校情境中的学业成就动机的不同，奥苏伯尔等人将动机分为认知内驱力、自我提高内驱力和附属内驱力。其中，认知内驱力是指个体要求了解、理解和掌握知识以及解决问题的需要。一般来说，这种内驱力大多是从好奇倾向中派生出来的。题干中的学生因“对牛顿第三定律很感兴趣”，从而好好学习物理，这说明其学习动机属于认知内驱力。

18. A 【解析】信度是指一个测验量表的可靠程度(或可信程度)。它以反复测验时能否提供相同的结果来说明。如果一个测验初测和复测的结果相差较大，说明测验的信度差。题干所述现象说明该测验存在信度问题。

方法技巧：在做题时，考生应注意抓住各自的关键词来做题。如信度强调“一致性”“可靠性”；效度强调“有效性”；难度强调“难易程度”；区分度强调“辨别力”。

19. D 【解析】中学生常见的焦虑反应是考试焦虑。考试焦虑的表现是：随着考试临近，心情极度紧张；考试时注意力不集中，知觉范围变窄，思维刻板，表现慌乱，无法发挥正常水平。

20. A 【解析】态度与品德的形成大致经历依从、认同、内化三个阶段。其中，依从，即表面上接受规范，按照规范的要求来行动，但对规范的必要性或根据缺乏认识，甚至有抵触情绪。题干中学生以“写作业”的名义背着家长偷偷玩手机的行为，说明他们正处于态度与品德形成的依从阶段。

易错提示：考生易混淆态度与品德的形成阶段，考生应注意依从阶段强调表面遵守，即阳奉阴违；认同阶段强调与他人保持一致；内化阶段强调构成完整的价值体系。

21. C 【解析】微格教学是指以少数的学生为对象，在较短的时间内（5～20分钟），尝试做小型的课堂教学，并把这种教学过程摄制成录像，课后再进行分析。故题干描述的是微格教学的定义。

二、辨析题（参考答案）

22. 教师备课就是钻研教材和制订教学进度计划。

（1）这种说法是错误的。（2）教师备课需要做好三方面的工作，即钻研教材、了解学生、设计教法，还需要写好三种计划，即学年（或学期）教学计划、课题（或单元）计划、课时计划（教案）。钻研教材、制订教学进度计划只是教师备课工作的一部分，教师还有了解学生、设计教法等工作，故题干说法错误。

23. 个体的主观能动性在人的身心发展中起决定作用。

（1）这种说法是正确的。（2）影响人的身心发展的因素是多方面的。遗传素质是人的身心发展的物质前提，环境为个体的发展提供了多种可能，而教育作为特殊的环境对人的身心发展起主导作用和促进作用，个体的主观能动性是人的身心发展的内在动力，对人的身心发展起决定作用。故题干的说法是正确的。

24. 对做事总是虎头蛇尾的学生，教师应着重培养其意志品质的自制性。

（1）这种说法是错误的。（2）意志的自制性是指一个人善于控制和支配自己的情绪，约束自己言行的品质。与自制性相反的意志品质是任性和怯懦。意志的坚持性是指一个人在行动中坚持决定，百折不挠地克服重重困难去达到行动目的的品质。

虎头蛇尾的学生主要是指学生在行动中不能坚持下去，因此对于虎头蛇尾的学生应主要培养学生的坚持性，故题干说法错误。

25. 教师促成的纪律是课堂纪律管理的最终目标。

(1)这种说法是错误的。(2)教师促成的纪律即在教师的指导帮助下形成的班级行为规范。自我促成的纪律简单说就是自律，即在个体自觉努力下由外部纪律内化而成的个体内部约束力。形成自我促成的纪律是课堂纪律管理的最终目标。因此，题干说法错误。

三、简答题(参考答案)

26. 简述集体教育和个别教育相结合原则的基本含义及贯彻要求。

集体教育和个别教育相结合原则是指在德育过程中，教育者要善于组织和教育学生热爱集体，并依靠集体教育每个学生，同时通过对个别学生的教育，来促进集体的形成和发展，从而把集体教育和个别教育有机地结合起来。

贯彻这一原则的要求有：(1)建立健全的学生集体。(2)开展丰富多彩的集体活动，充分发挥学生集体的教育作用。(3)加强个别教育，并通过个别教育影响集体，增强集体的生机和活力。

27. 简述教育目的与教育方针的区别。

教育目的指教育要达到的预期结果，是根据一定社会发展和受教育者自身发展需要及规律，对受教育者提出的总的要求。

教育方针是国家或政党在一定历史阶段提出的有关教育工作的总方向和总指针，是教育基本政策的总概括，是教育目的的政策性表达，在一定时期内具有必须贯彻的强制性。

教育方针和教育目的的区别在于：(1)教育目的只包括"为谁培养人""培养什么样的人"的问题；而教育方针除此之外，还包括"怎样培养人"的问题和教育事业发展的基本原则。(2)教育目的在对人培养的质量规格方面要求较为明确，而教育方针侧重"办什么样的教育"和"怎么办教育"。

28. 影响遗忘进程的因素有哪些?

影响遗忘进程的因素有：(1)学习材料的性质；(2)系列位置效应；(3)识记材料的数量和学习程度；(4)记忆任务的长久性与重要性；(5)识记的方法；(6)时间因素；(7)情绪和动机。

29. 简述促进学习迁移的教学策略。

(1)改革教材内容，促进迁移。

(2)合理编排教学方式，促进迁移。

(3)教授学习策略，提高学生的迁移意识。

(4)改进对学生的评价。

四、材料分析题(参考答案)

30.(1)班集体必须具备四个基本特征：①明确的共同目标；②一定的组织结构，有力的领导集体；③共同生活的准则，健全的规章制度；④具有正确的集体舆论以及团结、和谐、向上的人际关系。

(2)材料中的班级既没有明确的班级目标，也没有优秀的班干部团队，同时班级秩序混乱。面对这样的班级，假如我是班主任，我将从以下几个方面来改善班级面貌。

①确定班集体的发展目标。一个班集体只有具有共同的目标，才能使班级成员在认识和行动上保持统一，推动班集体的发展。在实现班集体目标的过程中，我会以班会的形式加强集体交流，充分调动班级成员的积极性，使实现目标的过程成为教育与自我教育的过程。

②建立得力的班集体核心。一个得力的班集体核心非常重要，它是维护和推动班级工作的有力助手，是带动全班学生实现集体发展目标的核心。我会在了解学生的基础上，及时发现并选拔出热心为集体服务、团结同学且具有一定管理能力的学生干部。同时，我会把对积极分子的使用与培养结合起来。

③建立班集体正常秩序。班集体的正常秩序是维持和控制学生在校生活的基本条件，是教师开展工作的重要保证。在建立正常秩序的过程中我会依靠班干部的力量，由他们来带动全班同学共同制定班级的规章制度，并制定相关的奖惩措施。

④组织形式多样的教育活动。班集体是在全班同学参加各种教育活动的过程中逐步成长起来的，而各种教育活动又可以使每个人都有机会为集体出力并展示自己的才能。我会提出明确的目的和要求，精心设计活动内容，注意形式的适龄化，力争把活动开展过程变成教育过程。

⑤培养正确的舆论和良好的班风。班集体舆论是班集体生活与成员意愿的反映。正确的班集体舆论是一种巨大的教育力量，对班集体每个成员都有约束、激励的作用，是教育集体成员的重要手段。在此过程中，我会加强思想品德教育，提高学生认识；抓好常规训练，严格行为规范；培养集体荣誉感和责任感；正确实施奖惩，树立守纪风气。

通过以上几方面，我相信一定能改变这个班级的面貌。

31.(1)美国精神分析学家埃里克森认为，人格发展是一个逐渐形成的过程，必须经历八个顺序不变的阶段，其中前五个阶段属于儿童成长和接受教育的时期。每一个阶段都有一个由生物学的成熟与社会文化环境、社会期望之间的冲突和矛盾所决定的发展危机。成功而合理地解决每个阶段的危机或冲突将使个体形成积极的人格特征和健全的人格。埃里克森提出的人格发展八阶段有:①基本的信任感对基本的不信任感(0～1.5岁);②自主感对羞耻感(2～3岁);③主动感对内疚感(4～5岁);④勤奋感对自卑感(6～11岁);⑤自我同一性对角色混乱(12～18岁);⑥亲密感对孤独感(成年早期);⑦繁殖感对停滞感(成年中期);⑧自我整合对绝望感(成年晚期)。

(2)梁丽和王磊正处于自我同一性对角色混乱阶段(12～18岁)。这一阶段的发展任务是培养自我同一性。自我同一性是指个体组织自己的动机、能力、信仰及活动经验而形成的有关自我的一致性形象。自我同一性的形成要求谨慎的选择和决策,尤其体现在职业定向、性别角色分化等方面。如果青少年不能整合这些方面和各种选择,或者根本无法在其中进行选择,就会导致角色混乱。角色混乱指个体不能正确选择适应社会环境的生活角色。这类青年无法"发现自己",不能回答"我是谁"的问题,也不知道自己究竟是什么样的人,想要成为什么样的人。材料中,正处于初三阶段的梁丽不知道该学什么,也不知道为谁而学,对自己的学习和生活感到迷茫;"转校生"王磊无法融入新的环境,认为别人看不起他,对他充满敌意。梁丽和王磊在面临角色同一性对角色混乱之间的冲突和选择时,他们未能成功地选择或没有严肃地考虑这些选择,对自己的社会角色和人生目标未能形成定论,产生了迷乱。

国家教师资格考试预测试卷(十八)

一、单项选择题

1. A 【解析】康德认为教育的根本就是要对人的本性进行适当的控制,"人是唯一需要教育的动物",他还提出自由是道德教育的最高目的,必要的"管束"和"训导"是实现自由的必要保证。此外,康德是最早在大学开设教育学讲座的有影响力的学者之一。所以,题干所述的教育家为康德。本题选A。

2. B 【解析】社会环境为个体的发展提供了多种可能,使遗传提供的发展可能变成现实。题干引文意为:和善人相处,就像进入养着芝兰的屋子,久而久之自己也会沾上香味;和恶人相处,就像进了卖咸鱼的市场,久而久之自己也散发出臭味。这反映了环境对人发展的影响。

3. D 【解析】互补性首先是指机体某一方面的机能受损甚至缺失后,可通过其他方面的超常发展得到部分补偿。其次,个体身心发展的互补性存在于心理机能与生理机能之间。人的精神力量、意志、情绪状态对整个机能起到调节作用,能帮助人战胜疾病和残缺,使身心依然得到发展。题干所述表明个体身心发展具有互补性。

4. B 【解析】双轨学制以英国为典型代表,法国、联邦德国等欧洲国家的学制都属于这种学制。它的学校系统分为两轨:一轨是学术教育,为特权阶层子女所占有,学术性很强,学生可升到大学以上;另一轨是职业教育,为劳动人民的子弟所开设,属生产性的一轨。这两轨既不相通,也不相接,最初甚至也不对应。

5. B 【解析】螺旋式是指在不同阶段、单元或不同课程门类中,使课程内容重复出现,逐渐扩大知识面,加深知识难度,即同一课程内容前后重复出现,前面呈现的内容是后面内容的基础,后面内容是对前面内容的不断扩展和加深,层层递进。故题干所述体现的课程内容的组织形式是螺旋式。

6. B 【解析】复式教学是把两个或两个以上不同年级的学生编在一个教室里,采用直接教学和布置、完成作业轮流交替的方式,在同一节课内由一位教师对不同年级的学生进行教学的一种特殊组织形式。它适用于学生少、教师少、校舍和教学设备较差的农村以及偏远地区。题干中,小刚所在的学校采用的教学组织形式是复式教学。

7. D 【解析】思想性和科学性相统一的原则是指教学要以马克思主义为指导,授予学生科学知识,并结合知识教学对学生进行社会主义品德和正确人生观、科学世界观的教育。题干中的陈老师在讲授物理知识的同时,为学生讲述了霍金的故事,对学生进行了思想教育,这体现了思想性和科学性相统一的教学原则。

8. C 【解析】实验法是指教师引导学生使用一定的仪器和设备,进行独立操作,引起某些事物和现象产生变化,从而使学生获得直接经验,培养学生技能和技巧的教学方法。实验法常用于物理、化学、生物等自然学科的教学。题干中的教师引导学生利用工具探究规律,采用的教学方法是实验法。

9. C 【解析】爱国主义是指人们对自己祖国的一种深厚的感情或热爱态度。爱国主义教育是社会主义精神文明建设的基础性工程,是中小学德育的核心内容。热爱祖国是对中小学生在道德品质上最基本的要求。题干中,学生在家参加线上升旗仪式,庄严地举起右手,向国旗敬礼,体现了学校德育教育内容中的爱国主义教育。

10. D 【解析】一般认为,美国学者博比特在1918年出版的《课程》一书,标志着课程作为专门研究领域的诞生,这也是教育史上第一本课程理论专著。他提出了课程研究的"活动分析法",即通过对人类社会活动的分析,发现社会所需要的知识、技能、能力和态度等,以此作为课程的基础。故本题选D。

11. C 【解析】题干中"没有规矩,不成方圆"意为:做任何事都要有一定的规矩、规则,否则就无法成功。班集体的正常秩序是维持和控制学生在校生活的基本条件,是教师开展工作的重要保证。建立健全必要的班级规则就是为班级“立规矩”,有助于建立正常的班集体秩序,以保证教师顺利开展工作。故本题选C。

12. C 【解析】意志的自觉性是指一个人清晰地意识到自己行动的目的和意义,并且能够主动地支配自己的行动,使之符合既定目的的意志品质。题干中的学生放学后能自己主动去做作业,即他能主动支配自己的行动以达到既定目的,说明其意志的自觉性较好。

易错提示:考生容易混淆意志的自觉性与自制性。考生在做题时需注意:自觉性强调无人看管、主动自觉地完成某项任务;自制性强调抵抗诱惑、约束自己的言行。

13. C 【解析】思维的概括性,包含两层意思:(1)把同一类事物的共同特征和本质特征抽取出来加以概括;(2)将多次感知到的事物之间的联系和关系加以概括,得出有关事物之间的内在联系的结论。“灯是照明的工具”反映了思维的概括性。

易错提示:考生易混淆思维的间接性和概括性的概念。在考试过程中,考生应注意题干中的关键词。例如,题干中出现推断、推理或不是直接把握的例子,应选间接性;出现谚语、规律或得出概念的,应选概括性。

14. C 【解析】知觉的理解性是指人以知识经验为基础对感知的事物加工处理,并用语词加以概括、赋予说明的加工过程。“外行看热闹,内行看门道”的意思是内行人看事情主要看方法、看本质,外行人看事情只能看看外表、看看热闹。比喻知识经验的不同影响人们对事物的理解。这体现了知觉的理解性。

15. A 【解析】过度学习是指学习达到恰能背诵之后再继续学习。过度学习达到50%,即学习的熟练程度达到150%时,学习的效果最好。题干中小红达到恰能背诵的时间是10分钟,那么她再学习5分钟(过度学习达到50%),效果最佳。故A项正确。

16. C 【解析】合理化又称文饰作用,是指个体无法达到目标或行为不符合规范时,用有利于自己的理由来为自己辩解,求得解脱和自慰。常见的调节方法有两种:一种是“酸葡萄效应”,认为凡自己得不到的东西都是不好的,即“吃不着葡萄就说葡萄酸”;另一种则是“甜柠檬心理”,认为凡自己拥有的都是好的。本题选C。

17. B 【解析】行为塑造是指通过不断强化逐渐趋近目标的反应,来形成某种较复杂的行为。故题干所述体现了行为塑造法的内涵。

18. B 【解析】道德情感从表现形式上看,主要包括三种:(1)直觉的道德情感;(2)想象的道德情感;(3)伦理的道德情感。其中,直觉的道德情感指由于对某种具体的道德情境的直接感知而迅速发生的情感体验。题干中小东产生厌恶感是由于看到班级同学随手乱扔垃圾,属于对具体道德情境的直接感知,故属于直觉的道德情感。

19. D 【解析】自我控制法是让当事人自己运用学习原理，进行自我分析、自我监督、自我强化、自我惩罚，以改善自身行为。

20. A 【解析】布鲁巴奇等人认为教学反思的方法主要有：(1)反思日记；(2)详细描述；(3)交流讨论；(4)行动研究。

方法技巧：关于教学反思的方法，考生可采用以下口诀帮助记忆。

反思描述，交流研究。

21. D 【解析】强硬专断型的教师对学生严加监视，要求学生即刻接受一切命令，很少表扬学生；认为没有教师的监督，学生不可能自觉学习。题干中教师的教育方法简单、粗暴，该教师的领导方式最可能为强硬专断型。

二、辨析题(参考答案)

22. 德育应该遵循疏导原则。因此，正确的德育严禁惩罚。

(1)这种说法是错误的。(2)疏导原则是指进行德育时要循循善诱、以理服人，从提高学生认识入手，调动学生的主动性，使他们积极向上。贯彻疏导原则要求以表扬、激励为主，坚持正面教育，但这并不等于德育过程要严禁惩罚。适当的惩罚在品德形成过程中是非常必要的。因此，题干说法错误。

23. 形成性评价通常在教学结束后实施，用以评定学生的学习成绩、区别学生的优良程度。

(1)这种说法是错误的。(2)形成性评价是在教学过程中为改进和完善教学活动而进行的对学生学习过程及结果的评价。它包括在一节课或一个课题的教学中对学生的口头提问和书面测验。总结性评价也称为终结性评价，是在一个大的学习阶段、一个学期或一门课程结束时对学生学习结果的评价。总结性评价注重考查学生掌握某门学科的整体程度，概括水平较高，测验内容范围较广，常在学期中或学期末进行。题干所述的评价方式应为总结性评价，故题干说法错误。

24. 前摄抑制是一种顺向迁移，倒摄抑制是一种逆向迁移。

(1)这种说法是正确的。(2)前摄抑制是指先学习的材料对识记和回忆后学习的材料的干扰作用。倒摄抑制是指后学习的材料对保持和回忆先前学习的材料的干扰作用。根据迁移发生的方向，可将迁移分为顺向迁移与逆向迁移。先前学习对后继学习产生的影响称为顺向迁移；后继学习对先前学习产生的影响称为逆向迁移。因此，题干表述正确。

25. 发展能力比掌握知识更重要。

(1)这种说法是错误的。(2)掌握知识是发展能力的基础，发展能力是掌握知识的重要条件，掌握知识与发展能力具有相互转化的内在机制。在教学过程中，教师不仅要重视知识的传授，还要重视学生能力的发展，并将二者辩证统一于教学活动之中。知识与能力相互依存、相互促进，不能说谁比谁重要，故题干说法错误。

三、简答题（参考答案）

26. 在学校德育中，运用说服教育法的要求有哪些？

（1）明确目的性和针对性；（2）富有知识性、趣味性；（3）注意时机；（4）以诚待人。

27. 简述教学过程的阶段。

（1）激发学习动机；（2）领会知识；（3）巩固知识；（4）运用知识；（5）检查知识。

28. 简述有意义学习的条件。

（1）客观条件，是指受学习材料本身性质的影响。有意义学习的材料本身必须合乎这种非人为的和实质性的标准，即具有逻辑意义。

（2）主观条件，是指受学习者自身因素的影响。主要表现在：

①学习者必须具有有意义学习的心向；

②学习者认知结构中必须具有适当的知识，以便与新知识进行联系；

③学习者必须积极主动地使这种具有潜在意义的新知识与认知结构中有关的旧知识发生相互作用。

29. 简述课堂管理的功能。

（1）维持功能。维持功能是指课堂管理能够在课堂教学中，持久地维持良好的学习环境，有效地排除各种干扰因素，使学生充分地参与到学习活动中。维持功能是课堂管理的基本功能。

（2）促进功能。课堂管理的促进功能是指良好的课堂管理能够增强、提升课堂教学的效果，促进学生的学习。

（3）发展功能。发展功能是指课堂管理本身可以教给学生一些行为准则，促进学生从他律走向自律，帮助学生获得自我管理能力，使学生逐步走向成熟。

四、材料分析题（参考答案）

30.（1）材料中的教师贯彻了直观性原则、启发性原则。

①直观性原则是指在教学活动中，教师应尽量利用学生的多种感官和已有的经验，通过各种形式的感知，使学生获得生动的表象，从而比较全面、深刻地掌握知识。材料中老师运用实物直观的方式向同学们讲述植物果实的特点，体现了直观性原则。

②启发性原则是指在教学活动中，教师要调动学生的主动性和积极性，引导他们通过独立思考、积极探索，生动活泼地学习，自觉地掌握科学知识，提高分析问题和解决问题的能力。材料中老师通过提问的形式，让学生积极思考，并结合所学知识和生活经验来回答，使学生在掌握知识的同时，也锻炼了分析、归纳能力。这体现了启发性原则。

(2)材料中老师采用了讲授法、谈话法、演示法等方法。

①讲授法是教师运用口头语言系统连贯地向学生传授知识、技能，发展学生智力的教学方法。材料中老师通过讲解让学生了解什么是果实、什么是种子和果皮等，是运用讲授法的体现。

②谈话法也叫问答法，它是教师按一定的教学要求向学生提出问题让学生回答，通过问答、对话的形式来引导学生思考、探究，获取或巩固知识，促进学生智能发展的方法。材料中老师通过提问的方式，让学生更深入地学习、理解课程内容，体现了对谈话法的运用。

③演示法是指教师通过展示实物、教具和示范性的实验来说明与印证某一事物和现象，使学生掌握新知识的一种教学方法。材料中，老师拿起梨和苹果，问学生它们的共同点，以及切开水果，让学生观察其内部构造，便于学生全面获得知识。这都是教师运用演示法的表现。

31. (1)福勒和布朗根据教师的需要和不同时期所关注的焦点问题不同，把教师的成长划分为关注生存、关注情境和关注学生三个阶段。

①处于关注生存阶段的教师会把大量的时间都花在如何与学生搞好个人关系上，而不是更多地考虑如何让学生获得学习上的进步。材料中的李老师在刚入职时把大量时间花在如何与学生搞好关系上，此时他处于关注生存阶段。

②处于关注情境阶段的教师关心的是如何教好每一堂课，以及班级大小、时间压力和备课材料是否充分等与教学情境有关的问题。后来李老师为了上好每一堂课而认真备课、观摩优秀教师的教学等行动表明他此时处于关注情境阶段。

③处于关注学生阶段的教师将考虑学生的个别差异，认识到不同发展水平的学生有不同的需要，根据学生的差异采取适当的教学，促进学生发展。最后李老师能关注学生的个别差异，对学生因材施教，此时他处于关注学生阶段。

因此，李老师的专业发展经历了从关注生存到关注情境再到关注学生三个阶段。

(2)教师成长与发展的方法包括：①观摩和分析优秀教师的教学活动；②开展微格教学；③进行专门训练；④进行教学反思。

国家教师资格考试预测试卷(十九)

一、单项选择题

1. C 【**解析**】“骑士七技”是指骑马、游泳、击剑、打猎、投枪、下棋、吟诗。音乐属于“七艺”的内容。

易错提示:“七艺”和“骑士七技”的内容是易混淆的知识点,考生可结合起来进行识记。

“七艺”:三科(文法、修辞、辩证法)和四学(算术、几何、天文、音乐)。

“骑士七技”:骑马、游泳、击剑、打猎、投枪、下棋、吟诗。

2. B 【解析】德国教育家瓦·根舍因著有《范例教学原理》一书,创立了范例教学理论。故本题选B。

A项,美国教育家布鲁纳著有《教育过程》一书,他强调学科的基本结构要与儿童认知结构相适应,重视学生能力培养,提出了结构主义教学理论,倡导发现式学习。

C项,苏联教育家赞可夫著有《教学与发展》一书,他提出了发展性教学理论的五条教学原则,即高难度、高速度、理论知识起主导作用、理解学习过程、使所有学生包括“差生”都得到一般发展的原则。

D项,瑞士心理学家皮亚杰提出了认知发展阶段理论和道德发展理论。

3. B 【解析】生产力的发展水平制约着教育结构的变化以及学校的专业设置。生产力的发展使互联网技术得以不断更新和普及,进而使社会产生对互联网人才的需求。题干中“现如今,我国对网络信息安全人才的需求呈现爆炸式增长,‘网络空间安全’专业应运而生”便体现了这一点。故本题选B。

4. A 【解析】内发论也称为遗传决定论,强调内在因素,如“需要”“成熟”,强调人的身心发展的力量主要源于人自身的内在需要,身心发展的顺序也是由身心成熟机制决定的。即在人的身心发展过程中起决定作用的是遗传素质。题干所述的这些谚语都强调了遗传素质在个体身心发展中起决定作用,与内发论的观点一致。

5. B 【解析】涂尔干是社会本位论的代表人物之一。社会本位论认为教育的目的是为社会培养合格的成员和公民,使受教育者社会化,教育以社会的稳定和发展为最高宗旨。所以,涂尔干的这句话体现的教育目的价值取向是社会本位论。

6. A 【解析】现代学制主要有三种类型:一是双轨学制,二是单轨学制,三是分支型学制。其中,单轨制的特征是所有学生在同样的学校系统学习,可以由小学升入中学、大学,各级各类学校互相衔接。

7. B 【解析】现场教学是指教师把学生带到事物发生、发展的现场进行教学活动的形式。题干中教师组织学生到附近路口观察交通标志,这种教学组织形式属于现场教学。

8. C 【解析】综合课程是指打破传统的分科课程的知识领域,组合两门及两门以上学科领域而构成的一门学科。我国部分地区初中阶段设置的道德与法治、科学等课程组合了多门学科,属于综合课程。

9. D 【解析】直观手段一般分为三大类:(1)实物直观。它是指通过各种实物进行的直观手段,包括观察各种实物、标本,实验,教学性参观等。(2)模像直观。它是指通过各种实物的模拟形象而进行的直观手段,包括图片、表格、模型、幻灯片、录像带等。(3)言语直观。它是通过教师形象化的语言描述而起到直观的作用。本题为选非题,故本题选D。

10. C 【解析】量力性原则,也称可接受性原则,是指教学的内容、方法、分量和进度要适合学生的身心发展,使他们能够接受,但又要有一定的难度,需要他们经过努力才能掌握,以促进学生的身心发展。题干引文的意思是:如果老师开导了(学生)还是不懂,那么暂时放弃开导,也是可以的。这在一定程度上表明教学的内容、方法、分量和进度要适合学生的身心发展,使他们能够接受。这符合量力性原则的内涵。故本题选C。

11. B 【解析】情感陶冶法是指教育者自觉创设良好的教育情境,潜移默化地使受教育者在道德和思想情操等方面受到感染、熏陶的方法。题干中引文的意思是:现在那些善于教化其子弟的人,也必须延请德高望重的儒士们,使他们与之相处,以熏陶成性,潜移默化。这段话比喻因为经常和某些人物或环境相接触,而使人在思想、性格、品德等方面受到潜移默化的好的影响。故题干所述体现的是情感陶冶法。

12. B 【解析】由于刺激对感受器的持续作用而使感受性发生变化的现象叫感觉适应。适应现象表现在所有感觉中,如听觉适应、视觉适应、嗅觉适应等。题干所述属于听觉适应的典例。故答案选B。

13. D 【解析】顺应是指当有机体不能利用原有图式接受和解释新刺激时,其认知结构发生改变来适应刺激的影响。"吃一堑,长一智"意思是:受一次挫折,得到一次教训,就增长一分才智。人在遭受挫折后会吸取经验教训,认知结构发生改变,知道如何避开类似挫折,以免再次受挫。故本题选D。

易错提示:考生易混淆同化和顺应的概念,在做这类题目时,可根据关键词进行区分。同化:补充、完善认知结构(量变)。顺应:改变认知结构(质变)。

14. C 【解析】有意后注意是指有预定目的,但不需要意志努力的注意。它是在有意注意的基础上,经过学习、训练或培养个人对事物的直接兴趣达到的。题干小陈刚开始学习物理时,只是出于完成学习任务的目的,后来他对物理产生了兴趣,可以自然而然地将注意力集中在物理学习上,体现了有意后注意。

15. B 【解析】补偿指个人所追求的目标、理想受到挫折,或由于本身的某种缺陷而达不到既定目标时,用另一个目标来代替或通过另一种活动来弥补,从而减轻心理上的不适感。题干中的学生通过炫耀自身名牌服饰来弥补自己因学习成绩差而产生的自卑感,以获得心理上的满足,这运用的是补偿法。

16. C 【解析】替代强化是指观察者因看到榜样的行为被强化而受到强化。题干中,其他同学看到积极举手发言会被老师表扬(看到榜样的行为被强化),也可能做出举手发言的行为(受到强化),这属于替代强化。

17. C 【解析】学业求助策略指当学生在学习上遇到困难时,向他人请求帮助的行为。学业求助包括两个方面:

(1)学习工具的利用,如善于利用参考资料、工具书、图书馆、电脑等;

(2)社会性人力资源的利用,如善于利用老师的帮助以及同学间的合作与讨论来加深对学习内容的理解。

所以,小乐善于使用的学习策略是学业求助策略。

18. B 【解析】性格是指人的较稳定的态度与习惯化了的行为方式相结合而形成的心理特征。它是一个人的心理面貌本质属性的独特结合,是人与人相互区别的主要方面。题干中的"自信、坚强、勤奋"等词语体现了个体的性格特征,本题选B。

19. A 【解析】道德感是根据一定的道德标准评价人的思想、意图和言行时所产生的主观体验。它表现在对待国家、集体、工作、事业、学习以及人与人之间的关系等各个方面,如爱国主义情感、集体主义情感、责任感、义务感、事业心、荣誉感、自尊心等。题干中,李阳的行为体现出的是道德感。

20. A 【解析】处于人际纪律阶段的学生,其行为取向是要建立一种相互的人际关系,他们做出的行为往往与"我怎样才能取悦你"联系在一起,他们这样做是因为你要求他们这样做;他们关心自己在别人心目中的形象,希望别人喜欢自己。

21. B 【解析】20世纪60年代,罗杰斯将他的"来访者中心疗法"移植到教育领域,创立了"以学生为中心"的教育和教学理论,成为20世纪最重要的教育理论之一。

二、辨析题(参考答案)

22. 分组教学是为了克服班级授课制的弊端而提出来的,因此它比班级授课制更优越。

(1)这种说法是错误的。(2)分组教学是指在按年龄编班或取消按年龄编班的基础上,根据学生的能力、成绩分组进行编班的教学组织形式。分组教学固然有其自身的优点,但也有其自身的局限,如较难科学鉴别学生的能力和水平等。因此,不能简单地说,分组教学比班级授课制更优越。

23. 与动物完全依靠本能的学习不同,人类的学习有时即便错过了关键期,也能经过补偿学习而获得发展。

(1)这种说法是正确的。(2)所谓关键期,就是指人的某种身心潜能在人的某一年龄段有一个最好的发展时期,也叫敏感期、最佳期。在这一时期内,对个体某一方面进行训练可以获得最佳成效,并能充分发挥个体在这一方面的潜力。错过了关键期,训练的效果就会降低,甚至永远无法补偿。当然,关键期也并不是绝对的,错过关键期之后,经过补偿性学习仍有可能得到发展,只是难度要大些。

24. 建构主义学习过程常常是在社会文化互动中完成的。

(1)这种说法是正确的。(2)建构主义在学习观上强调学习的主动建构性、社会互动性和情境性三方面。社会互动性主要表现为学习是通过对某种社会文化的参与而内化相关的知识和技能、掌握有关工具的过程,这一过程常常需要通过一个学习共同体的合作互动来完成。建构主义者认为,学习不是每个学生单独在头脑中进行的活动,学习者也不是一个孤独的探索者,而是一个社会的人。学习总是学习者在一定社会文化环境下进行的,即使表现上学习者是一个人在进行学习,但是他在学习中采用的学习材料、学习用具以及学习环境等都是属于社会的,是集体经验的累积。因此,题干说法正确。

25. "没有查出病就是健康"的观点实质上忽视了人的心理健康。

(1)这种说法是正确的。(2)世界卫生组织指出,健康应包括生理、心理、社会适应和道德健康等。但实质上,社会适应和道德健康都可归于心理健康的范畴,即我们可以将健康归结为生理健康和心理健康。"没有查出病"指的是生理健康,实质上忽视了心理健康。因此,题干说法正确。

三、简答题(参考答案)

26. 简述国家建立学制的依据。

(1)生产力发展水平和科学技术发展状况;(2)社会政治经济制度;(3)青少年儿童身心发展规律;(4)人口发展状况;(5)文化传统;(6)本国学制的历史发展和国外学制的影响。

27. 简述影响课程开发的主要因素。

课程开发主要受以下因素影响:(1)儿童发展;(2)社会需求;(3)学科特征。

28. 简述马斯洛的需要层次理论。

早期,马斯洛根据需要出现的先后及强弱顺序,把需要分成了五个层次,即生理需要、安全需要、归属与爱的需要、尊重需要和自我实现的需要。后来他又补充了求知需要和审美需要,即需要由五个层次扩充为七个层次。马斯洛对以上七种需要进行了进一步的区分:位于需要层次底部的四种需要被称为缺失需要,它们是个体生存所必需的。后三种需要是成长需要,它们虽不是我们生存所必需的,但对于我们适应社会来说却有很重要的积极意义。

29. 动作技能的形成过程包括哪几个阶段？

(1)操作定向；(2)操作模仿；(3)操作整合；(4)操作熟练。

四、材料分析题(参考答案)

30. 王老师主要遵循了德育的疏导原则(循循善诱原则)，因材施教原则，依靠积极因素、克服消极因素原则。

(1)疏导原则(循循善诱原则)是指进行德育时要循循善诱、以理服人，从提高学生认识入手，调动学生的主动性，使他们积极向上。材料中，王老师在得知张轩同学迷恋网络的原因后，并没有嘲笑他不切实际，而是循循善诱，以理服人，告诉他实现理想需要真才实学，以鼓励他认真学习。这体现了德育的疏导原则。

(2)因材施教原则是指教育者在德育过程中，应根据学生的年龄特征、个性差异以及品德发展现状，采取不同的方法和措施，加强德育的针对性和实效性。材料中，王老师在了解了张轩同学迷恋网络、无心学习的原因后，对他进行了针对性的教育，如单独谈话、让张轩同学当信息技术课的课代表等。这体现了德育的因材施教原则。

(3)依靠积极因素、克服消极因素原则是指在德育工作中，教育者要善于依靠、发扬学生自身的积极因素，调动学生自我教育的积极性，克服消极因素，以达到长善救失的目的。材料中，王老师和信息技术老师沟通，让张轩当了课代表，使他体验到了学习的乐趣，进而带动了他对其他课程学习的积极性。这体现了依靠积极因素、克服消极因素的原则。

31. (1)①意志的自觉性是指一个人清晰地意识到自己行动的目的和意义，并且能够主动地支配自己的行动，使之符合既定目的的意志品质。学生A做事有自己的主见和想法，从不受他人影响，总能按照自己的认识和想法合理地采取决定，说明其自觉性较好。

②意志的坚韧性是一个人在行动中坚持决定，百折不挠地克服重重困难去达到行动目的的品质。学生B做事目标明确，面对困难不退缩，再大的压力在她面前总能被克服，体现了其具有较好的坚韧性。

③意志的果断性是一种善于辨明是非、抓住时机、迅速而合理地采取决定并执行决定的意志品质。与果断性相反的意志品质是优柔寡断和草率武断。优柔寡断的人表现为犹豫不决，疑虑重重，该断不断，其结果常常是错失良机。学生C犹豫不决的性格说明其缺乏意志的果断性。

④意志的自制性是一个人善于控制和支配自己的情绪，约束自己言行的品质。与自制性相反的意志品质是任性和怯懦。前者不能约束自己的行动；后者在行动中畏缩不前，惊慌失措。这都是意志自制性薄弱的表现。学生D做事前从不考虑后果，

想做就做，比较任性。可一碰上关键任务，第一个掉链子的、临阵退缩的就是他。这表明学生D缺乏意志的自制性。

(2)①加强生活目的性教育，树立科学的世界观、远大的理想和信念，培养学生行为的目的性，减少其行动的盲目性；②加强养成教育，培养学生的自制能力；③组织实践活动，在困难环境中锻炼学生的意志，让学生取得意志锻炼的直接经验；④教育学生正确地对待挫折；⑤根据学生意志品质上的差异，采取不同的锻炼措施；⑥发挥教师、班集体和榜样的模范作用，给予必要的纪律约束；⑦加强自我锻炼，从点滴小事做起。

国家教师资格考试预测试卷(二十)

一、单项选择题

1. D 【解析】东汉灵帝时设立了鸿都门学，它是我国最早专门研究文学艺术的学校。作为一种办学的新形式，它为后代专门学校的发展提供了经验。同时，它也是世界上最早的文学艺术专门学校。

2. D 【解析】凯洛夫是社会主义教育学（又称马克思主义教育学）的代表人物，其著作《教育学》被公认为世界上第一部马克思主义教育学著作。这本书是苏联第一本力图以马克思主义思想为指导，总结苏联社会主义教育实践经验，阐述共产主义教育目的、任务、内容、方法和途径的教育学著作。它对我国教育理论和实践影响很大、时间最长。《普通教育学》是赫尔巴特的著作，《大教学论》是夸美纽斯的著作，《民主主义与教育》是杜威的著作。因此本题选D。

3. B 【解析】社会政治经济制度决定着受教育权。在一个社会里，要哪些人受教育，受什么样的教育，教育的结果如何，都是由社会关系中占统治地位的社会力量决定的。唐朝的“六学二馆”具有等级森严的入学条件，充分说明政治经济制度决定受教育权的分配。

4. A 【解析】社会本位论认为确立教育目的的根据是社会的要求，个人的发展必须服从社会需要，因为个人生活在社会中，受制于社会环境。教育的目的是为社会培养合格的成员和公民，使受教育者社会化，社会价值高于个人价值，教育质量和效果可以用社会发展的各种指标来评价。题干中，“个人是不存在的”“个人生活在人群之中，并且参加社会生活”强调社会的存在，社会价值高于个人价值，这属于社会本位论的观点，本题选A。

方法技巧：做此类试题时重点抓住关键词，个人本位论追求的是个人的发展，所以这类试题的题干中常带有“本性”“潜能”“个人需要”“自由”“个人价值”等关键词；社会本位论追求的是社会的发展，所以题干中常带有“社会需要”“适应社会”“社会化”“公民”“社会价值”等关键词。考生做题时可根据关键词来进行判断。

5. B 【解析】处理间接经验与直接经验的关系，要防止教学史上曾出现过的两种偏向：(1)过分强调书本知识的传授和学习，忽视引导学生通过实践活动、亲身参与、独立探索去积累经验，获取知识；(2)只强调学生通过自己的探索去发现、积累知识，忽视书本知识的学习和教师的系统讲授。二者都违反教学的规律，割裂了间接经验与直接经验的内在联系，影响了教学质量的提高。题干中的教师的做法没有正确处理好直接经验与间接经验的关系。

6. B 【解析】纵向组织，又称垂直组织、序列组织，是指按照知识的逻辑序列，由已知到未知(要求课程内容的呈现由浅入深、由易到难)、由简单到复杂等先后顺序组织编排课程内容。题干中，黎老师采用的课程内容组织形式为纵向组织。

7. B 【解析】活动中心课程论认为，应以儿童的现实生活特别是活动为中心编制课程，要考虑到儿童的需要与兴趣，从儿童的经验出发设计课程。题干中A学校在设置课程时，由学生选择自己感兴趣的话题，并让学生通过自主探究进行学习，做到了以儿童活动为中心，考虑到了学生的兴趣和需要。这属于活动中心课程论。B项正确。

8. D 【解析】行动研究法是指实际工作者(如教师)基于解决实际问题的需要，与专家、学者及本单位的成员共同合作，将实际问题作为研究的主题，进行系统的研究，以解决实际问题的一种研究方法。行动研究法的基本过程大致分为循序渐进的四个环节，即计划、行动、考察和反思。故本题选D。

9. A 【解析】三级课程管理政策赋予了学校教师开发校本课程的专业自主权，因而校本课程开发的主体必须是教师。学校教师之外的其他机构人员，可以参与和协助教师开发校本课程，但却不能取代教师的工作。故本题选A。

10. C 【解析】讲授法是教师运用口头语言系统连贯地向学生传授知识、技能，发展学生智力的教学方法。讲授法可以充分发挥教师的主导作用，使学生在短时间内获得大量系统的科学知识，并且能结合知识传授进行思想品德教育。王老师要在45分钟内呈现大量而系统的学习内容，最适宜采取的教学方法是讲授法。

11. A 【解析】品德评价法是通过对学生品德进行肯定或否定的评价而予以激励或抑制，促使其品德健康形成和发展的德育方法。它通常包括奖励、惩罚、评比和操行评定等方式。题干描述的德育方法是品德评价法。

12. D 【解析】感受性是指感觉器官对适宜刺激的感觉能力，也就是人对刺激的感觉灵敏程度。感受性包括绝对感受性和差别感受性。绝对感受性是指人对最小的客观刺激强度的感受能力，即某种刺激达到一定强度才能引起人的某一感觉。差别感受性是指对两个刺激物强度差别的感觉能力，即两个同类的刺激物，只有达到一定的差异强度才能引起人们的差异感觉。题干中，个体能觉察出两支铅笔之间的长度差异的能力称为差别感受性。

易错提示：考生易混淆感觉阈限与感受性的概念，做题时需把握题干的问法，如果问强度或者值，则选择感觉阈限；如果问能力，则选感受性。

13. B 【解析】多血质的人以反应迅速、有朝气、活泼好动、动作敏捷、情绪不稳定为特征。小张同学的气质符合多血质的特征。

14. C 【解析】功能固着指人们把某种功能赋予某物体的倾向。在功能固着的影响下，人们不容易摆脱事物用途的固有观念，从而直接影响问题解决的灵活性。人们认为吹风机是用来吹头发的，而没有想到它还有吹干衣服等其他用途，这体现的心理现象是功能固着。

15. A 【解析】注意的广度也称注意的范围，是指在同一时间内，人们能够清楚地知觉出的对象的数目。故题干所述主要是在培养学生注意的广度。

16. C 【解析】命题学习是指获得由几个概念构成的命题的复合意义，实际上是学习表示若干概念之间关系的判断。学生在学习图形时，必须先掌握“角”“直角”“三角形”等概念，才能学习“直角三角形是一种特殊的三角形”这一命题，这种学习属于命题学习。

17. C 【解析】中学生的情绪具有微妙的隐蔽性，他们有时会把自己真实的内心情绪世界封闭起来，对自己内心的真实想法或真实情绪是否予以表现也时常依时间、对象、场合而决定。题干中，陈鹏获得满分后内心很高兴，但他却将自己的真实情绪掩饰起来，表现出若无其事的样子，这反映了青少年的情绪具有隐蔽性。

18. D 【解析】意志的自制性是一个人善于控制和支配自己的情绪，约束自己言行的品质。题干中的学生能够抗拒外界诱惑，约束自己的行动，坚持完成作业后再和同学一起打羽毛球，故体现了意志的自制性。

19. A 【解析】肯定性训练是通过角色扮演以增强自信心，然后再将学得的应对方式应用到实际生活情境中。因此，题干中的老师指导学生运用角色扮演的方式来增强自信心，正是运用了肯定性训练。

20. D 【解析】“君子欲讷于言而敏于行”的意思是君子要少说虚话，多干实事。因此，题干强调的品德因素是道德行为。

21. C 【解析】教学监控能力是指教师为了保证教学达到预期的目的而在教学的

全过程中，将教学活动本身作为意识对象，不断对其进行积极主动的计划、检查、评价、反馈、控制和调节的能力。因此，题干表明王老师具有较强的教学监控能力。

二、辨析题(参考答案)

22. 教育方针是评价教育效果的根本依据。

(1)这种说法是错误的。(2)教育方针是国家或政党在一定历史阶段提出的有关教育工作的总方向和总指针，是教育基本政策的总概括，是教育目的的政策性表达，在一定时期内具有必须贯彻的强制性。教育目的是整个教育工作的核心，是教育活动的依据和评判标准、出发点和归宿，在教育活动中居于主导地位。它贯穿教育活动的全过程，对一切教育活动都有指导意义，也是确定教育内容、选择教育方法和评价教育效果的根本依据。因此，教育目的是评价教育效果的根本依据，题干的说法错误。

23. 劳动教育就是让青少年到生产劳动第一线参加劳动。

(1)这种说法是错误的。(2)劳动教育是劳动技术教育的一个方面。劳动教育也可称生产劳动教育，是指通过学生的劳动实践活动，培养学生的劳动观念、劳动态度和劳动习惯，以及对待劳动人民的思想感情。学校对学生进行劳动技术教育不同于学生参加的一般生产劳动，一般生产劳动的主要目的，在于生产物质产品，创造经济价值，而学校的劳动技术教育，有的也可能生产物质产品或创造经济价值，但这不是它的主要目的，它的主要任务是培养和教育年青的一代。故题干表述错误。

24. “一朝被蛇咬，十年怕井绳”属于动作记忆。

(1)这种说法是错误的。(2)动作记忆是以过去的运动或动作为内容的记忆。情绪记忆是个体以曾经体验过的情绪或情感为内容的记忆。“一朝被蛇咬，十年怕井绳”是对曾经被蛇咬的恐惧情绪的记忆，属于情绪记忆。因此题干说法错误。

25. 人格随环境和教育的变化而变化，因此不稳定性是人格的典型特征。

(1)这种说法是错误的。(2)人格是构成一个人思想、情感及行为的特有模式，这个独特模式包含了一个人区别于他人的稳定而统一的心理品质。人格具有稳定性。一个人的某种人格特征一旦形成，就相对稳定下来了，要想改变它是比较困难的事情。

三、简答题(参考答案)

26. 简述教育的人口功能。

(1)调控人口数量；(2)改善人口素质，提高人口质量；(3)使人口结构趋向合理化；(4)有助于人口迁移。

27. 简述选择与运用教学方法的基本依据。

(1)教学目的和任务的要求;(2)课程性质和特点;(3)每节课的重点、难点;(4)学生年龄特征;(5)教学时间、设备、条件;(6)教师业务水平、实际经验及个性特点。此外,教学方法的选择与运用还受教学手段、教学环境等因素的制约,这就要求我们全面、具体、综合地考虑各种相关因素,进行权衡取舍。

28. 简述教师心理健康的标准。

(1)能积极地悦纳自我,即真正了解、正确评价、乐于接受并喜欢自己;(2)有良好的教育认知水平,能面对现实并积极地去适应环境与教育工作要求;(3)热爱教师职业,积极地爱学生;(4)具有稳定而积极的教育心境;(5)能控制各种情绪与情感;(6)和谐的教育人际关系;(7)能适应和改造教育环境;(8)具有教育独创性。

29. 简述A型人格和B型人格的特点。

(1)A型人格的主要特点是:性情急躁,缺乏耐性。他们的成就欲高、上进心强、有苦干精神、工作投入、做事认真负责、时间紧迫感强、富有竞争意识、外向、动作敏捷、说话快、生活常处于紧张状态,但办事匆忙、社会适应性差,属于不安定型人格。

(2)B型人格的主要特点是:性情不温不火,举止稳当,对工作和生活的满足感强,喜欢慢步调的生活节奏,在需要审慎思考和耐心的工作中,B型人格的工作表现往往比A型人格的要好。

四、材料分析题(参考答案)

30. 材料中,黄老师的行为贯彻了疏导原则、因材施教原则(从学生实际出发)、教育影响的一致性和连贯性原则、集体教育和个别教育相结合原则。

(1)疏导原则是指进行德育时要循循善诱、以理服人,从提高学生认识入手,调动学生的主动性,使他们积极向上。疏导原则也就是循循善诱原则。材料中,黄老师开班会分析学习的意义和学风建设的重要性,讲明了道理,并设置各种奖项对学生进行奖励,提高了学生的认识,表明黄老师贯彻了疏导原则。

(2)因材施教原则(从学生实际出发)是教育者在德育过程中,应根据学生的年龄特征、个性差异以及品德发展现状,采取不同的方法和措施,加强德育的针对性和实效性。材料中,黄老师对杨某进行家访,制订详细的帮扶计划,并且利用她在歌唱方面的特长进行教育,最终杨某获得了很好的发展,表明黄老师贯彻了因材施教的德育原则。

(3)教育影响的一致性和连贯性原则是指在德育工作中,教育者应主动协调多方面教育力量,统一认识和步调,有计划、有系统、前后连贯地教育学生,发挥教育的整体功能,培养学生正确的思想品德。材料中,黄老师对杨某进行家访,制订帮扶计划,而且开班会邀请各任课教师和家长代表，组织各种活动，统一学校和校外各方面的教育力量，表明黄老师贯彻了教育影响的一致性和连贯性原则。

(4)集体教育和个别教育相结合原则是指在德育过程中，教育者要善于组织和教育学生热爱集体，并依靠集体教育每个学生，同时通过对个别学生的教育，来促进集体的形成和发展，从而把集体教育和个别教育有机地结合起来。材料中，黄老师不但对杨某进行家访，对她进行个别教育，而且还开展主题班会，和同学们一起欢迎杨某“回家”，让杨某感受到了集体的温暖。这一教育过程贯彻了集体教育和个别教育相结合原则。

31. (1)①小赵是多血质。多血质的人反应迅速、有朝气、活泼好动、动作敏捷、情绪不稳定。材料中小赵积极承认错误，答应老师一定改正，可还犯同样的错误，体现了多血质的特征。

②小钱是胆汁质。胆汁质的人精力旺盛、粗枝大叶、表里如一、刚强、易感情用事。材料中小钱没等老师说完就气急败坏、愤怒暴躁，体现了胆汁质的特征。

③小孙是黏液质。黏液质的人稳重，但灵活性不足；踏实，但有些死板；沉着冷静，但缺乏生气。材料中小孙犯错后到老师办公室，一句话也不说，然后默默地走了，体现了黏液质的气质特征。

④小李是抑郁质。抑郁质的人敏锐、稳重、体验深刻、外表温柔、怯懦、孤独、行动缓慢。材料中小李犯错后到老师办公室，满脸忧郁，感觉天都要塌了，体现了抑郁质的气质特征。

(2)针对小李的气质类型，老师可以采取的方法有：①采取委婉暗示的方式，对其多关心、爱护，不宜在公开场合下指责，不宜过于严厉地批评，培养他亲切、友好、善于交往、富有自信的精神，培养其敏感、机智、认真、细致、高自尊的优点。②老师应帮助小李对自己的气质特点进行分析，让其主动用自己坚强的意志力克服气质的消极面，或以气质的积极面掩盖其消极面。

图书反馈

重磅！真题有奖征集！

「凡提供当年度考试真题者，根据真题完整度，可获得500元以内现金奖励。」

具体请联系QQ:1831595423

（温馨提示：所提供真题须是当年度考试真题，且真实有效。）

亲爱的考生：

感谢您对山香教育的信任和支持，您的建议是我们前进的动力！为进一步提高图书质量，我们特向全国各地的考生开展图书反馈活动。

凡通过图书反馈链接提供山香图书意见反馈者，均可获得**相关网课1套**。

图书反馈链接

联系方式：400-600-3363　　研发部QQ：1831595423

招教网
招考资讯平台

山香官网
考编服务平台

山香网校
线上学习平台

图书订正链接
勘误更新平台